EVA BISANI & LUKAS KOZMINSKI

SUP GUIDE NORDRHEIN-WESTFALEN

+ die besten EINKEHR-TIPPS

IMPRESSUM

2. aktualisierte Auflage Mai 2024

Von-Hutten-Str. 15
D-22761 Hamburg
Tel. +49 (0)40 39 10 99 10
www.thomas-kettler-verlag.de
www.sup-buch.de

Text & Fotos: Eva Bisani und Lukas Kozminski

Lektorat: Thomas Kettler
Karten: StepMap, Heide Schwinn, Carola Hillmann
Idee & Konzept: Carola Hillmann
Illustrationen Paddeltechnik: Klaus Mumm
Layout Design & Satz: Nicole Laka, Carola Hillmann
Druck & Gesamtherstellung: Drukarnia Beltrani Sp. J., Krakau

Weitere Bildnachweise (o. = oben, m. = mitte, u. = unten):
Seite 19, 113 u. li. + re.: Simone Szymanski photography; Seite 137: Christoph Krahe, supstitut; Seite 90, 97, 114-115, 116 o.: Matthias Hartrott; Seite 23, 31, 40 o.: Thomas Kettler; Seite 35 o.: Thomas Kettler/Autoren [M]; Seite 92 o.: Attendorner Tropfsteinhöhle; Seite 92 u.: Naturpark Arnsberger Wald/Klaus-Peter Kappest; Seite 124-125: iStock/rclassen-layouts; Seite 129: Herrliche Aussichten; Seite 64 u.: Beachline Xanten; Seite 81: Bootshaus Möhnesee/Hoecker; Seite 86 u.: Sauerländer Besucherbergwerk/sabrinity.com; Seite 87 u.: Welcome Hotel Meschede; Seite 111 o.: Düsseldorf Tourismus/Sabrina Wengler; Seite 111 u.: ©Vabali Spa Düsseldorf; Seite 164 m.: Camping am Lippesee/Andreas Schwarze, Seite 164 u.: Eisklang am Salitos Beach.

Bildnachweise Wikimedia Commons (o. = oben, m. = mitte, u. = unten):
Seite 37 o.: Thomas Wolf, www.foto-tw.de; Seite 53 u.: Sir Gawain; Seite 54 u.: Asio otus; Seite 69 u.: Frank Vincentz; Seite 71 o.: www.flickr.com/photos/zone41; Seite 149 u.: Florian Adler; Seite 136 o.: Angela Marie; Seite 95: Jörg Braukmann; Seite. 118 o.: Malou Box; Seite 118 m.: Qwertzu111111; Seite 127 o.: Raimond Spekking; Seite 127 u.: Michielverbeek; Seite 47 o.: Clemens Vasters from Viersen; Seite 63: Avda; Seite 85: Nicolai Schäfer; Seite 87 o.: Friedhelm Dröge; Seite 111 m.: Heiko Tomaszewski-Darkstar1970.

Bibliografische Information der Deutschen Nationalbibliothek
Die Deutsche Nationalbibliothek verzeichnet diese Publikation in der Deutschen Nationalbibliografie; detaillierte bibliografische Daten sind im Internet über *http://dnb.d-nb.de* abrufbar.

ISBN 978-3-98513-118-1

INHALTSVERZEICHNIS

SUP-SPOTS NORDRHEIN-WESTFALEN

=TOUR-ANSPRUCH =EINKEHRMÖGLICHKEITEN

=RUNDTOUR =ONE-WAY =HIN & ZURÜCK =KOMPAKT

VORWORT

Stand Up Paddling macht richtig Spaß! Es ist eine der wenigen Board-Sportarten, die wirklich leicht zu erlernen und ein Ganzkörpertraining für Arme, Schultern, Rumpf und Beine bis hin zur Tiefenmuskulatur ist. Durch die stehende Position ist es nicht nur ein super Ausgleich zum vielen Sitzen, sondern auch ein wundervoller Perspektivwechsel. Er bringt ein Gefühl von Freiheit, intensivem Naturerlebnis und entschleunigt ganz nebenbei.

Naturerlebnis? In Nordrhein-Westfalen? Zwischen Ruhrpott, Industrie, überfüllten Autobahnen und über 17,5 Millionen Menschen? Auf jeden Fall!

Obwohl wir schon vor der Recherche zu diesem Buch viele der Seen und Flüsse kannten, wurden wir selbst immer wieder überrascht, welch‘ schöne Ecken und Vielfalt an Gewässern NRW zu bieten hat. Von der Eifel bis zum Sauerland laden idyllische Stauseen inmitten von Bergen und Wäldern zu entspannten SUP-Touren ein.

Auf kleinen Wald- und Wiesenflüssen paddeln wir vorbei an Feldern, Bauernhöfen und friedlich grasenden Kühen. Und auf der Ruhr, der grünen Lebensader des Ruhrpotts, wird man glatt vergessen im größten Ballungsraum Deutschlands unterwegs zu sein. Aber natürlich gibt es auch die andere Seite. Auf Kanälen kommen wir in Tuchfühlung mit Lastschiffen, Kohlekraftwerken und Industrie, aber treffen auch auf zahlreiche Kunstwerke und Industriedenkmäler. Es ist für jeden etwas dabei, egal ob Anfänger oder erfahrener SUPer, ob Naturliebhaber oder Stadtkind, ob Ruhe oder Trubel.

So abwechslungsreich wie die Gewässer, ist auch deren Umgebung und ihre Infrastruktur. Während in den Ballungszentren hippe Cafés und tolle Restaurants zusammen mit einem hervorragenden ÖPNV-Netz die Tour abrunden, kann man auf dem Land einige Spots nur mit dem Auto gut erreichen und die Einkehr, nun ja, die ist manchmal eher „rustikal“.

Was auch dazu gehört: wo viele Menschen leben, gibt es zwangsläufig Regeln. Mit Sicherheit nicht immer ohne Grund, aber leider häufig unübersichtlich. So ist es oft keine böse Absicht, wenn man sich mal nicht daran hält. Damit wir alle weiterhin die schönen und abwechslungsreichen Gewässer genießen können, ist es uns wichtig, Euch mit diesem Buch alle wichtigen Informationen an die Hand zu geben, die Ihr braucht. Leider ist nach der 1. Auflage

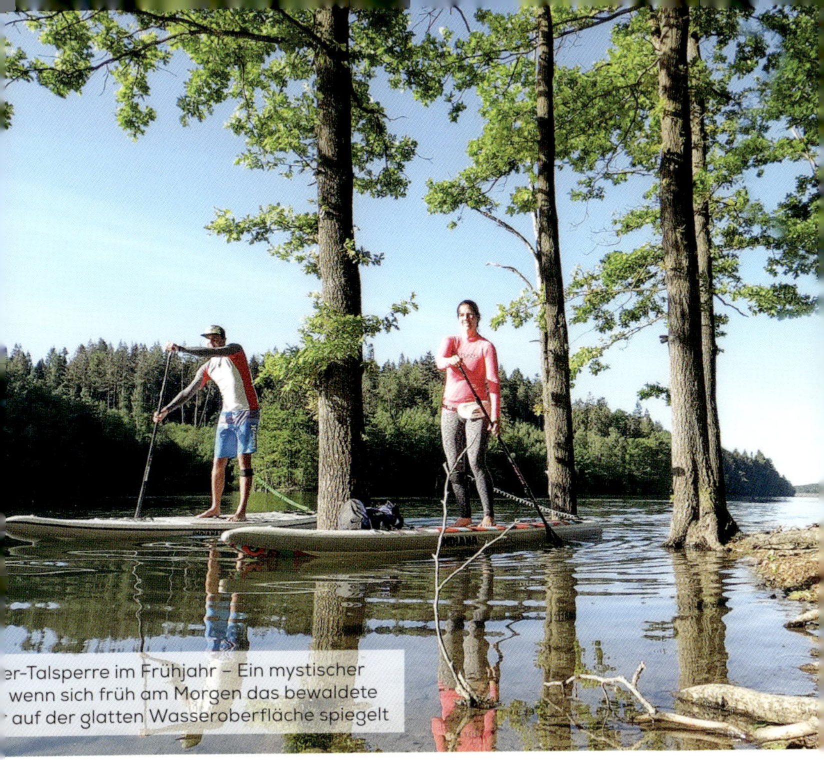

er-Talsperre im Frühjahr – Ein mystischer wenn sich früh am Morgen das bewaldete auf der glatten Wasseroberfläche spiegelt

dieses Buches das Befahren der Ems mit SUP-Bords aus Naturschutzgründen verboten worden. Dafür ist der Lippesee neu ins Buch gekommen.

Um Euch möglichst viele der tollen SUP-Spots in NRW vorstellen zu können, haben wir aus Platzgründen einige Touren in Form einer Kurzbeschreibung verfasst und sie **"Kompakt-Tour"** genannt.

Noch immer sind die Auswirkungen der Corona-Pandemie nicht absehbar. Vieles hat sich in den letzten Jahren verändert und wird sich noch ändern. Wir wissen leider nicht, ob alle erwähnten touristischen Anbieter und Gastronomen diese schwierige Zeit überstehen werden. Nutzt deshalb die genannten Internetseiten, um kurz vor Eurer Tour nochmal die Anbieter/Öffnungszeiten zu überprüfen.

Jetzt aber das Wichtigste – habt Spaß und genießt die Zeit auf dem Wasser!
Eva Bisani & Lukas Kozminski

TOURENPLANUNG

Die im Buch beschriebenen Touren sollen Euch alle relevanten Infos und Tipps zu den Gewässern und den zahlreichen Kultur- und Kulinarik-Highlights im Umkreis geben.

Viele der Spots, vor allem in der Nähe großer Städte, sind gut mit dem ÖPNV zu erreichen. Für die Anfahrtsbeschreibung wurde in der Regel der nächstgrößere Bahnhof gewählt. Da die Fahrzeiten der Busse und Bahnen je nach Region sehr stark variieren, sollte man sich vorher den aktuellen Fahrplan anschauen. Hierfür eignen sich die Internetseiten der jeweiligen Tarifverbände: **Aachener Verkehrsverbund** (www.avv.de), **Verkehrsverbund Rhein-Ruhr** (www.vrr.de), **Verkehrsverbund Rhein-Sieg** (www.vrs.de) und **Westfalentarif** (www.westfalentarif.de).

Die Beschreibung für die Anfahrt mit dem eigenen PKW beginnt immer an der nächstgelegenen Autobahn.

Nordrhein-Westfalen hat einiges mehr zu bieten als tolle SUP-Spots. Zusätzlich zu den genannten Sehenswürdigkeiten im Umkreis der jeweiligen Gewässer, lohnt sich ein Blick auf die Internetseite vom **NRW-Tourismus** (www.nrw-tourismus.de) und der **Route der Industriekultur** (www.route-industriekultur.ruhr).

Wer seinen Urlaub in NRW verbringt, für den kann es Sinn machen, sich eine der verschiedenen Gästekarten (www.nrw-tourismus.de/gaeste-cards) zu besorgen. Die **WelcomeCard Ruhr** zum Beispiel enthält freie Fahrt mit Bus und Bahn sowie kostenlosen Eintritt für verschiedene Sehenswürdigkeiten.

SUP-VERMIETER & KURSE

An den meisten paddelbaren Gewässern sind mittlerweile SUP-Vermieter oder SUP-Schulen ansässig. Hier kann man Boards mieten, die unterschiedlichsten Kurse (vom Einsteiger- bis zum Technikkurs, Yoga auf dem SUP oder SUP mit Hund) und Touren buchen. Sicherheitshalber sollte man zum Mieten seinen Personalausweis als Pfand dabeihaben. Einige SUP-Schulen vermieten ihr Material nur noch an Personen, die vorher bei ihnen einen Kurs absolviert haben oder über einen Nachweis verfügen, dass sie erfahrene SUPer sind. Alle relevanten Infos zu den festen SUP-Stationen sind in der jeweiligen Gewässerbeschreibung zu finden.

Darüber hinaus gibt es auch ein paar mobile SUP-Schulen bei denen man iSUPs mieten, Kurse und Touren buchen kann:

mobile SUP-Vermieter

ISUP VERLEIH NRW

SUP-Vermietung tage- & wochenweise (auch mit Versand); Schnupperkurse; Touren z.B. auf der Lippe, Ruhr oder dem Rhein-Herne-Kanal.
Tel. 0176-96 72 74 18
https://isup-verleih-nrw.de

SUP MOBIL TRAINER

SUP-Vermietung Langzeit; SUP-Kurse, SUP mit Hund, SUP-Yoga.Touren z.B. auf der Lippe oder dem Wesel-Datteln-Kanal. Online-Shop.
Tel. 0177-866 74 73
www.supmobiltrainer.de

SUPSTITUT - ZEIT ZUM AUFSTEHEN

SUP-Vermietung tage- & wochenweise (auch mit Anlieferung), nur an erfahrene SUPer; Workshops; Touren und Events nach Absprache z.B. auf der Werre und Weser; Online-Shop mit der Eigenmarke „Paddelbrett".
Tel. (05731) 303 33 33, www.supstitut.de

ISUP SURFING

SUP-Vermietung tage- & wochenweise, ab 3 Tage auch mit Anlieferung zum Campingplatz / Hotel. Online-Shop.
Tel. 0160-92 89 34 65
www.isup-surfing.de

GESCHWINDIGKEIT, STRÖMUNG, PEGEL

Wer eine SUP-Tour plant muss wissen, wie weit er überhaupt paddeln kann und wie sich die Gegebenheiten der Gewässer auf die Route auswirken. Hier ein paar grobe Anhaltspunkte·

Gelegenheitspaddler sind in der Regel mit etwa 3 km/h auf dem Brett unterwegs und meist nur zwei bis vier Stunden auf dem Wasser. Dabei legen sie dann insgesamt 6-12 Kilometer zurück. "Engagierte" SUPer erreichen je nach Brett und Kondition auch zwischen 4 und 7 km/h, sind somit deutlich schneller und können auch größere Strecken zurücklegen.

Auf Flüssen, wie zum Beispiel der Weser, kann die Strömung zur normalen Paddelgeschwindigkeit hinzugerechnet werden. Auf kleineren Flüssen, die häufig auch noch durch Wehre aufgestaut sind, kann man höchstens mit einer leichten „Hilfsströmung" von etwa 0,5-1 km/h rechnen.

Auch die eigene Kondition & Tagesverfassung sollte man immer mitbedenken. Die im Buch angegebene Tourendauer bezieht sich auf Freizeit-Stehpaddler, wobei das Umtragen von Wehren und die Strömung der Flüsse berücksichtigt wurde.

Bei Touren auf Fließgewässern sollte man immer vorab die Pegelstände prüfen. Zu wenig Wasser kann ein Vorankommen unmöglich machen. Zu viel Wasser kann durch die erhöhte Fließgeschwindigkeit, vor allem vor Wehren, zur Lebensgefahr werden. Auf den relevanten Pegel wird bei den jeweiligen SUP-Spots hingewiesen. Aber auch für Talsperren ist der Speicherfüllstand interessant, da er eine Tour mehr oder weniger attraktiv macht.

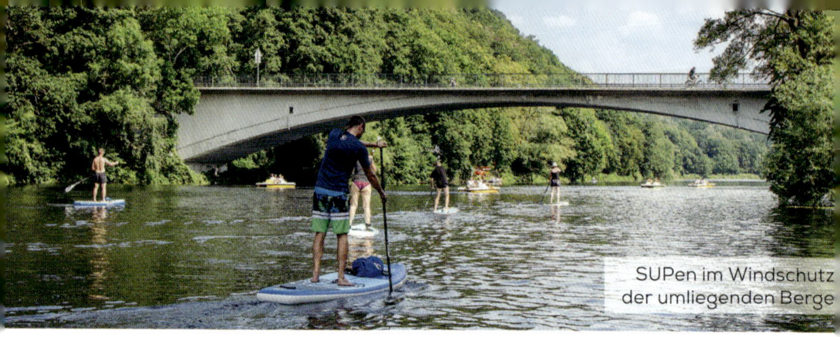

SUPen im Windschutz der umliegenden Berge

WIND & WETTER

Da wir auf dem Board stehen, bieten wir dem Wind eine recht große „Angriffsfläche". Deshalb ist der Wind für Stand Up Paddler eine besonders wichtige Komponente. Die Windstärke wird in Beaufort angegeben (0 = Windstille).

» Wind bis 11 km/h (ca. 1-2 Beaufort) ist für Gelegenheitspaddler gut in alle Richtungen zu paddeln.

» Schon mäßiger Gegenwind von 12-20 km/h (ca. 3 Beaufort) reicht, um das Paddeltempo zu halbieren.

» Noch stärkerer Wind macht es Gelegenheitspaddlern schwer, überhaupt vorwärtszukommen. Ab Windgeschwindigkeiten von 30 km/h (ca. 5 Beaufort) sollten auf offenen Gewässern nur noch absolute Profis auf dem Board unterwegs sein.

» Gerade bei Talsperren können immer wieder plötzliche Fall- und Drehwinde auftreten. Wird man von stärkerem Wind überrascht, besteht immer die Möglichkeit knieend weiterzupaddeln, bis man sicher an Land gehen kann.

» Weht der Wind von hinten, schiebt er den Paddler hilfreich an, was sogar richtig Spaß machen kann, sofern die aufgeworfenen Wellen nicht zu Balanceproblemen führen.

Wind-STÄRKE

Windwarnskala in Beaufort: Der Beaufortgrad reicht von **1 = leichter Windzug** bis **12 = Orkan**.

Weiterhin zu beachten sind plötzliche Wetteränderungen, wie aufziehende Gewitter, denen wir nicht auf dem Wasser begegnen wollen. Vor der Tour ist es daher immer sinnvoll, sich den aktuellen Wetterbericht anzuschauen.
Gute Internetseiten (alle drei gibt es auch als App für das Smartphone):

Wind-INFOS

Windy www.windy.com
Windfinder www.windfinder.com
WetterOnline mit Regenradar www.wetteronline.de

UMWELT, NATUR, VERHALTEN

Damit wir keinen Anlass für Befahrungsverbote oder Gewässersperrungen geben, sollten wir uns an einige Naturschutz-/Verhaltens-Regeln halten.

» Für das Ein- und Aussetzen sowie Pausieren nutzen wir nach Möglichkeit ausgewiesene Stellen. Private Stege zum Beispiel von Vereinen, Campingplätzen und Gasthöfen nutzen wir nur nach vorheriger Absprache.

» Wir paddeln nicht in Bereiche wie Uferbewuchs, Schilfgürtel und Seerosenfelder hinein, da sich dort oft Brut- und Laichzonen oder Rastplätze von Tieren befinden. Zum Ufer halten wir Abstand und paddeln auf kleinen Flüssen möglichst in der Mitte.

» Wir halten Abstand zu Wasservögeln und anderen Tieren und vermeiden Grundberührungen mit der Finne oder dem Paddel.

» Wir achten auf Angelschnüre im Wasser und weichen Anglern am Ufer aus.

» Wir paddeln ruhig und vermeiden Lärm. Wenn wir in der Gruppe unterwegs sind, bleiben wir zusammen.

» Wir hinterlassen keinen Müll. Nehmen vielleicht sogar den von anderen mit und entsorgen ihn fachgerecht.

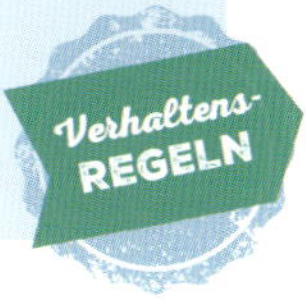

SUP & SCHIFFFAHRT

» Alle anderen Verkehrsteilnehmer auf Binnenschifffahrtsstraßen haben Vorfahrt.

» Sind Schiffe in Sichtweite, paddeln wir berechenbar & vorausschauend. Schiffe haben meist sehr wenig Manövrierspielraum, vor allem in engen Kanälen, und sind träge. Außerdem kann ein Frachtschiffkapitän bis zu 200 m voraus nichts sehen. Besondere Vorsicht gilt bei Einmündungen von Kanälen oder Hafenbecken.

» Haltet Abstand zu den großen Frachtschiffen. Diese erzeugen durch ihre Wasserverdrängung einen ziemlichen Sog. Auch kleine Motorboote sorgen für ordentlich Wellen, die ggf. am Ufer reflektieren und so kurzzeitig zu Kabbelwasser mit Wellen aus allen Richtungen führen.

» Wenn Fahrwasser gekennzeichnet (rote und grüne Tonnen) ist, paddeln wir außerhalb dieser Markierungen, solange es die Wassertiefe zulässt. Üblicherweise fahren wir rechts davon bzw. in den Innenkurven.

» Muss man ein Fahrwasser queren, so geschieht dies zügig in direkter Linie.

» Ist man auf Binnenschifffahrtsstraßen unterwegs, sollte man die Schifffahrtszeichen kennen, auch wenn sie den Paddler nicht direkt betreffen.

» Nach Sonnenuntergang und bei schlechten Sichtverhältnissen muss auf den Schifffahrtsstraßen ein Licht "geführt" werden.

» Benutzung der Schleusen an Binnenschifffahrtsstraßen ist für SUPer verboten.

» Kreuzen wir die Route von Seglern, müssen wir ausweichen. Auch Ruderern weichen wir frühzeitig aus und bauen nicht darauf, dass sie uns rechtzeitig bemerken.

» Die Promillegrenze auf dem Wasser liegt aktuell bei 0,5 Promille.

DIE SUP-AUSRÜSTUNG

KLEIDUNG

Es gibt kein schlechtes Wetter, nur falsche Ausrüstung. Die Kleidung beim Stand Up Paddeln reicht im Sommer vom Bikini oder Boardshorts bis zum Neoprenanzug oder Trockenanzug im Winter.

Generell gilt, dass man sich nach der Wassertemperatur, nicht nach der Lufttemperatur kleiden sollte. Das wird besonders im Frühjahr und Herbst spannend, wenn die Außentemperaturen zwar hoch sind, das Wasser aber noch oder schon wieder frisch. Wer dann mit Badebekleidung vom Board fällt, kühlt in kürzester Zeit aus oder erleidet einen Kälteschock, was lebensgefährlich sein kann.

Eine Schwimmweste sollte, insbesondere außerhalb der wirklich warmen Sommertage und bei Querung größerer Wasserflächen oder wenn nicht in unmittelbarer Nähe des Ufers gepaddelt wird, selbstverständlich sein.

Zur Grundausstattung im Sommer gehören Badeschuhe, ggf. Wechselkleidung, Handtuch, Sonnencreme, Mückenschutz, Sonnenbrille mit Brillenband, Kopfbedeckung und bei längeren Touren ein Snack und ausreichend zu trinken. Die Gefahr des Auskühlens, vor allem bei Wind, aber auch die der intensiven Sonneneinstrahlung, sollten nicht unterschätzt werden.

Auch das SUPen im Winter hat seinen Reiz. Kuschelige Wärme bringen dann ein Trockenanzug mit warmer Funktions- oder Fleece-Unterwäsche und dicke Neopren-Schuhe. Wichtig sind darüber hinaus eine dicke Mütze

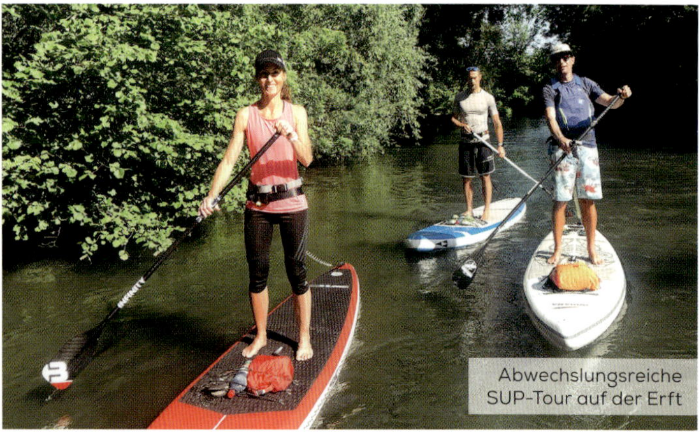

Abwechslungsreiche SUP-Tour auf der Erft

und Handschuhe. Besonders angenehm sind spezielle wasserdichte Socken und Handschuhe mit einer Innenschicht aus Merinowolle. Neoprenanzüge sind dafür entwickelt worden, mehr Zeit im als auf dem Wasser zu verbringen. Deshalb sind sie fürs Stand Up Paddeln weniger funktional.

Für die Mitnahme von Ersatzkleidung und Kleinkram gibt es wasserdichte Transportsäcke in verschiedenen Größen, die sich einfach unter dem Gepäcknetz des Boards verstauen lassen.

die AUSRÜSTUNG

Die Stehpaddler-Ausrüstung besteht neben der entsprechenden Kleidung aus **SUP-Board, Paddel** und **Leash**. Die Wahl des SUP-Boards hängt vom Einsatzbereich ab.

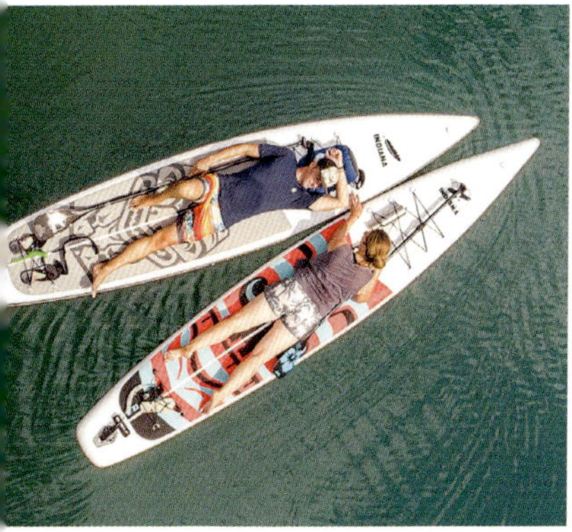

SUP-BOARDS

Grundsätzlich gibt es zwei Arten von SUP-Boards: feste Hardboards und aufblasbare Boards, sogenannte inflatable SUPs oder iSUPs. Der Vorteil der Hardboards liegt klar in den besseren Fahreigenschaften, allerdings ist Transport und Lagerung für die meisten schwierig. Aufblasbare SUPs dagegen können einfach zusammengelegt und in den mitgelieferten Taschen transportiert werden. Wie der Name schon sagt, braucht man zum Aufblasen eine Luftpumpe, die in der Regel bei jedem Board im Lieferumfang dabei ist. Es gibt auch elektrische Pumpen, die über den Zigarettenanzünder am PKW oder einen Akku betrieben werden. Je nach Hersteller sorgen 15-18 psi Druck für eine gute Steifigkeit (1 bar = 14,504 psi).

Tatsächlich ist die Steifigkeit das Entscheidende bei iSUPs. Mittlerweile erreichen die Boards von Markenherstellern eine erstaunliche Stabilität, die kaum vermuten lässt, dass die Boards aufgeblasen sind. Mit zu wenig Luft hängt das Board mittig durch und verliert seine guten Fahreigenschaften. Stattdessen hat man eine weiche und wabbelige Standfläche, die nur als bessere Luftmatratze Spaß macht. Verlockend günstige Angebote lassen eine wenig stabile Bauweise des iSUPs vermuten.

Für die Abmessungen der Boards werden in der Regel die Maßeinheiten Fuß und Zoll verwendet: Die Länge wird in Fuß (1 Fuß = 30,48 cm) und die Breite und Dicke in Zoll (1 Zoll = 2,54 cm) angegeben. Für unterschiedliche Gewässer und Zwecke gibt es unterschiedliche SUP-Boards mit unterschiedlichen Formen (shape). Generell gilt: je mehr Fläche auf dem Wasser aufliegt, desto kippsicherer ist das Board. Ein Einsteigerboard ist daher größer und breiter als ein Raceboard. Vor dem Kauf ist es hilfreich, an einer SUP-Station mehrere Boards zu testen.

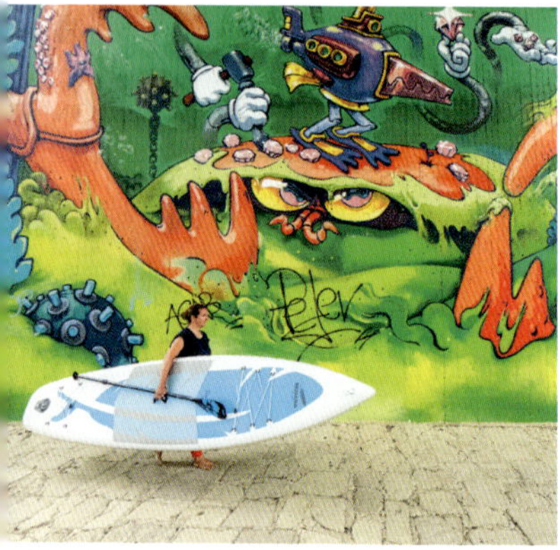

ALLROUND-BOARDS

Sie sind mit ihrer ovalen Form die klassischen Einsteigerboards. In der Mitte relativ breit und das vordere Ende (nose) rundlich geformt. Sie sind einfach zu wenden und haben eine hohe Kippstabilität. Dafür gibt es Einbußen in der Geschwindigkeit und beim Geradeauslauf, das heißt, man muss öfter die Paddelseite wechseln.

TOURING-BOARDS

Touring-Boards sind im Vergleich zu den Allroundern deutlich länger und schmaler sowie an der Nose spitzer geformt. Dadurch ermöglichen sie ein schnelleres Gleiten mit einem besseren Geradeauslauf. Sie sind aber auch etwas kippeliger und schwerer zu wenden. Touring-Boards sind geeignet für Einsteiger und Flachwasser-Enthusiasten und ideal für längere Touren. Für Tagestouren empfehlen wir eine Länge von etwa 11.6 oder 12.6 Fuß. Für mehrtägige Gepäcktouren eignen sich Board-Längen zwischen 12.6 und 14 Fuß. Entscheidend bei der Wahl des Boards ist auch das Volumen, welches in Litern angegeben wird. Hierbei bitte unbedingt die Herstellerangaben zum Fahrergewicht (nicht nur Tragfähigkeit) beachten. Bei der Breite gilt es, die Gratwanderung zwischen Schnelligkeit und Kippeligkeit an das eigene Können anzupassen, damit der Spaßfaktor stimmt. Gängig sind Breiten zwischen 30 und 33 Zoll.

SUP-FINNEN

Die Finne sitzt am Heck (tail) auf der Unterseite vom Board und sorgt für die Spurtreue. Ohne Finne würde man bei jedem Paddelschlag die Richtung wechseln und der Wind könnte einen einfach seitlich übers Wasser schieben. Passende

Finnen sind bei den Boards dabei. Können aber je nach System auch ausgetauscht werden. Je länger und größer die Fläche der Finne, umso besser ist der Geradeauslauf. Bei Flüssen mit Niedrigwasser oder bei stark verkrauteten Gewässern empfiehlt sich eine kurze Finne.

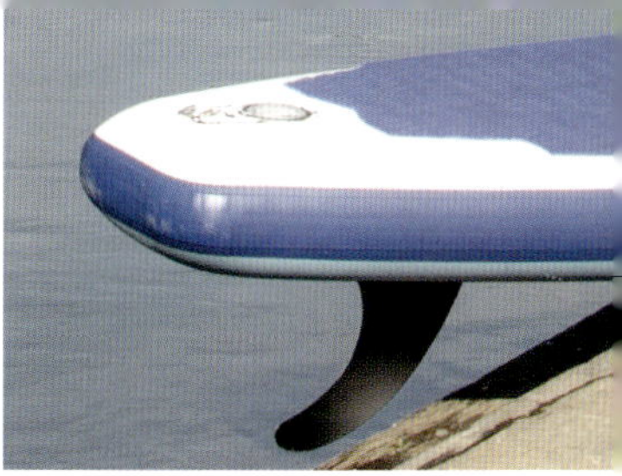

SUP-PADDEL

Die Hersteller bieten Paddel in fester oder verstellbarer Länge an. Letztere gibt es als zwei- oder dreiteilige Paddel. Durch die einstellbare Länge kann das Paddel an verschiedene Körpergrößen, aber auch an unterschiedliche Fahrstiele und Windbedingungen angepasst werden. Moderne verstellbare Paddel sind gegen Verdrehen zwischen den beiden Schaftteilen gesichert, was die Verstellung wesentlich erleichtert. Dreiteilige Paddel haben gegenüber den anderen den großen Vorteil, dass sie leichter zu transportieren sind. Dafür sind sie etwas schwerer.

Gewicht und Stabilität des Paddels sind entscheidend. Aluminium-Paddel sind zwar günstige Einsteigermodelle, wiegen aber rund 300-400 g mehr als solche aus Carbon. Ein Mehrgewicht, das bei jedem Paddelschlag bewegt werden muss. Dafür reagieren Carbon-Paddel extrem empfindlich auf kleine Stöße und Schläge.

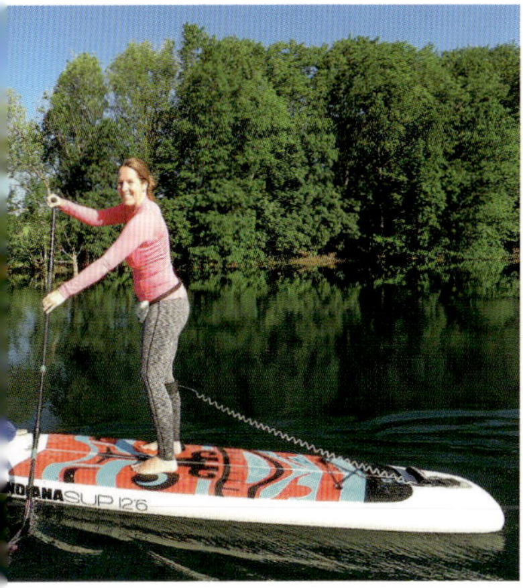

Ein Paddel mit einem verstellbaren Schaft aus Glasfasermaterial und einem Blatt aus Kunststoff ist als Einsteigermodell preislich und qualitativ gut geeignet.

LEASH

Als Leash bezeichnet man ein halbelastisches mit Kunststoff ummanteltes Stahlseil, das den Paddler mit dem Board verbindet. Sie ist das wichtigste Sicherheitsequipment beim SUP, da sie im Falle eines Sturzes ins Wasser verhindert, dass das Board abtreibt.

Man unterscheidet gerade Leashes und solche, die wie eine Spirale gekringelt sind, sogenannte Coil Leashes. Vor allem im Flachwasser, wenn die gerade Leash im Wasser hängt und durch das Einfangen von Ästen und Wasserpflanzen extrem bremst, wird eine Coil Leash bevorzugt. Boardseitig wird sie fest fixiert. Am Paddler wird sie in der Regel über einen Klettverschluss am Knöchel oder unterhalb des Knies befestigt.

Gerade auf großen Wasserflächen und bei Wind ist eine Leash unerlässlich. Aber auch beim Paddeln auf Fließgewässern hat dieses Sicherheitsequipment seine Berechtigung, denn das Board wird in der Regel schneller von der Strömung davongetragen als die Person. Die Leash kann aber auch zur Gefahr werden, wenn sie sich unter Wasser verfängt. Gerade wenn diese dann durch die Strömung auf Spannung gehalten wird und den Paddler unter Wasser hält. Aus diesem Grund sollte auf Fließgewässern, wenn eine Leash getragen wird, eine Leash mit Sicherheitsauslösung um die Hüfte getragen werden.

TRANSPORT & LAGERUNG

SUP-Boards haben in der Regel in der Mitte eine Griffmulde (Hardboards) oder eine Griffschlaufe (aufblasbare SUPs), um das Board seitlich am Körper zu tragen. Mit einem Gewicht von 7-12 kg sind sie zwar recht handlich, für das Tragen über größere Strecken ist aber ein SUP-Tragegurt oder ein SUP-Transportwagen zu empfehlen. Aufblasbare SUPs können auch bequem zusammengefaltet in den dazu vorgesehenen Rucksäcken transportiert werden. Meist ist dieser beim Kauf schon mit dabei. Viele Modelle verfügen mittlerweile über Rollen, sodass der Rucksack auch gezogen werden kann.

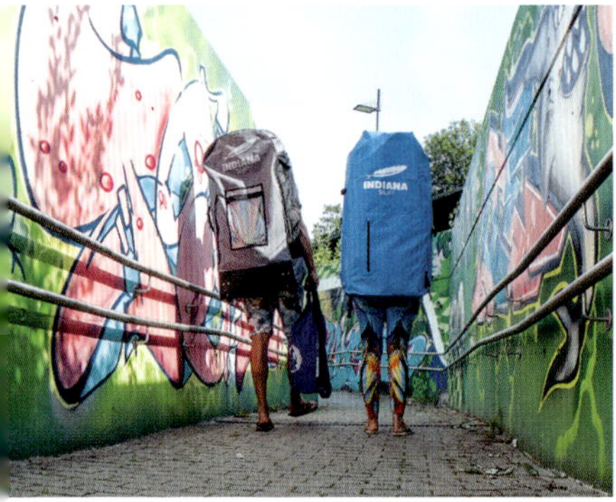

Für den Transport mit dem PKW gibt es recht brauchbare, mobile Gepäckträgersysteme, sogenannte soft racks. Sie bestehen aus gepolsterten Spanngurten, lassen sich schnell auf- und abmontieren und sind deutlich günstiger als feste Systeme. Deutlich stabiler und auch besser für Fahrten über die Autobahn geeignet, sind fest verbaute Dachgepäckträger. Sehr komfortabel in der Handhabung ist das System von Lockrack (www.lockrack.eu).

Speziell aufblasbare SUPs sollten nie längere Zeit in der prallen Sonne liegen gelassen werden. Bevor sie in der Tasche verstaut werden, sollten sie gut getrocknet sein. Ist das nicht möglich, sollte man sie zuhause noch mal auspacken. Über längere Zeit lagert man iSUPs am Besten im leicht aufgepumpten Zustand.

SUP-PADDELTECHNIK

ERMITTLUNG DER RICHTIGEN PADDELLÄNGE

Stell das Paddel neben dich, strecke Arm und Hand (der Arm ist dabei fast durchgestreckt) entlang des Paddelschaftes nach oben und lege jetzt die Hand um den Griff. Je länger das Paddel, umso aufrechter die Standposition auf dem Board. Wenn ich sportlicher fahren möchte, wähle ich einen kürzeren Schaft.

PADDELHALTUNG

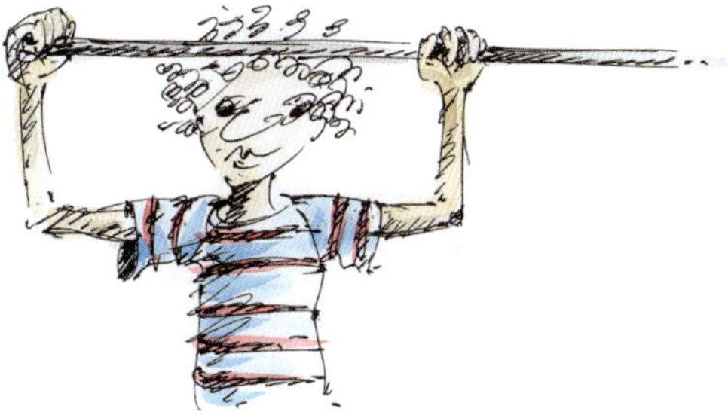

Die richtige Griffbreite ermitteln - Mit der einen Hand den Knauf umfassen, mit der anderen den Schaft. Paddel so auf den Kopf legen, daß die Unterarme im rechten Winkel nach oben zeigen.

Bei einem SUP-Paddel ist in der Regel das Blatt im Verhältnis zum Schaft leicht abgewinkelt. Das Paddel wird korrekterweise so gehalten, daß beim Eintauchen das abgewinkelte Blatt - vom Paddler aus gesehen - nach vorne zeigt.

ERSTE VERSUCHE

Wer seine ersten Versuche auf einem SUP-Board bestreitet, kann erstmal kniend starten, um ein Gefühl für sich und das Board zu bekommen. Hierzu etwa in die Mitte des Boards mit Blick nach vorne hinknien. In aufrechter Haltung mit beiden Händen am Paddelschaft vorwärts paddeln. Nach der Eingewöhnung aufstehen und mit der oberen Hand den Knauf greifen.

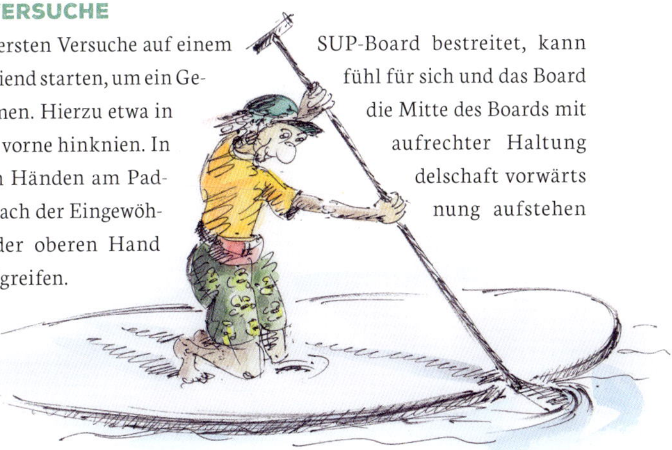

VORWÄRTSSCHLAG

Mit Blick nach vorne (Richtung Bug) stehen wir mit paralleler Beinstellung etwa in der Mitte des Boards. Die Trageschlaufe dient hier als Anhaltspunkt. Das Paddel wird weit vorne und nahe neben dem Board eingetaucht. Dabei ist der untere Arm (Hand am Schaft) nahezu gestreckt und der obere Arm (Hand auf dem Griff) leicht angewinkelt. Erst wenn das Paddel komplett im Wasser ist, wird der eigentliche Paddelzug eingeleitet.

Jetzt wird das Paddel in gerader Linie neben dem Board bis zum Körper (Füße) durchgezogen, wobei der Paddelschaft immer in einem sehr steilen Winkel (von vorne oder hinten gesehen) zum Wasser bleiben sollte. Dabei wird der obere Arm gestreckt und der untere Arm leicht angewinkelt.

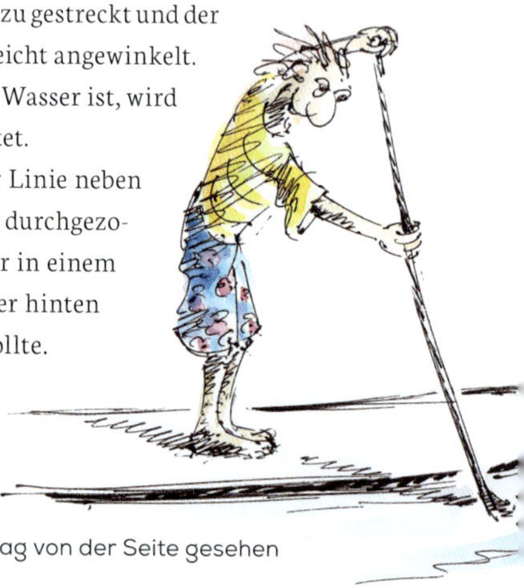

Vorwärtsschlag von der Seite gesehen

Knapp hinter dem Körper wird das Paddel aus dem Wasser genommen und mit horizontal gedrehter Blattfläche wieder nach vorne in die Eintauchposition geführt. Durch Rotation des Oberkörpers während des Durchziehens des Paddels wird die Wirkung (Kraft nach vorne) gesteigert (Schulter auf der Paddelseite ist beim Eintauchen leicht nach vorne und beim Ausheben des Paddels leicht nach hinten gedreht).

Je besser ich mein Paddel im Wasser „verankere" (Widerstand des Wassers nutzen), desto effizienter ist die Bewegung des Boards nach vorne.

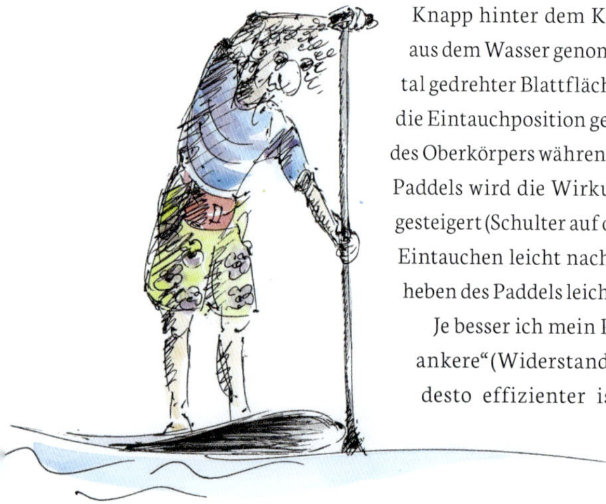

Vorwärtsschlag von vorne gesehen

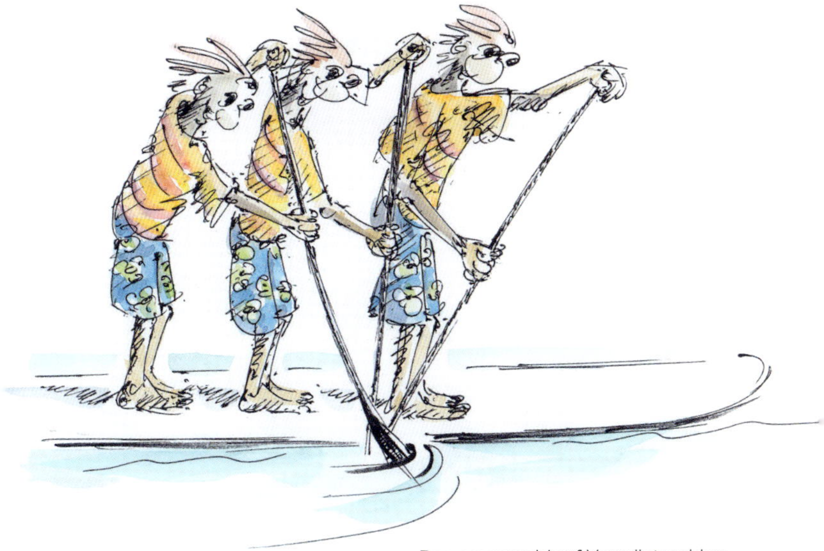

Bewegungsablauf Vorwärtsschlag

VORWÄRTS FAHREN

Um „Kurs zu halten" und ungewollte Kurvenfahrt zu vermeiden ist es hilfreich, auf ein anvisiertes Ziel in der Ferne zuzuhalten und nach mehreren Schlägen immer mal wieder die Seite zu wechseln.

KURVEN FAHREN

Hier kann als leicht zu lernende Technik der Bogenschlag angewendet werden. Das Paddelblatt wird möglichst weit vorne direkt am Bord eingesetzt und dann in einem weiten Bogen am Körper vorbei bis nach hinten ans Heck durchgezogen. Je weiter ich bei diesem Manöver hinten auf dem Board stehe, umso effizienter wird der Bogenschlag.

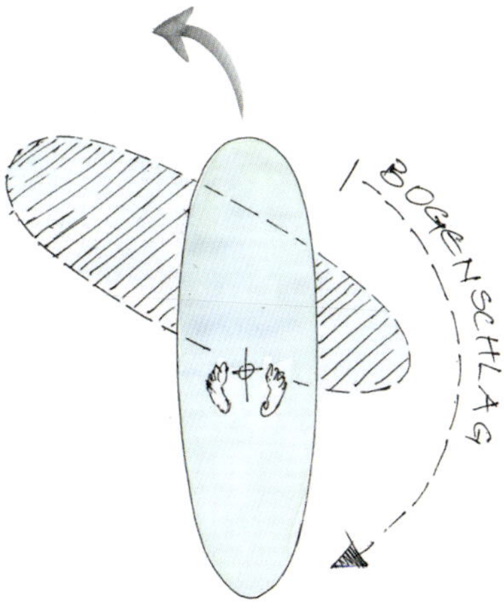

Als fortgeschrittene Technik kann auch der sogenannte Crossbow-Turn eingesetzt werden. Hier wird das Paddel aus

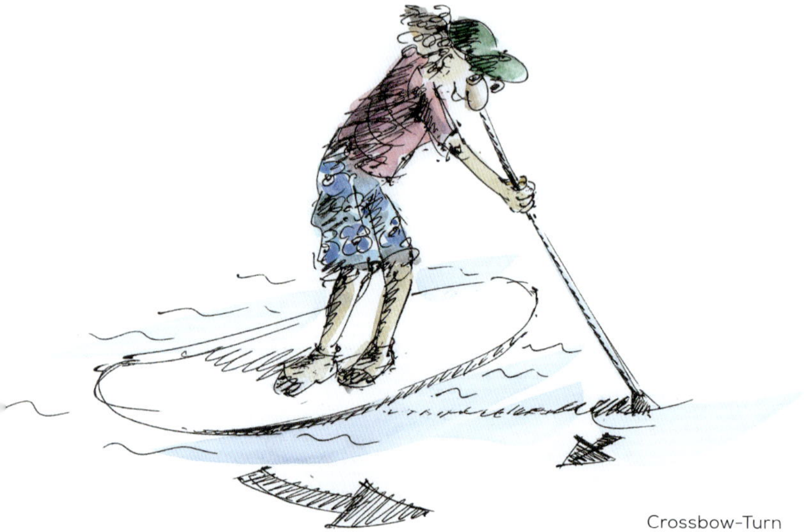

Crossbow-Turn

der Fahrt heraus auf der Gegenseite des Boards – unter Beibehaltung der ursprünglichen Paddelhaltung – möglichst weit außen in einem Winkel von rund 45 Grad zum Board eingesetzt und dann in einem Bogen vorne über den Bug wieder auf die ursprüngliche Paddelseite geführt. Mit dieser Übergriff-Technik kann das Board mit einem Schlag um 180° gedreht werden.

PADDELN BEI GEGENWIND

Wer gegen den Wind ankommen möchte, macht sich klein – bis hin zum Paddeln im Knien. Auf diese Weise reduziere ich den Luftwiderstand. Die Griffhand greift dabei weiter unten am Schaft.

DOWNWIND-PADDELN

Das SUP-Paddeln mit ordentlich Wind im Rücken gilt als die Königsdisziplin auf dem See und bleibt erstmal dem wirklich Erfahrenen vorbehalten. Es erfordert eine an Wind und Wellen angepasste Fußstellung. Um ein Bohren des Bugs zu verhindern, versetzt man einen Fuß nach weiter hinten. Je mehr Wind, desto weiter hinten steht man. Mit dem Paddel im Wasser kann das Board in den Wellen stabilisiert werden.

ZU GUTER LETZT

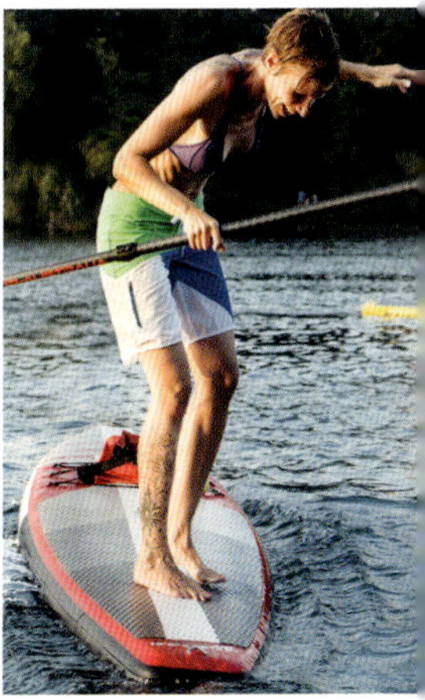

» Schwach motorisierte Wasserfahrzeuge „schleichen sich" gerne mal unbemerkt von hinten an, sodass es sinnvoll ist, sich immer mal wieder umzuschauen. Das gilt auch für die großen Frachtschiffe auf den Kanälen.

» Im Falle eines Sturzes ins Wasser zuerst zum Board schwimmen, bevor der Wind dieses abtreibt (eine Leash verhindert das!), dann das Paddel bergen.

» Nie das Board verlassen um zum Ufer zu schwimmen, denn es ist auch Deine „Rettungsinsel"!

» Bei Fließgewässern gilt: gegen die Strömung ein- und aussteigen!

» Führe ein wasserdicht verpacktes Handy mit, um im Notfall Hilfe rufen zu können.

Literatur-TIPPS

BUCH-EMPFEHLUNGEN

SUP – STAND UP PADDLING: MATERIAL – TECHNIK – SPOTS, VERLAG DELIUS KLASING

101 DINGE, DIE EIN STAND-UP-PADDLER WISSEN MUSS, BRUCKMANN VERLAG

SUP: FASZINATION – ABENTEUER – LIFESTYLE, WACHHOLTZ VERLAG

KANU KOMPAKT **RUHR | LIPPE | EMS | WESER | LAHN | MOSEL**, KANUTOUREN-FÜHRER MIT TOPOGR. WASSERWANDERKARTEN, THOMAS KETTLER VERLAG

"BLAUE GLÜCKSORTE – FAHR RAUS & TAUCH EIN", VERSCHIEDENE DESTINATIONEN IN NRW (80 AUSFLUGSZIELE AM WASSER), DROSTE VERLAG

ZEITSCHRIFTEN

SUP BOARD MAGAZIN, MSV MEDIEN BADEN-BADEN

SUP POWERED BY SURF, DELIUS KLASING

STAND UP MAGAZIN, MIKE JUCKER

LINKS & APPS

PADDELN-MACHT-SPASS.DE – DIE JÄHRLICHE „ROADSHOW" AUF AUSGEWÄHLTEN CAMPINGPLÄTZEN INFORMIERT ÜBER KANU UND SUP

SUPSCOUT.DE - PLATTFORM FÜR SUP-SPOTS UND -TOUREN

CANUA.INFO - DIE APP FÜR ALLE PADDLERINNEN UND PADDLER

PAGAJA.DE – BUCHUNGSPORTAL RUND UMS PADDELN

CLEANRIVERPROJECT.DE – PADDELN UND FOTOKUNST FÜR SAUBERE FLÜSSE UND MEERE

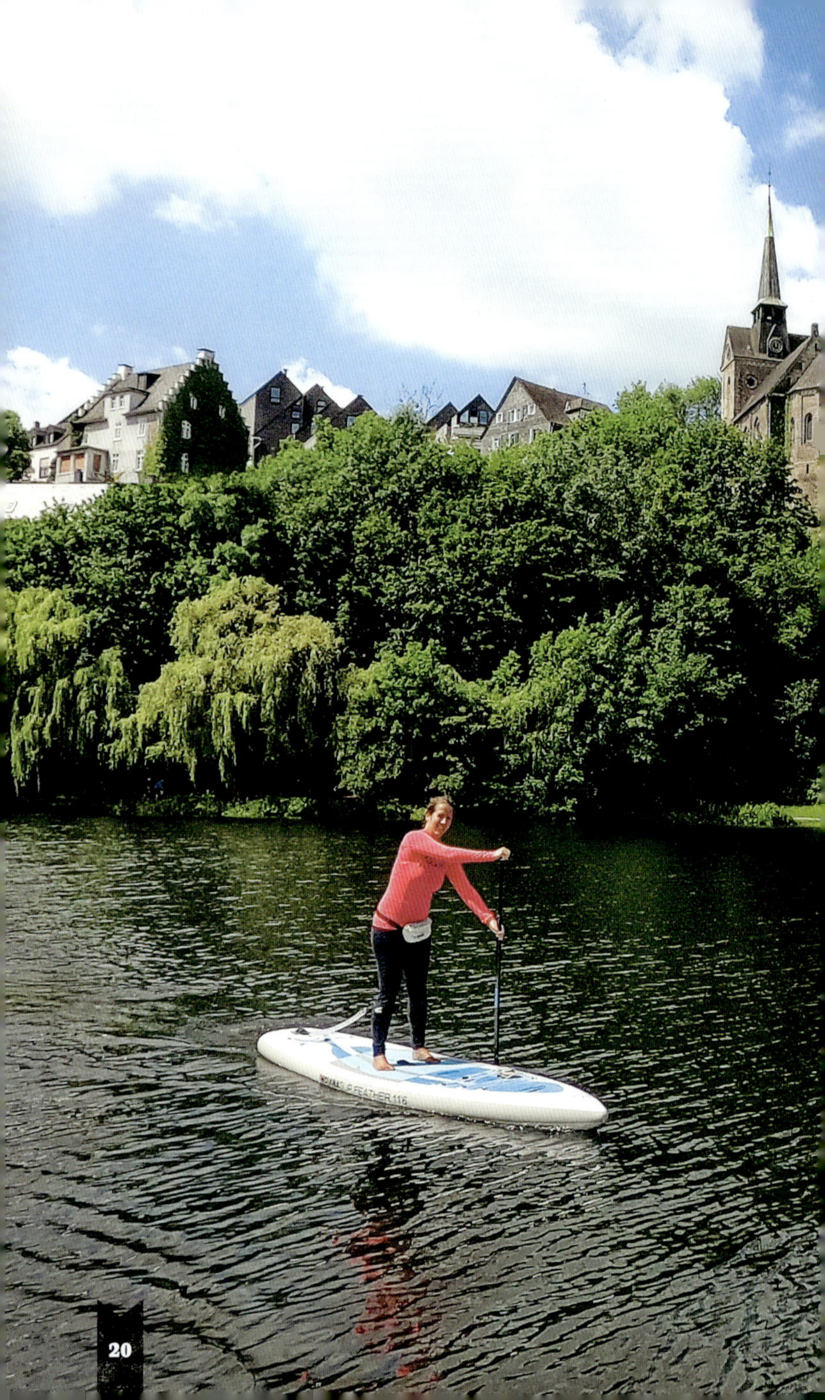
FEATHER 116

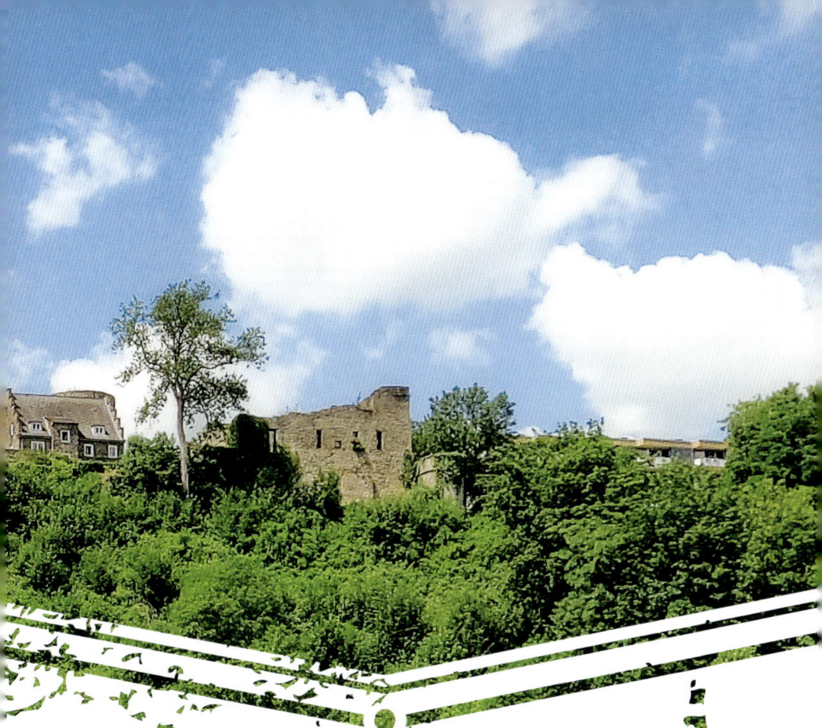

HENGSTEYSEE – HARKORTSEE – RUHR

ANSPRUCH

EINKEHR

Nur zweieinhalb Flusskilometer liegen zwischen den beiden ältesten Ruhrstauseen, dem Hengsteysee und dem Harkortsee. Zusammen mit der Ruhr ab Schwerte findet man hier einen spannenden und abwechslungsreichen SUP-Spot zwischen Natur, Industriedenkmälern und alten Ortschaften.

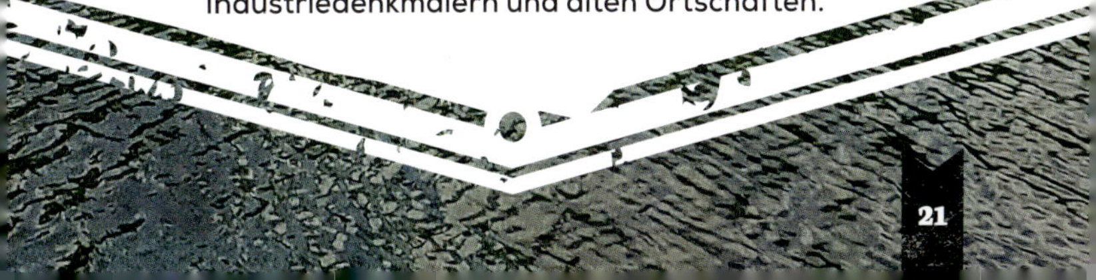

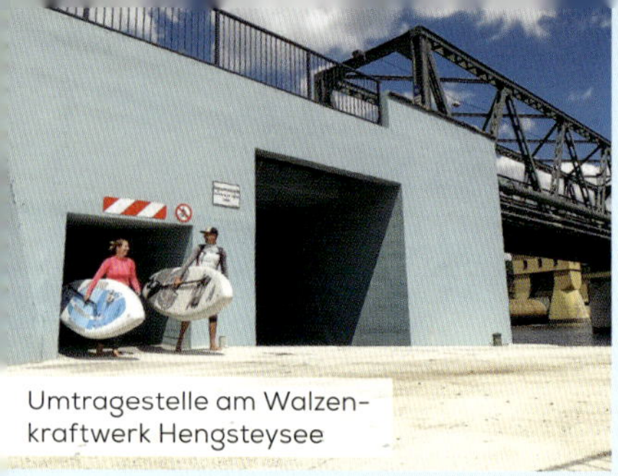

Umtragestelle am Walzenkraftwerk Hengsteysee

WIND & WETTER

Die vorherrschende Windrichtung ist West. Die Berge am Nord- und Westufer der Stauseen sorgen regelmäßig für Fallwinde und Winddreher.

BEFAHRUNGSREGELN & SCHWIERIGKEITEN

Ruhr

- » Am Einstieg kleinere Stromschnellen und Steine knapp unter der Wasseroberfläche.
- » Von der Eisenbahnbrücke in Schwerte-Wandhofen (km 101) bis Kraftwerk Westhofen (km 96,5) fließt die Ruhr durch das NSG „In der Lake". Ganzjährig Uferbetretungsverbot.

Hengstey- und Harkortsee

- » Segelboote und Fahrgastschiffe haben Vorfahrt.
- » Strömungen im Bereich des RWE-Pumpspeicherkraftwerks (Hengsteysee, km 91,2). Wasserauslass über einen im Seeboden vor dem Gebäude mündenden Druckstollen.
- » Zum Schutz der Wasservögel nicht die Seerosenfelder befahren!
- » Auf den Ruhrstauseen von Juli bis in den Herbst Beeinträchtigungen durch die Wasserpflanze Elodea (Wasserpest).

WEHRE

- » **Kraftwerk Westhofen** (km 96,5) - Rechts 250 m umtragen. Ein- und Ausstieg über Kanuanleger.
- » **Kraftwerk Hengsteysee** (km 89,9) - Rechts durch einen Tunnel 150 m umtragen. Ein- und Ausstieg über Kanuanleger.
- » **Kraftwerk Stiftsmühle** (km 88,8) - Zum Umtragen rechts fahren, dann links auf der Insel 50 m umtragen. Ausstieg über einen schwimmenden Kanusteg, je nach Wasserstand kann die Stufe zum Land recht hoch sein. Einstieg über Betonstufen.
- » **Kraftwerk Harkortsee** (km 79,9) - Aussetzen links an Steganlage und 230 m umtragen über Schotterweg. Einstieg über Betonrampe / -stufen.

PEGEL

Bezugspegel: Ruhr / Villigst

- » mittl. höchster Wasserstand 368 cm
- » Mittelwasserstand 152 cm
- » mittl. niedrigster Wasserstand 112 cm

Mobil: RiverApp oder Meine Pegel

Online: www.talsperrenleitzentrale-ruhr.de/online-daten/gewaesserpegel

Beim Wasserstand von 115 cm am Pegel Villigst ist die Ruhr ab Schwerte fahrbar.

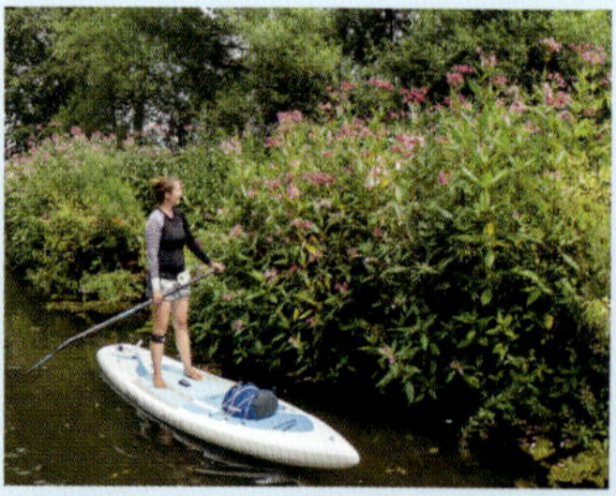

ANFAHRT MIT DEM PKW

SCHWERTE, ROUTE 1

A45 bis Ausfahrt 10 (Schwerte-Ergste), dann links abbiegen auf Ruhrtalstr. Richtung Hagen, rechts abbiegen auf Hagener Str., nach 4,5 km rechts abbiegen auf Kleine Liethstr., an der T-Kreuzung rechts auf Liethstr. und sofort links runter auf Detlef-Lewe-Weg.

HENGSTEYSEE, ROUTE 2

A1 bis Ausfahrt 87 (Hagen-Nord), auf Dortmunder Str. in Richtung Hagen-Nord/DO-Hohensyburg abbiegen, der Parkplatz liegt vor der Brücke links.

HARKORTSEE, ROUTE 3

A1 bis Ausfahrt 88 (Hagen-West), rechts auf B226 abbiegen, am Kreisverkehr die 2. Ausfahrt auf B54 nehmen, nach der Ruhrbrücke Richtung Wetter/Herdecke abfahren, links abbiegen auf Hengsteyseestr., über die beiden Kreisverkehre geradeaus fahren, dann links abbiegen auf Mühlenstr., der Parkplatz liegt links.

PARKEN ROUTE 1

EINSTIEG Kleiner Parkplatz am Kanu- und Surf-Verein KVS Schwerte, Detlef-Lewe-Weg 1 in Schwerte.

AUSSTIEG Großer Parkplatz am Bikertreff, Dortmunder Str. 98 in Hagen.

PARKEN ROUTE 2

EIN- & AUSSTIEG Gr. Parkplatz am Bikertreff, Dortmunder Str. 98 in Hagen.

PARKEN ROUTE 3

EIN- & AUSSTIEG Kostenpflichtiger Parkplatz am Quartier Ruhr-Aue, Mühlenstr. 7-15 in Herdecke. Parkgebühr: 1. Std. frei, jede weitere Stunde 2 €, Tagesmaximum 20 €.

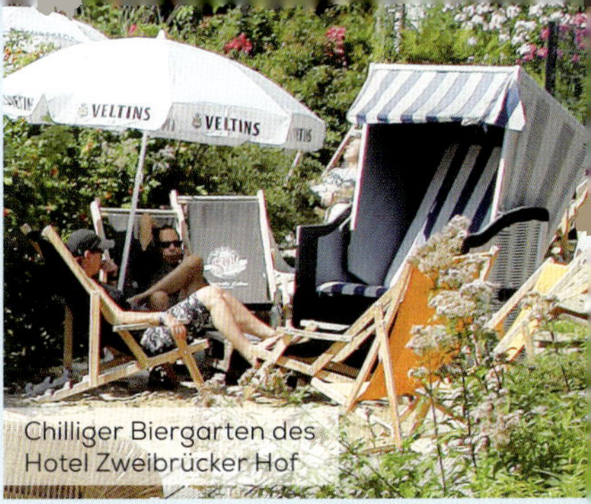

Chilliger Biergarten des Hotel Zweibrücker Hof

AN- & ABFAHRT ÖPNV

SCHWERTE, EINSTIEG ROUTE 1

Ab Hagen Hbf mit RE13 in Richtung Hamm (Westf) bis Schwerte (Ruhr) Hbf oder ab Dortmund Hbf mit RB53 bis Schwerte (Ruhr) Hbf. Zu Fuß 1,4 km zum Einstieg.

HAGEN, AUSSTIEG ROUTE 1

150 m zur Haltestelle „Hagen, Hengsteysee" und mit dem Bus 512 zum Hagen Hbf. Dort weiter (IC, ICE, RE, RB, S-Bahn) in viele Richtungen bzw. über Schwerte Hbf zurück zum Einstieg.

HENGSTEYSEE, HAGEN
EIN- & AUSSTIEG ROUTE 2

Ab Hagen Hbf mit Bus 512 Richtung Dortmund Syburg bis Haltestelle „Hagen, Hengsteysee". 150 m zum Einstieg.

HARKORTSEE, HERDECKE
EIN- & AUSSTIEG ROUTE 3

Ab Hagen Hbf mit Bus 518 in Richtung Herdecke Schanze oder 519 in Richtung Herdecke Nacken bis Herdecke Hengsteyseestraße. 300 m zum Einstieg.

BADEN

- **Freizeitbad Bleichstein** in Herdecke
- **Familienbad Hengsteysee**
- **Naturfreibad** in **Wetter**

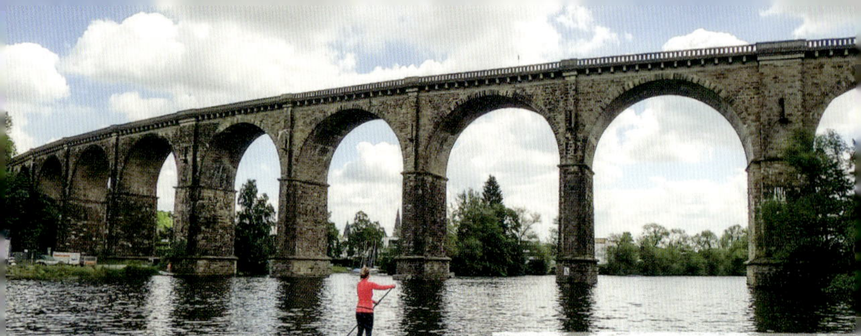

In 30 Meter Höhe spannt sich das Eisenbahn-Viadukt über die Ruhr und markiert den Beginn vom Harkortsee

SEHENSWERT

- **Rohrmeisterei Schwerte** in ehemaliger Pumpstation zur Trinkwasserversorgung. Heute Kulturzentrum mit Restaurant, Konzerten und Filmaufführungen (Di-So, Ruhrstr. 20 in Schwerte, www.rohrmeisterei-schwerte.de). Direkt daneben die **Schwerter Senfmühle**, ein alteingesessener Familienbetrieb mit kleinem Ladenlokal (Mi & Sa, www.schwerter-senfmuehle.de).
- Das **LWL-Freilichtmuseum Hagen** ist ein Museum in dem es nach frisch gebackenem Brot und geröstetem Kaffee duftet und wo die Schmiedefeuer noch lodern (Apr-Okt Di-So, Mäckingerbach, Hagen, www.lwl-freilichtmuseum-hagen.de).
- **Wasserschloss Werdringen** beherbergt ein Museum für Ur- und Frühgeschichte (Do-So, Werdringen 1 in Hagen, www.hagen.de >Kultur & Bildung >Museen).
- Die **Zeche Nachtigall** gilt als die „Wiege des Ruhrbergbaus" (Di-So, Nachtigallstr. 35 in **Witten**, www.zeche-nachtigall.lwl.org).
- Das **Zentrum für Internationale Lichtkunst** ist ein Museum in den Räumlichkeiten der ehemaligen Lindenbrauerei, in dem renommierte Lichtkünstler aus aller Welt ihre Werke zur Schau stellen. Nicht nur für Kunstliebhaber (Lindenplatz 1, 59423 Unna, www.lichtkunst-unna.de).

TIPP EXTRA-TIPPS

- Führung durch das unter Denkmalschutz stehende **Koepchenwerk**, ein Pumpspeicherkraftwerk am Nordufer des Hengesteysees (Im Schiffwinkel 43, Herdecke, www.industriedenkmal-stiftung.de/denkmale/koepchenwerk).
- **Spaziergang** durch die **Stadt Wetter** - Burgruine und zahlreiche denkmalgeschützte Bauwerke, wie die liebevoll restaurierten Fachwerkhäuser an der Straße „Freiheit".
- **Kletterwald Wetter** - Abenteuer und Spaß im Hochseilgarten zwischen den Baumwipfeln (Harkortberg in Wetter, www.kletterwald-wetter.de).

TOUREN

1 DIE RUHR VON SCHWERTE ZUM HENGSTEYSEE

Auf der Ruhr geht es – die ersten Meter etwas flotter – entspannt von Schwerte bis zum Hengsteysee. Das Wehr in Westhofen muss umtragen werden.

| **LÄNGE** 9 km | **DAUER** 2,5-3,5 h

2 RUHRSEENRUNDE

Nur 2,5 Kilometer liegen zwischen dem Ende des Hengsteysees und dem Beginn des Harkortsee. Auf dieser Route werden beide Seen miteinander verbunden. Es müssen die Wehre Hengsteysee und Stiftsmühle jeweils auf dem Hin- und Rückweg umtragen werden.

| **LÄNGE** 17 km | **DAUER** 4,5-6 h

3 EINMAL UM DEN HARKORTSEE

Von der Ruhr geht es unter dem Viadukt hindurch auf den Harkortsee und nach einer Runde über den See wieder zurück.

| **LÄNGE** 9 km | **DAUER** 2,5-3 h

SUP-VERMIETUNG

1 KAYABAMBA

(SUP-Vermietung, Yoga, Kurse, Touren)
Dortmunder Str. 98, 58099 Hagen
Tel. (02331) 344 07 74
www.kayabamba.de

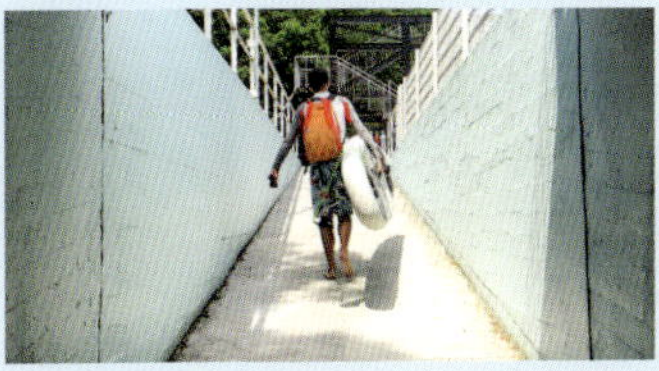

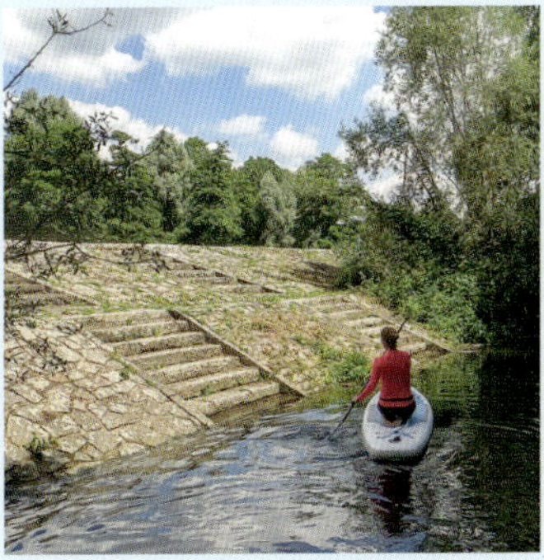

EIN- & AUSSTIEGE

EINSTIEG ROUTE 1 (RUHR)
Kanuanleger Kanu-Verein KVS Schwerte, Detlef-Lewe-Weg 1 in Schwerte.
GPS: 51.433626, 7.567519

AUSSTIEG ROUTE 1 (HENGSTEYSEE) Über Betonstufen unter der Brücke Dortmunder Straße in Hagen. GPS: 51.415383, 7.478075

ZURÜCK ZUM EINSTIEG Mit 2. Pkw oder siehe An- & Abfahrt ÖPNV.

EIN- & AUSSTIEG ROUTE 2 (RUHR)
Über Betonstufen unter der Brücke Dortmunder Straße in Hagen.
GPS: 51.415383, 7.478075

EIN- & AUSSTIEG ROUTE 3 (HARKORTSEE)
Steg an der Herdecke-Ruhrpromenade. Bei Pkw-Anreise auf Höhe vom Quartier Ruhr-Aue. GPS: 51.396742, 7.426917
Bei ÖPNV-Anreise neben dem Anleger für das Fahrgastschiff (bitte nicht den Schiffsanleger nutzen!).
GPS: 51.39572, 7.43114

EINKEHR

1 DIE SNACKERIA

im Bootshaus des KVS Schwerte
Detlef-Lewe-Weg 1, 58239 Schwerte
Tel. 0160-852 71 20
www.die-snackeria.com
Mi-Sa 11-22, So 11-20 Uhr
Direkt am Einstieg in Schwerte

KLASSIKER Schnitzelgerichte

2 BIERGARTEN ZUR LENNEMÜNDUNG

Syburger Dorfstr. 69, 44265 Dortmund
Tel. 0175-486 19 39
Mo-Fr 12-20, Sa+So 11-20 Uhr
(saison- und wetterabhängig)

KLASSIKER
Manchmal gibt's geräucherte Forellen

3 PROTO IM SCHIFFSWINKEL

Im Schiffwinkel 35, 58313 Herdecke
Tel. (02330) 21 55
www.proto-herdecke.de
Di-So 12-22 Uhr *(Mo Ruhetag)*
Griechische Küche, schöner Biergarten direkt an der Umtragestelle vom Wehr Hengsteysee

KLASSIKER Feta Tilihti – Fetakäse im Blätterteig mit Honig und Sesam

4 STEAKHOUSE RIVER

Mühlenstraße 9, 58313 Herdecke
Tel. (02330) 892 75 81
www.river-steakhouse.de
Direkt am Einstieg zur Ruhr/Harkortsee

KLASSIKER Argentinisches Hüftsteak

5 LIEBER SCHOLLI

Baukey 5, 58089 Hagen
Tel. 0172-237 49 89
www.facebook.com/Lieber-Scholli-1574240955982180
Mär-Okt, Fr+Sa 15-20, So 13-19 Uhr
(saison- und wetterabhängig)

KLASSIKER Selbst gebackener Kuchen

ÜBERNACHTUNG

1 KANU- & SURF-VEREIN SCHWERTE (ZELTEN)

Detlef-Lewe-Weg 1, 58239 Schwerte
Tel. (02304) 166 41
www.kvs-schwerte.de >Der KVS >Bootshaus >Übernachtung
Auch für Nichtmitglieder

2 CAMPING HOHENSYBURG

Syburger Dorfstr. 69
44265 Dortmund
Tel. (0231) 77 43 74
www.camping-hohensyburg.de
Camper, Zelt oder Campingfass

3 ROAD STOP MOTEL DORTMUND

Hohensyburgstr. 169
44265 Dortmund
Tel. (0231) 488 26 60
www.roadstop.de
Sechs spannende Themenzimmer – wie wäre es mit Knast, Jim Bean oder Harley Davidson?

4 STRANDHAUS HENGSTEYSEE HOSTEL

Seestraße 4, 58089 Hagen
Tel. (02331) 84 10 90
www.strandhaus.nrw

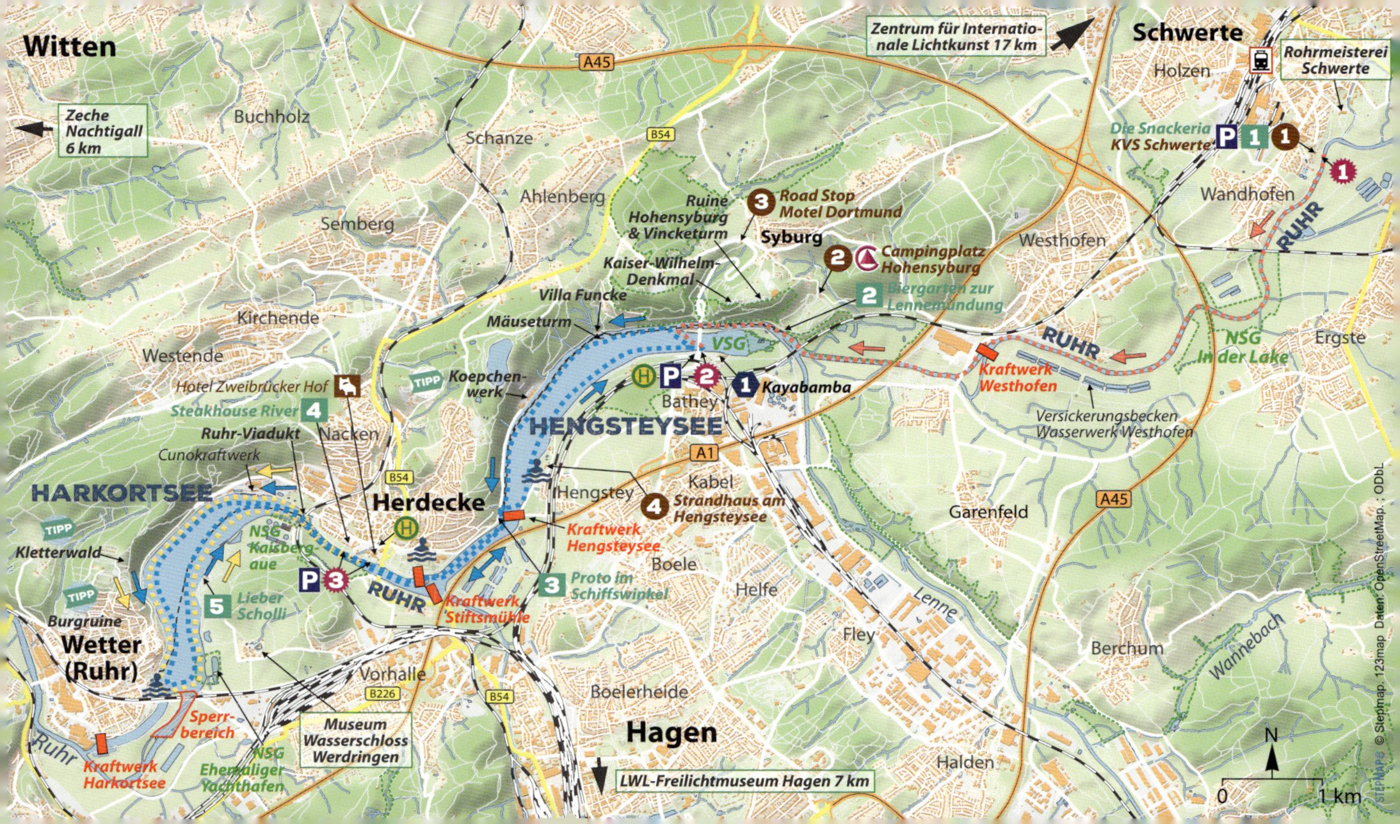

Witten
Zeche Nachtigall 6 km
Buchholz
Schanze
A45
B54
Zentrum für Internationale Lichtkunst 17 km
Schwerte
Holzen
Rohrmeisterei Schwerte
Die Snackeria KVS Schwerte
Wandhofen
Ahlenberg
Semberg
Ruine Hohensyburg & Vincketurm
Road Stop Motel Dortmund
Syburg
Campingplatz Hohensyburg
Westhofen
Kaiser-Wilhelm-Denkmal
Biergarten zur Lennemündung
Villa Funcke
Mäuseturm
Kirchende
Westende
VSG
RUHR
Ergste
NSG In der Lake
Kraftwerk Westhofen
Kayabamba
Bathey
Hotel Zweibrücker Hof
Koepchenwerk
TIPP
Steakhouse River
Ruhr-Viadukt
Nacken
Cunokraftwerk
HENGSTEYSEE
Versickerungsbecken Wasserwerk Westhofen
A1
Kabel
HARKORTSEE
Herdecke
Hengstey
Strandhaus am Hengsteysee
Garenfeld
Kletterwald
NSG Kaisbergaue
Kraftwerk Hengsteysee
Boele
Proto im Schiffswinkel
Helfe
Lieber Scholli
Kraftwerk Stiftsmühle
Burgruine
Wetter (Ruhr)
Fley
Lenne
Berchum
Wannebach
Vorhalle
B226
Boelerheide
Sperrbereich
Museum Wasserschloss Werdringen
Ruhr
Kraftwerk Harkortsee
NSG Ehemaliger Yachthafen
Hagen
LWL-Freilichtmuseum Hagen 7 km
Halden
N
0
1 km
© Stepmap, 123map Daten: OpenStreetMap ; ODbL

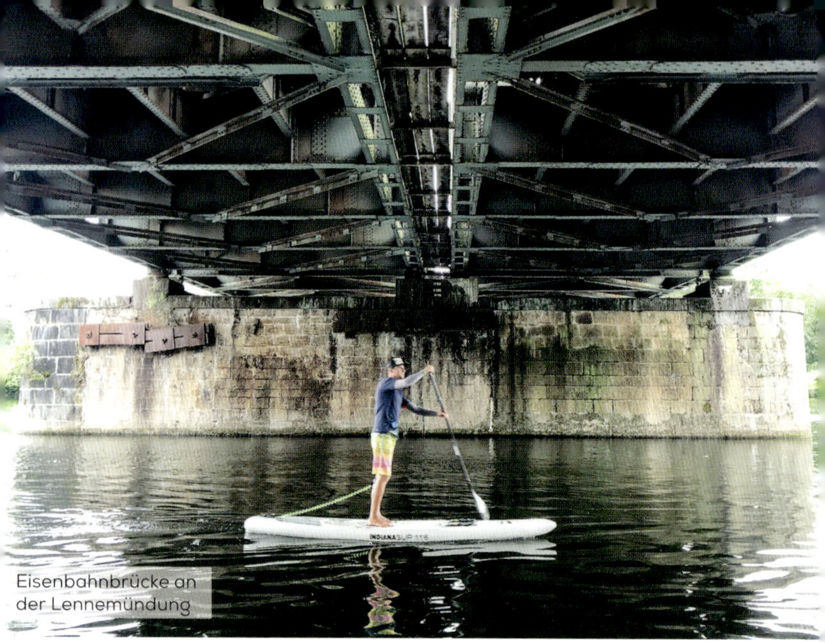

Eisenbahnbrücke an der Lennemündung

1 AUF DER RUHR VON SCHWERTE BIS ZUM HENGSTEYSEE

Die Ruhr ist ein knapp 220 Kilometer langer Fluss, der im Hochsauerland nordöstlich von Winterberg entspringt und bei Duisburg in den Rhein mündet. An ihrem Ufer nahm die Industrialisierung in der Region ihren Anfang. Und von ihr bekam das Ruhrgebiet seinen Namen. Von der "braunschwarzen Brühe, die stark nach Blausäure riecht, keine Spur Sauerstoff enthält und absolut tot ist", wie August Thienemann die Ruhr 1912 beschrieb, ist lange nichts mehr zu sehen. Vielmehr ist sie die grüne Oase des Ruhrgebiets.

Unsere Tour auf der Ruhr beginnt am **KVS SCHWERTE** 1 1. Die ersten 200 Meter flussab lauern einige Stolpersteine im flachen Wasser. Bei der relativ starken Fließgeschwindigkeit auf diesem Abschnitt ist ein Ausweichen nicht immer ganz einfach. Dafür werden wir mitgenommen in eine grüne Idylle hinein. An der Eisenbahnbrücke (Ruhr-km 101) ist die Strömung fast zum Erliegen gekommen. Hinter ihr öffnet sich die Landschaft. Rechts und links breiten sich Wiesen mit wunderschönen Wildblumen aus. Mittlerweile bläst ein kräftiger Wind, der uns fast wieder flussaufwärts pustet. In der Ferne blitzen zwischen der Ufervegetation ein paar Wohnhäuser und ein Kirchturm durch, während die Ruhr in einem weiten Bogen durch die Landschaft auf die Autobahn A45 zufließt. Dahinter erstrecken sich links die tiefer liegenden Wiesen vom **WASSERWERK WESTHOFEN**, wo zur Grundwasseranreicherung vorgereinigtes Ruhrwasser über große Versickerungsbecken in den Untergrund infiltriert wird. Rechts dehnt sich das reizvolle Vogelbeobachtungsgebiet Röllingwiese aus, mit seinem Beobachtungsstand ein beliebtes Ausflugsziel für Vogelfreunde.

Bald erreichen wir die Umtragestelle rechts vorm **WESTHOFENER WEHR** (Ruhr-km 96,5). Der Wiedereinstieg befindet sich im Untergraben, der wenige Hundert Meter hinter der Straßenbrücke wieder mit der Ruhr zusammenfließt. Die Ruhr liegt hier tiefer in der Landschaft, die Ufer sind dicht bewachsen und der Wind erreicht uns nicht mehr so stark. Vor uns schauen wir auf die Autobahnbrücke der A1. Dahinter ragt in der Ferne der 245 m hohe Syberg am Ufer des Hengsteysees auf, gekrönt vom **KAISER-WILHELM-DENKMAL**, der **HOHENSYBURG-RUINE** und dem **VINCKETURM**.

Jetzt schaukeln die Wasserpflanzen sanft in der kaum merklichen Strömung, die Ufer sind von Riesenbärenklau gesäumt und auf dem Feld dahinter biegt sich der Mais im Wind.

Direkt vor der Eisenbahnbrücke (Ruhr-km 94,2) mündet von links die **LENNE** in die Ruhr. Wer Lust hat, könnte je nach Wasserstand die ersten zwei Kilometer bis zum Wehr in die Lenne hineinpaddeln.

Wir aber paddeln auf der Ruhr zum **BIERGARTEN „ZUR LENNEMÜNDUNG"** 2, zu Füßen des steilen Sybergs. Mit der sich anschließenden Ruhr-Brücke beginnt offiziell der **HENGSTEYSEE**. Nach der Brücke paddeln wir links um die Halbinsel herum und kämpfen uns durch den verkrauteten See ans Südufer. Unter der **STRASSENBRÜCKE** können wir unsere Tour beenden.

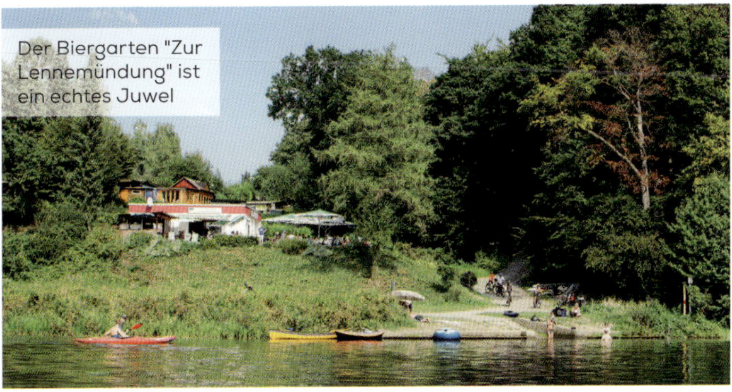

Der Biergarten "Zur Lennemündung" ist ein echtes Juwel

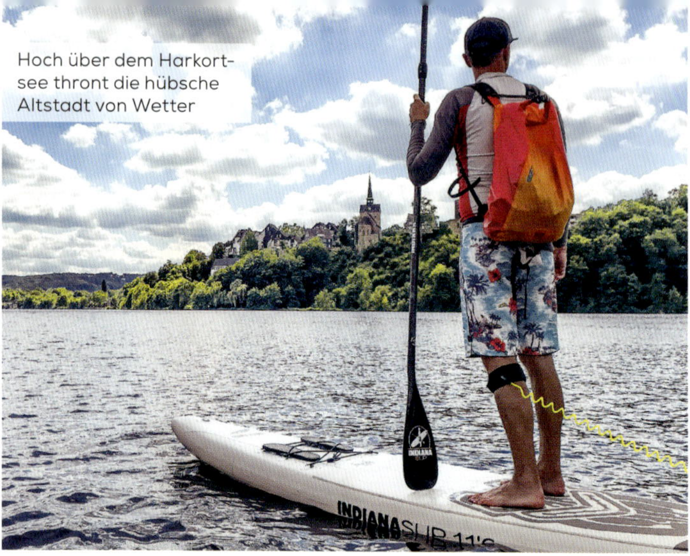

Hoch über dem Harkortsee thront die hübsche Altstadt von Wetter

2 RUHRSEENRUNDE

Vor fast einhundert Jahren wurde der **HENGSTEYSEE** als Flusskläranlage für die Feinreinigung der Ruhr und als erster von sechs Ruhrstauseen angelegt. Von unserem **EINSTIEG** unter der Straßenbrücke Dortmunder Straße folgen wir dem See nach links in einem langen Bogen durch das Ruhrtal. Das Nordufer wird von bewaldeten Steilhängen gesäumt. Hier befindet sich auch die **VILLA FUNCKE** oder **FUNCKENBURG**, eine im neugotischen Stil aus Naturstein erbaute Villa vom Schraubenfabrikanten Bernhard Wilhelm Funcke. Um seine Fabrik in Hagen jederzeit ohne große Umwege erreichen zu können, ließ er eine private eiserne Fußgänger-Hängebrücke über die Ruhr bauen, welche zwischen zwei Türmen den Fluss überspannte. Der südliche Brückenturm, auch **„MÄUSETURM"** genannt, ist erhalten geblieben und liegt heute auf einer kleinen Insel im See.

Ein Stück weiter und weithin sichtbar liegt das von RWE betriebene **KOEPCHENWERK** TIPP am Ufer. Es ist eines der beiden ersten Pumpspeicherkraftwerke Deutschlands. Mit seiner Inbetriebnahme 1930 konnte mit der nachts überschüssigen Energie Wasser in ein Speicherbecken gepumpt werden, das tagsüber mit Turbinen dieses wieder in Strom umwandelte.

Nach gut drei Kilometern erreichen wir das **WEHR HENGSTEYSEE** (Ruhr-km 89,9). Ein komfortabler Kanuanleger vor dem Restaurant **PROTO IM SCHIFFSWINKEL** 3 am rechten Ufer erleichtert das Umtragen. Durch einen Tunnel erreichen wir den Wiedereinstieg. Das Ufer der Ruhr ist grün und unbebaut, aber unmittelbar am Südufer verläuft die A1 und die ist deutlich zu hören.

Nach gut einem Kilometer müssen wir am **KRAFTWERK STIFTSMÜHLE** (Ruhr-km 88,8) schon wieder das Wasser verlassen. Die Umtragestelle befindet sich auf einer kleinen Insel.

Nach der Straßenbrücke beginnt mit dem **HOTEL ZWEIBRÜCKER HOF** am rechten Ufer die **HERDECKER RUHRPROMENADE** (**EIN-& AUSSTIEG ROUTE 3**). Eine schöne Parkanlage mit Spazierwegen, Sitzmöglichkeiten und einer schicken Neubausiedlung mit Einkaufszentrum und Restaurants (**EINKEHR: STEAKHOUSE RIVER 4**).

Schon von weitem sieht man den 240 Meter hohen Schornstein des Cunokraftwerks am Anfang des Harkortsees. Aber bevor wir dieses erreichen, geht es durch einen der 12 Bögen unter dem alten 30 Meter hohen **EISENBAHN-VIADUKT** hindurch. Hier beginnt offiziell der **HARKORTSEE**. Wunderschöne Seerosenfelder und unzählige Schwäne empfangen uns, tatsächlich haben wir bei 80 aufgehört zu zählen. Am linken Ufer reihen sich der Wassersport- und Campingverein sowie der Yacht-Club von **HAGEN** aneinander (**EINKEHR: LIEBER SCHOLLI 5**). Am rechten Ufer ragt malerisch die **ALTSTADT** von **WETTER (RUHR)** TIPP mit ihren unter Denkmalschutz stehenden Kirchen und Burgruinen auf. Wir paddeln noch bis zur Eisenbahn- / Straßenbrücke Friedrichstraße, bevor wir umdrehen und uns auf dem gleichen Weg zurück begeben.

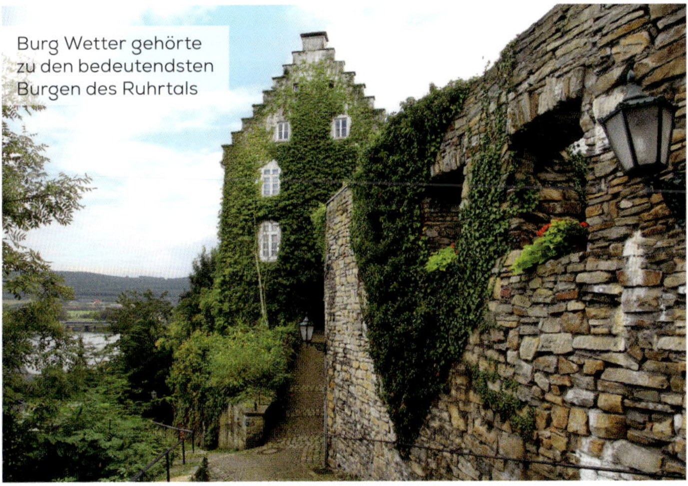

Burg Wetter gehörte zu den bedeutendsten Burgen des Ruhrtals

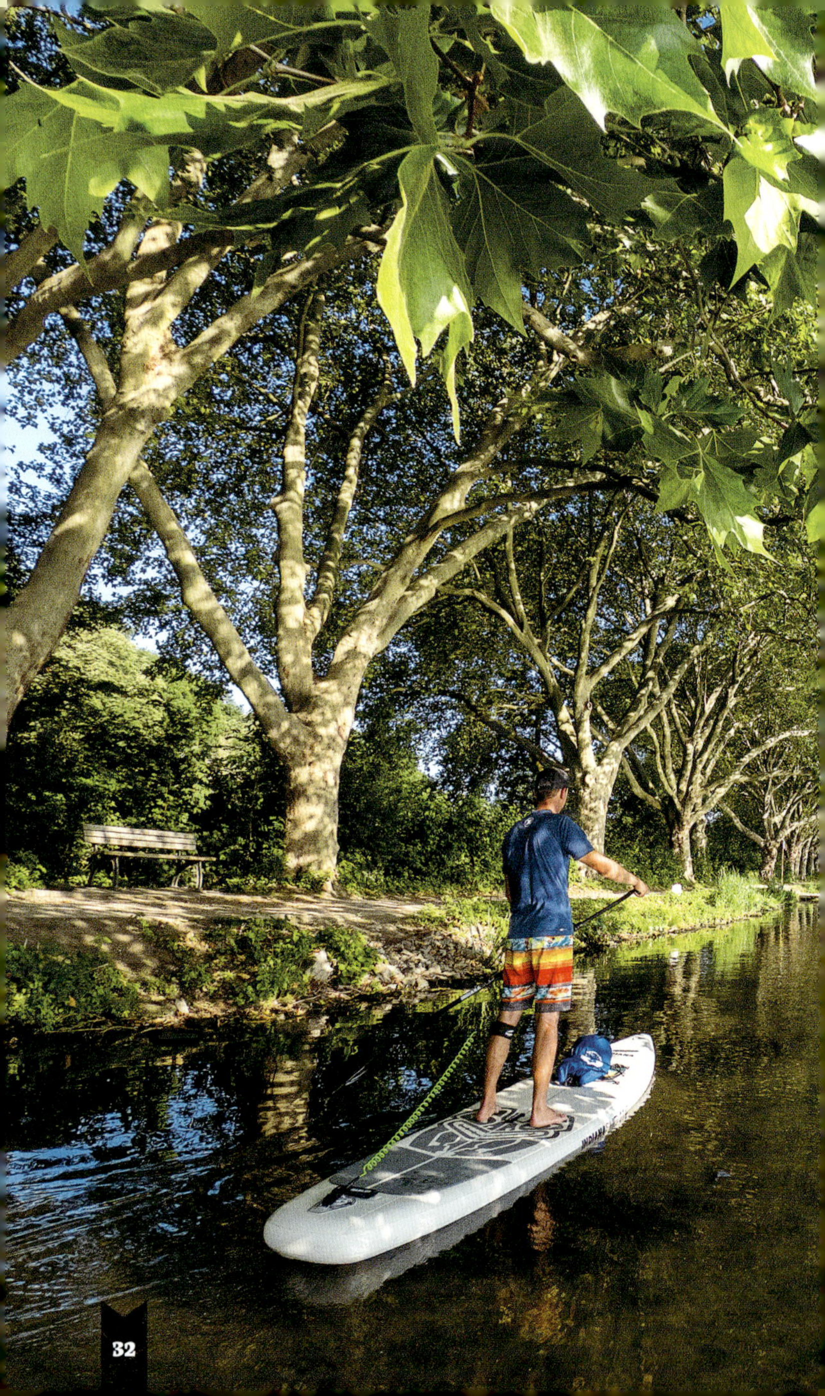

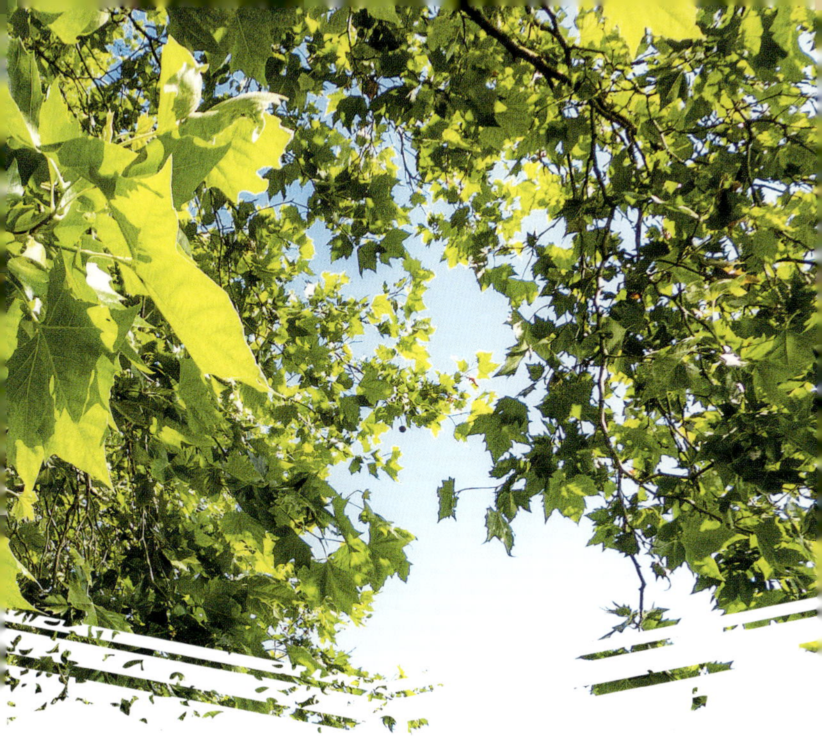

BALDENEYSEE & RUHR

HATTINGEN – MÜLHEIM a.d.R.

ANSPRUCH

EINKEHR

Die Ruhr ist die Lebensader des Ruhrgebietes und eine grüne Oase inmitten der Metropolregion. Wer hätte gedacht, dass einen hier eine entspannte und idyllische Tour durchs Grüne erwartet? Und der Baldeneysee? Er ist der größte der sechs Ruhrstauseen und wahrscheinlich das beliebteste und bestbesuchte Wassersportrevier im Pott.

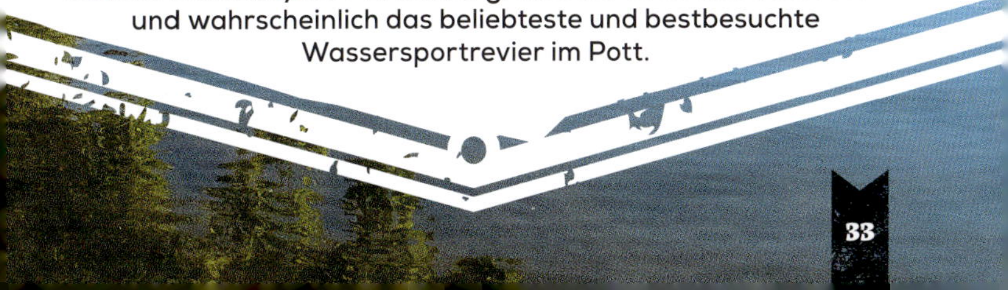

WIND & WETTER

Die vorherrschende Windrichtung ist West. Da der Baldeneysee von „Bergen“ eingefasst ist, kommt es an vielen Stellen zu Fallböen und Winddrehern.

BEFAHRUNGSREGELN & SCHWIERIGKEITEN Ruhr

- Segelboote und Fahrgastschiffe haben Vorfahrt.
- Ab km 41,6 gilt die Ruhrschifffahrtsverordnung und das Fahrwasser ist in der Regel mit Tonnen gekennzeichnet. SUPer sollten sich nach Möglichkeit außerhalb der Fahrrinne aufhalten und diese nur auf kürzestem Weg queren.
- Die Ruhr darf zwischen Essen-Burgaltendorf (km 49,3) und Essen-Rellinghausen (km 41,4) ab Wasserstand von 239 cm am Pegel Hattingen nicht mehr befahren werden.
- Zwischen Mülheim a.d.R. (km 12,2) und Essen-Rellinghausen (km 41,4) darf die Ruhr ab Wasserstand von 358 cm am Pegel Hattingen nicht mehr befahren werden. Ausgenommen hiervon ist der Baldeneysee.
- Von der Straßenbrücke L925 (km 41,2) bis zum Beginn des Baldeneysees (km 37,1) besteht für die rechte Uferseite ganzjähriges Uferbetretungsverbot.
- Im Naturschutzgebiet Ruhruferstreifen (km 25,5 bis 24,5) und Untere Kettwiger Ruhraue (km 20,7 bis 19,5) besteht für die linke Uferseite ganzjähriges Uferbetretungsverbot.
- „Spielen“ im Hattinger-Schwall nur mit entsprechender Schutzausrüstung.

BEFAHRUNGSREGELN & SCHWIERIGKEITEN Baldeneysee

Ab einem Wasserstand von 431 cm am Pegel Hattingen nicht mehr befahren.

- Das Vogelschutz- und Laichschongebiet am rechten Ufer kurz nach der Eisenbahnbrücke Kupferdreh (km 35,6) nicht befahren.
- Vorsicht vor Querströmungen im Wehr-Bereich. Befahrungsverbot in Wehrnähe beachten.
- Bitte Rücksicht nehmen auf die Ruderboote, vor allem im Bereich der Regattastrecke.
- Ab Juli bis in den Herbst hinein kann es auf den Ruhrstauseen zu Beeinträchtigungen durch die Wasserpflanze Elodea (Wasserpest) kommen.

WEHRE

- **Wehr Dahlhausen** (Ruhr-km 49,9) – rechts 50 m umtragen.
- **Wehr Schleuse Horst** (Ruhr-km 46,8) – links an der Schleuse neben der Bootsgasse 100 m umtragen. Die Bootsgasse **nicht** mit SUPs befahren.
- **Wehr Spillenburg** (Ruhr-km 42,4) – rechts halten, in den schmalen Kanal bis zur alten Schleuse fahren. Dort links 130 m umtragen. Die Bootsgasse **nicht** mit SUPs befahren.
- **Baldeneysee Stauwehr/Essen-Werden** (Ruhr-km 29,3) – im rechten Pfeiler 150 m (Tunnel) umtragen. Schuhe! Barfuß laufen nicht erlaubt. **Vorsicht** bei hochgezogenem Warnkorb am Anleger wegen Schrägströmung.
- **Stauwehr Kettwig** (Ruhr-km 21,6) – links 200 m unter der Brücke hindurch umtragen.

PEGEL

Bezugspegel Ruhr/Hattingen

» Mittlerer höchster Wasserstand 520 cm

» Mittelwasserstand 196 cm

» Mittl. niedrigster Wasserstand 103 cm

Mobil: RiverApp oder Meine Pegel

Online: www.talsperrenleitzentrale-ruhr.de >Online-Daten >Gewässerpegel

ANFAHRT MIT DEM PKW

ISENBERG-HATTINGEN, ROUTE 1

A44 Ausfahrt 39 (Essen-Kupferdreh) in Richtung Essen-Kupferdreh fahren, links abbiegen auf Hattinger Str., geradeaus über den Kreisverkehr, links auf Isenbergstraße abbiegen.

CARL FUNKE FÖRDERTURM-BALDENEYSEE, ROUTE 2

Von Süden A44, von Norden B227 bis Ausfahrt Essen-Heisingen. Auf Str. "Königsiepen" und "Petzelber" bis Kreisverkehr, dort 1. Ausfahrt nehmen und nächste Möglichkeit links und direkt wieder links auf Malmedystraße. Kurz vor einer Linkskurve nach rechts in Bahnhofstr.. An der T-Kreuzung rechts abbiegen auf Lanfermannfähre.

PEGELHÄUSCHEN ESSEN-WERDEN, ROUTE 3

A52 Ausfahrt 27 (Essen-Haarzopf) in Richtung Essen-Werden, rechts abbiegen auf B224. Auf Höhe vom Bahnhof Essen-Werden leicht rechts abbiegen auf Ruhrtalstr., direkt wieder rechts auf Straße Im Löwental, hinter der Brücke links Richtung „Leinpfad/Ruhr“.

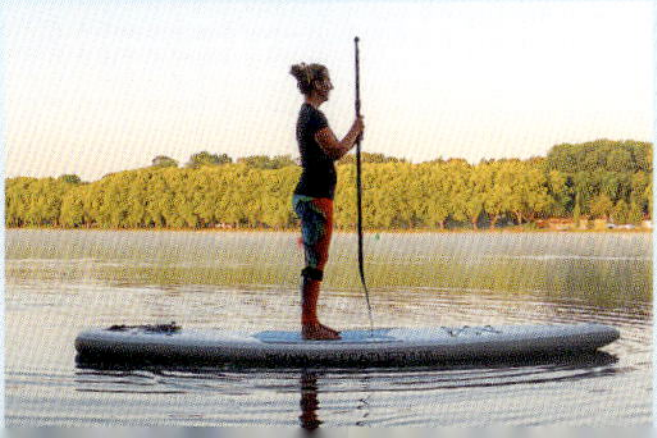

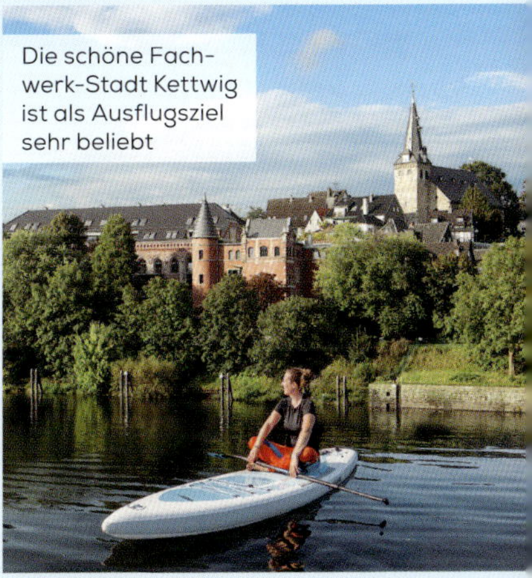

Die schöne Fachwerk-Stadt Kettwig ist als Ausflugsziel sehr beliebt

PARKEN ROUTE 1

EINSTIEG Parkplatz, Isenbergstr. 55 in Hattingen. GPS: 51.389753, 7.153522

AUSSTIEG Parkplatz am Carl Funke Förderturm (Grüner Turm), 300 m nach Lanfermannfähre 40 in Essen-Heisingen. GPS: 51.403427, 7.049672

PARKEN ROUTE 2

EIN- & AUSSTIEG

Parkpl. am Carl Funke Förderturm (Grüner Turm), 300 m nach Lanfermannfähre 40 in Essen-Heisingen. GPS: 51.403427, 7.049672

PARKEN ROUTE 3

EINSTIEG Kleiner Parkplatz am Pegelhaus, Schleuse / Im Löwental in Essen-Werden. GPS: 51.383661, 6.999106

AUSSTIEG Öffentlicher Parkplatz auf der Schleuseninsel, Alte Schleuse in Mülheim a.d.Ruhr, 1 € für die ersten 40 Min., jede weitere Stunde 1,50 €. GPS: 51.423782, 6.876137

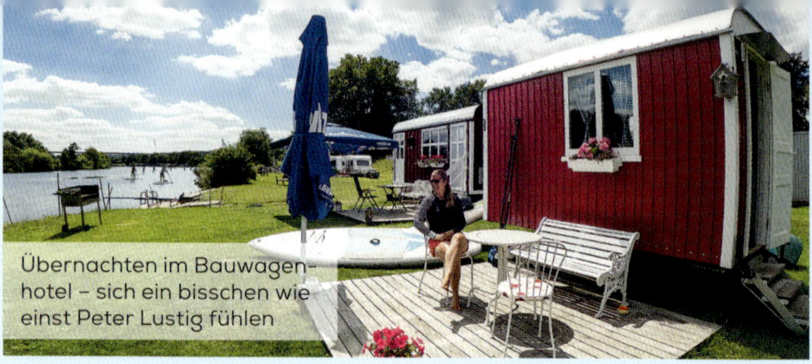

Übernachten im Bauwagenhotel – sich ein bisschen wie einst Peter Lustig fühlen

AN- & ABFAHRT ÖPNV

ISENBERG-HATTINGEN EINSTIEG ROUTE 1 Von Essen Hbf mit S3 bis Hattingen-Mitte, dann mit Bus 141 in Richtung Essen-Kupferdreh bis Hattingen-Isenberg. Zu Fuß 150 m zum Einstieg.

CARL FUNKE FÖRDERTURM-BALDENEYSEE AUSSTIEG ROUTE 1 850 m zur Haltestelle Carl-Funke-Straße, mit Bus 153 zum Bf Kupferdreh (RE49, S9), Anschluss Richtung Wuppertal oder Essen bzw. zurück zum Einstieg.

CARL FUNKE FÖRDERTURM-BALDENEYSEE EIN- & AUSSTIEG ROUTE 2 Von Essen Hbf mit RE49 Richtung Wuppertal bis Essen-Kupferdreh, dann Bus 153 Richtung Essen-Heisingen bis Carl-Funke-Straße. 850 m zum Einstieg.

PEGELHÄUSCHEN ESSEN-WERDEN EINSTIEG ROUTE 3 Essen Hbf S6 Richtung Köln bis Essen-Werden. 400 m zum Einstieg (Straße: Im Löwental).

WASSERBAHNHOF MÜLHEIM A.D. RUHR AUSSTIEG ROUTE 3 1,3 km zum Hbf Mülheim, weiter mit IC, RB, S- / U-Bahn od. über Essen Hbf zurück zum Einstieg.

BADEN

Zwei offizielle Badestellen an der Ruhr:

- Eine im **Seaside Beach** am **Baldeneysee** (Freiherr-vom-Stein-Str. 384, 45133 Essen, www.seaside-beach.de).
- Die zweite (2022 eröffnet) liegt direkt an der fließenden Ruhr in **Bochum-Dahlhausen** (www.bochum.de/Referat-fuer-Sport-und-Bewegung/Baden-in-der-Ruhr).

Die Badestellen werden durch ein Frühwarnsystem überwacht, falls bei Starkregen Kläranlagen überlastet sein sollten.

SEHENSWERTES

» Dem „Weg des Eisens“ kann man in der **Henrichshütte in Hattingen** folgen und vom HO3, ältester Hochofen der Region, kann man seinen Blick über das Ruhrtal schweifen lassen (Di-So, Werkstr. 31-33 in Hattingen, www.henrichshuette-hattingen.lwl.org).

» Hoch über dem Baldeneysee liegt das ehemalige Wohnhaus der Unternehmerfamilie Krupp mit 269 Räumen, die **Villa Hügel**. Neben Führungen durchs Haus ist auch der Park mit seinen Skulpturen der Öffentlichkeit zugänglich (Di-So, Hügel 1, Essen, www.villahuegel.de).

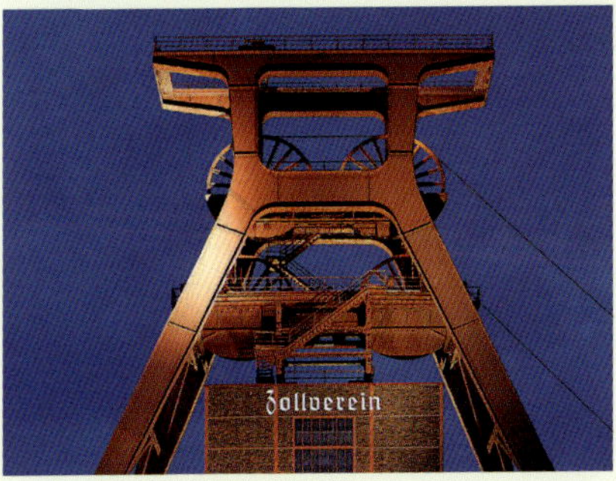

» Bis 1986 Steinkohlebergwerk, heute UNSECO-Welterbe - die **Zeche Zollverein** gilt als die schönste Zeche der Welt. Egal ob auf eigene Faust, bei einer Führung, einer der vielfältigen Veranstaltungen oder einer Arschbombe ins alte **Werksschwimmbad**, es ist immer ein Erlebnis (freier Zugang, Parkplatz A1, Fritz-Schupp-Allee, Essen, www.zollverein.de). Auf dem Gelände befinden sich zudem das **Ruhr Museum** (www.ruhrmuseum.de) und das **Red Dot Design Museum** (Di-So, www.red-dot-design-museum.de). Das **Restaurant und Café "Die Kokerei"** bietet typische lokale Gerichte an.

» Das **Aquarius Wassermuseum** ist ein informatives Museum zu einem der wichtigsten Elemente, untergebracht in einem alten **Wasserturm** (Di-So, Burgstr. 70 in Mülheim a.d.Ruhr, www.aquarius-wassermuseum.de).

TIPP EXTRA-TIPPS

» **Fahrradtour** entlang des 240 Kilometer langen **RuhrtalRadweg** von Winterberg bis nach Duisburg (www.ruhrtalradweg.de).

» **Bummeln durch die Altstadt** von **Essen-Kettwig** und **Essen-Werden**, beide Essener Stadtteile liegen direkt am Ruhrufer.

Berlin oder Ruhrgebiet? Woher die Currywurst wirklich kommt weiß keiner. Aber eines ist klar, der Ruhrpottler liebt sein "Ruhrpott-Carpaccio mit Pommes-Schranke". Einige der besten Imbissbuden im Revier:

» Die schärfste Currywurst der Welt, hier wurde die Currywurst zum ersten Mal in verschiedenen Schärfegraden angeboten: **Die Currywurst**, Heidstr. 28 in Wanne-Eickel (Herne), www.diecurrywurst.com

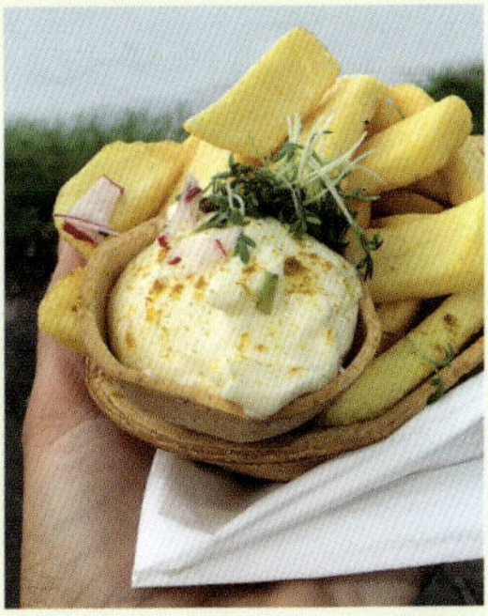

» **Erikas Braterei**, Schnitzel wird hier noch in der Pfanne gebraten, dazu Pommesberge, Aktienstr. 30 in Mülheim a.d.R.

» Die Pommesbude vom Sternekoch: **Profi-Grill**, Bochumer Str. 96 in Bochum-Wattenscheid, www.profi-grill.de

» Eine der ältesten (und kleinsten) Buden im Revier: **Zum Xaver**, Gemarkenstr. 44 in Essen, www.zumxaver.de

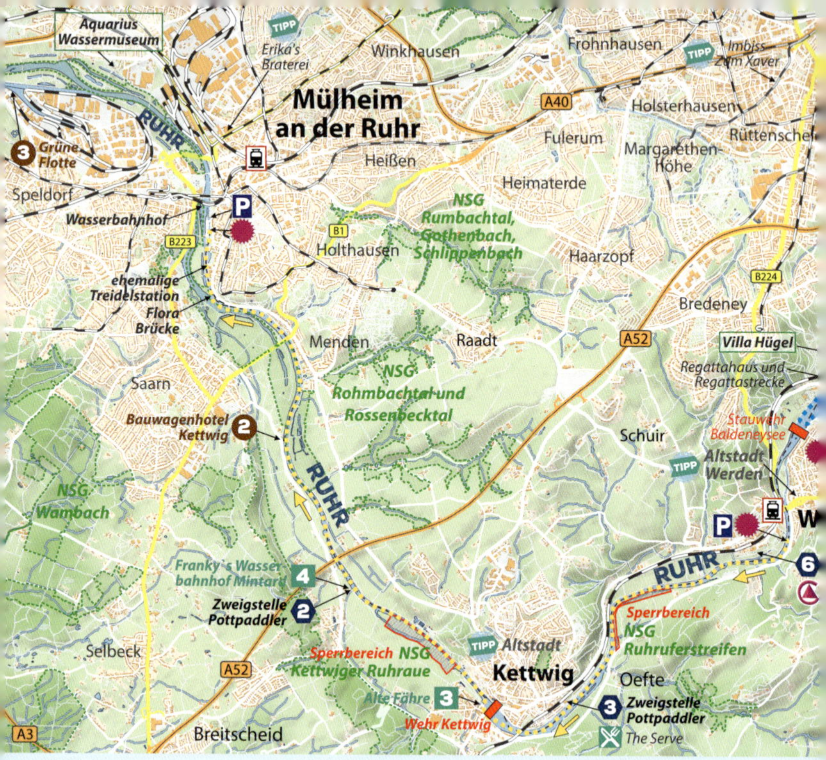

TOUREN

1 RUHR VON HATTINGEN ZUM BALDENEYSEE

Auf der Tour müssen drei Wehre umtragen werden. Die Strömung am Einstieg unterhalb des Isenberger Schwalls ist nichts für absolute Anfänger.

➔ | **LÄNGE** 20 km | **DAUER** 5–6,5 h

2 GROSSE SEERUNDE

Eine Runde um den größten der sechs Ruhrstauseen. Essens „grüne Lunge“ ist ein beliebtes Wassersportrevier mit schönen Uferzonen, einigen historischen Bauten und jeder Menge Vereine.

↻ | **LÄNGE** 13 km | **DAUER** 3,5–4,5 h

3 AUF DER RUHR VON ESSEN-WERDEN NACH MÜLHEIM A.D. RUHR

Eine schöne und entspannte Tour auf der Ruhr führt zum Wasserbahnhof in Mülheim a. d. Ruhr. Es muss das Wehr in Essen-Kettwig umtragen werden.

➔ | **LÄNGE** 15 km | **DAUER** 4–5 h

EIN- & AUSSTIEGE

EINSTIEG ROUTE 1

Über steile befestigte Böschung an der **Ruhr** direkt unterhalb des Isenberger Schwall in Isenberg (Hattingen).
GPS: 51.390453, 7.153722

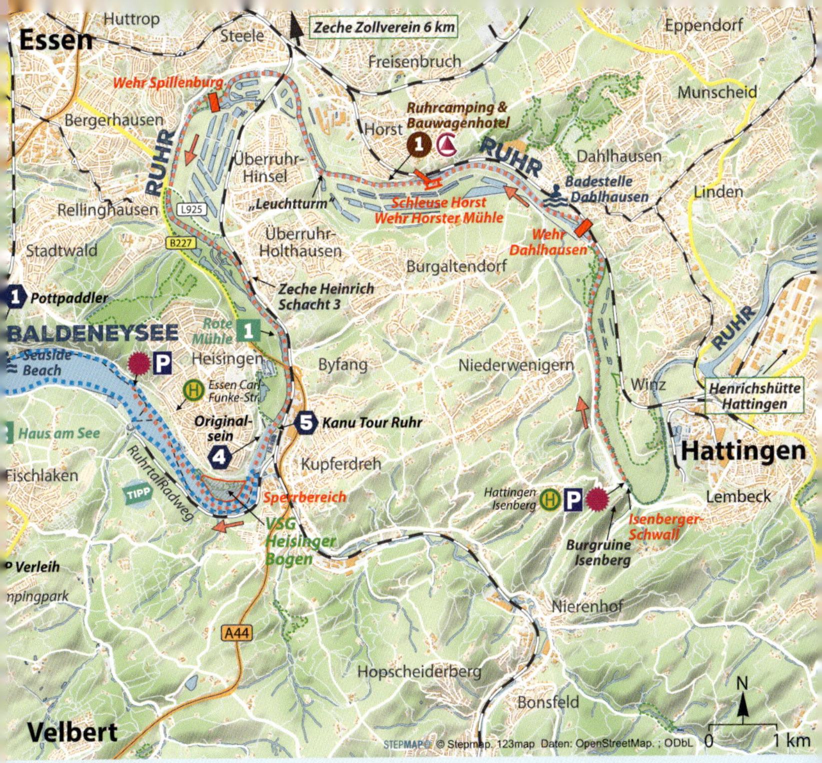

AUSSTIEG ROUTE 1 Über steinige Uferböschung am Nord-Ostufer des **Baldeneysees**, Nähe Carl-Funke-Förderturm. GPS: 51.403505, 7.048892

ZURÜCK ZUM EINSTIEG Mit Rad oder 2. PKW (vorab am Ausstieg deponieren), oder 9 km zu Fuß oder 850 m zur Haltestelle Carl-Funke-Straße, mit dem Bus 153 zum Bf Kupferdreh (RE49, S9) und über Essen zurück zum Einstieg.

EIN- & AUSSTIEG ROUTE 2 Steinige Uferböschung am Nord-Ostufer des **Baldeneysees,** Nähe Carl-Funke-Förderturm. GPS: 51.403505, 7.048892

ALTERNATIVER EINSTIEG BALDENEYSEE Bootsrampe am Südufer des Sees in der Nähe vom Stauwehr mit Parkmöglichkeit (Hardenbergufer, Essen). GPS: 51.399004, 7.007501

EINSTIEG ROUTE 3 Flache Böschung an der **Ruhr** gegenüber vom Bootshaus Kanufreunde Essen in Essen-Werden. GPS: 51.383065, 6.999233

AUSSTIEG ROUTE 3
Über steile, schmale Treppe an der Kaimauer unterhalb eines Verladekrans vor der Ruhrschleuse Mülheim.
GPS: 51.422778, 6.876771

ZURÜCK ZUM EINSTIEG Mit Rad oder 2. PKW (vorab am Ausstieg deponieren). Oder 1,3 km zum Hbf Mülheim, siehe An-/Abfahrt mit ÖPNV.

EINKEHR

1 ROTE MÜHLE

Rotemühle 1, 45259 Essen
Tel. (0201) 648 47 43
www.faehrhaus-rote-muehle.de
Nur bei schönem Wetter,
Apr-Okt, ab 11 Uhr

KLASSIKER Schnitzel Wiener Art

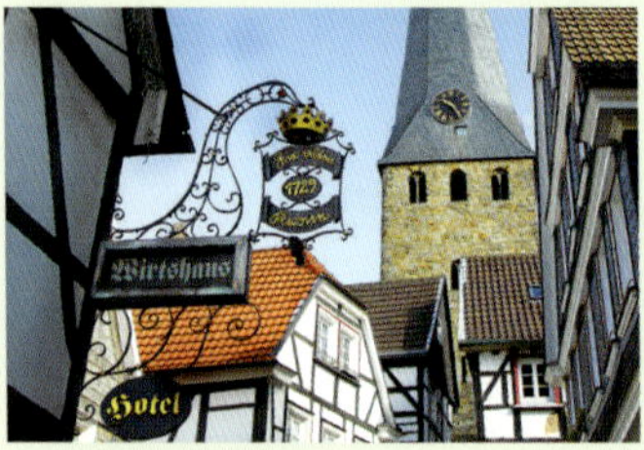

2 HAUS AM SEE

Harnscheidts Höfe 1, 45239 Essen
Tel. (0201) 894 575 40
www.hausamsee.ruhr
„Essen wie bei Omma" im Biergarten eines alten Fachwerkhauses a. d. 18. Jh.
Mo, Do-So ab 12 Uhr, Di & Mi Ruhetag

KLASSIKER Möhrendurcheinander mit grober Bratwurst

3 ALTE FÄHRE

Zur Alten Fähre 45, 45219 Essen
Tel. (02054) 865 12, www.alte-faehre.de
Do-So 12-22 Uhr
Biergarten saison- und wetterabhängig
Auch Speisen auf die Hand!

KLASSIKER Endiviensalat mit Kartoffelpü und Blutwurst

4 FRANKY'S WASSER-BAHNHOF MINTARD

August-Thyssen-Str. 129,
45481 Mülheim a.d.Ruhr
Tel. (02054) 72 72
www.frankys-wasserbahnhof.de
Mi-So ab 12 Uhr
Biergarten saison- und wetterabhängig

KLASSIKER
Sülze vom Ruhrtaler Freilandschwein

ÜBERNACHTUNG

1 RUHRCAMPING UND BAUWAGENHOTEL

In der Lake 76, 45279 Essen
Tel. 0178-156 39 10
www.ruhrcamping.com
Schlafen im Bauwagen – ein bisschen wie einst Peter Lustig

2 BAUWAGENHOTEL KETTWIG

Mintarder Str. 139
45481 Mülheim a.d.Ruhr
Tel. 0174-232 32 57
www.kanu-kettwig.de/bauwagen.html
Nächtigen im hübschen Bauwagen mit direktem Wasserzugang.

3 GRÜNE FLOTTE

Hafenstr. 15, 45478 Mülheim a.d.Ruhr
Tel. (0208) 74 04 98 75
www.gruene-flotte.de
Übernachten im Haustretboot!

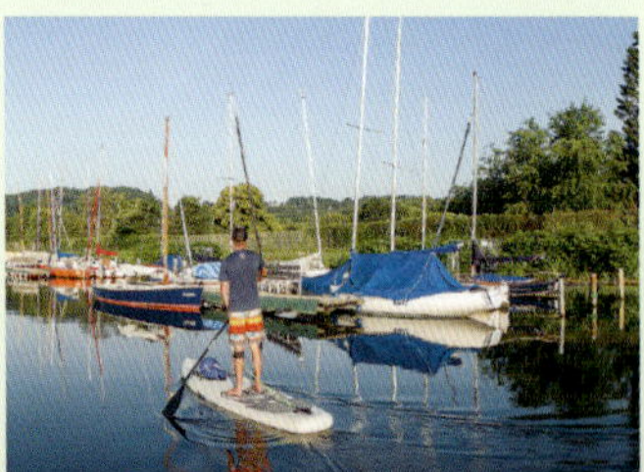

SUP-VERMIETUNG

❶ POTTPADDLER / SUP-SCHULE-RUHR
(auch Yoga, Kurse, Race Training, Touren)
im Seaside Beach Baldeney (Eintritt)
Freiherr-vom-Stein-Str. 384
45133 Essen

❷ POTTPADDLER-STATION BEI FRANKY`S WASSERBAHNHOF
August-Thyssen-Str. 129
45481 Mülheim a.d.Ruhr

❸ POTTPADDLER-STATION BEI "THE SERVE", Am Kettwiger Ruhrbogen 38, 45219 Essen
SUP-Board-Miete bei den Pottpaddlern nur nach Kurs oder mit SUP-Lizenz einer GSUPA, DKV, VDWS oder ACA zertifizierten SUP-Schule.
ALLE: Tel. 01577-602 01 82
www.sup-schule-ruhr.de

❹ ORIGINAL-SEIN
(auch Yoga, Kurse, Touren)
„Die Wiese", Stauseebogen 13
45259 Essen-Heisingen
Tel. (0201) 50 91 10 81
www.original-sein.de

❺ KANU TOUR RUHR
Kampmannbrücke 35
45257 Essen Tel. (0201) 95 97 33 23, 0177-565 60 01
www.sup-tour-ruhr.de

❻ KOLULA SUP VERLEIH
(Kontaktlos, voll digitalisiert, der Verleih-Automat befindet sich auf dem Gelände des KNAUS-Campingpark)
Im Löwental 67, 45239 Essen
www.kolula.com

1 RUHR VON HATTINGEN BIS ZUM BALDENEYSEE

Zu Füßen der Burgruine Isenberg, direkt unterhalb der **SCHWALLSTRECKE ISENBERG** (Ruhr-km 53,8), geht es über eine steile, gepflasterte Böschung aufs Wasser. Mit der Strömung, die bald schon merklich nachlässt, treiben wir vorbei an Steinbuhnen und grün-saftigen Wiesen. Bis auf das Stück am Isenberger Schwall hat die Ruhr hier so wenig Strömung, dass man auch flussauf SUPen kann. Nach knapp vier Kilometern erreichen wir die **SCHWIMMBRÜCKE DAHLHAUSEN** und mit dem **WALZENWEHR DAHLHAUSEN** (Ruhr-km 49,9) dahinter das erste von drei zu umtragenden Wehren. Am gemauerten rechten Ufer entlang kommen wir zu den Stegen und unserer Umtragestelle.

Die Ruhr ist danach strömungslos, recht breit und ehrlicherweise für den Moment etwas eintönig. Vorbei gehts an der offiziellen **BADESTELLE** direkt am Fluss. Nach nur zweieinhalb Kilometern umtragen wir das **WEHR** an der **SCHLEUSE HORST** (Ruhr-km 47,4) links an der alten Schleuse (NICHT die Bootsgasse befahren!). Rechterhand sehen wir das denkmalgeschützte

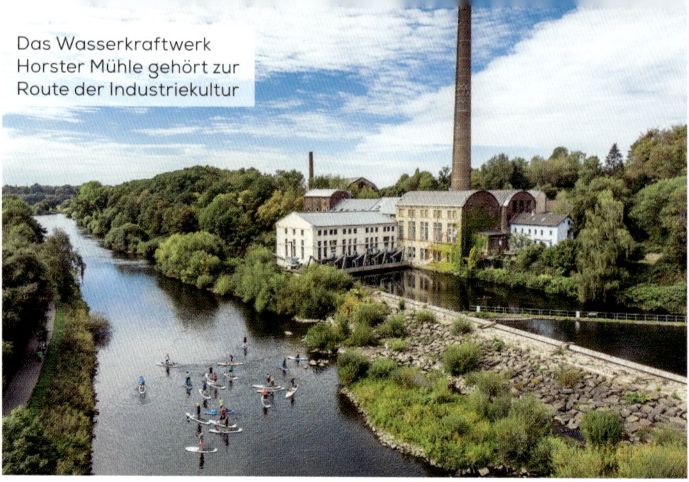

Das Wasserkraftwerk Horster Mühle gehört zur Route der Industriekultur

WASSERKRAFTWERK HORSTER MÜHLE. Der Fluss wird etwas schmaler und landschaftlich reizvoller. Besonders hübsch ist der **„LEUCHTTURM"** am linken Ufer, ein Strommast, geschmückt mit bunten, lichtdurchlässigen Kunststoffplatten, eines von 17 Kunstwerken entlang des **RUHRTALRADWEGES** TIPP. Nach weiteren vier Kilometern erreichen wir mit dem **WEHR SPILLENBURG** (Ruhr-km 43,3) das dritte und letzte Wehr dieser Tour. Hier halten wir uns erstmal rechts und paddeln in den schmalen Kanal bis zur alten Schleuse (Bootsgasse NICHT befahren). Auf der linken Uferseite befindet sich die Umtragestelle.

Von Frühjahr bis Herbst säumen jetzt Markierungstonnen die **RUHRSCHIFFFAHRTSSTRASSE**. Industriebetriebe nutzten diese schon im 18. Jahrhundert als Transportweg und machten sie zum meistbefahrenen Fluss Deutschlands, bevor die neu entdeckte Eisenbahn ihn als beliebten Transportweg ablöste. Heute begegnet man hier nur noch Fahrgastschiffen und Hobbykapitänen. Wir passieren die Vogelinsel mit ihren Ruhr-Altarmen (nicht befahren/NSG) rechts und den **FÖRDERTURM DER ZECHE HEINRICH, SCHACHT 3** links und bekommen dann Lust, bei diesem schönen Wetter beim malerischen Biergarten des **GASTHAUSES „ROTE MÜHLE"** 1 (Ruhr-km 38,5) anzulegen, einem der traditionsreichsten Biergärten des gesamten Ruhrgebiets.

Hinter der der Autobahnbrücke der A44 wird die Wasserfläche allmählich breiter und es geht in einem weiten Bogen, vorbei am **VOGELSCHUTZGEBIET** Heisinger Bogen, auf den **BALDENEYSEE** hinaus. Jetzt ist aus der zuvor ruhigen Flusslandschaft mit dem neun Kilometer langen See ein bis weit über die Stadtgrenzen hinaus beliebtes Wassersportrevier geworden. Beim **CARL-FUNKE-FÖRDERTURM** (Ruhr-km 32,5) beenden wir am rechten Ufer unsere Tour.

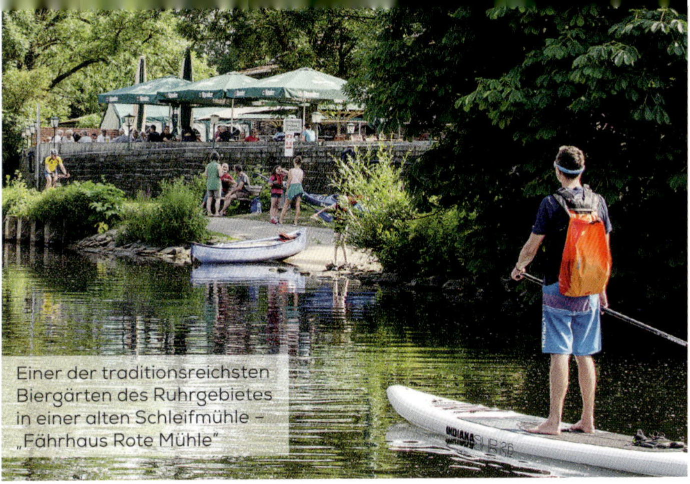

Einer der traditionsreichsten Biergärten des Ruhrgebietes in einer alten Schleifmühle – „Fährhaus Rote Mühle"

3 RUHR VON ESSEN-WERDEN BIS MÜLHEIM AN DER RUHR

Vom kleinen blauen **PEGELHAUS** in **ESSEN-WERDEN** (Ruhr-km 27,6) geht es in kaum merklicher Strömung vorbei am reizvollen, dicht bewachsenen Ufer, Gasthöfen, Campingplätzen und dem hoch aufragenden Kettwiger Stadtwald auf **ESSEN-KETTWIG** TIPP zu. Da, wo die Bahnlinie die Ruhr quert, halten wir uns links, um vor dem **STAUWEHR** (Ruhr-km 21,6) über eine betonierte Bootsrampe das Wasser zu verlassen, nur um gleich hinter dem Wehr wieder einzusetzen.

Das Ruhrtal gibt sich im Bereich des **NATURSCHUTZGEBIETES „UNTERE KETTWIGER RUHRAUE"** besonders idyllisch, bis es nach neun Kilometern von der riesigen Autobahnbrücke der A52 überspannt wird. Ganze 65 Meter hoch über der Ruhr ruht das Bauwerk auf 18 Pfeilern und ist mit 1.830 Metern die längste Stahlbrücke Deutschlands!

Idyllisch geht es weiter, bis eine weitere Brücke (Ruhr-km 15) die Ruhr überspannt und das Stadtgebiet von **MÜLHEIM A.D.RUHR** beginnt. Hier halten wir uns rechts unter der Fußgängerbrücke „Florabrücke" hindurch und paddeln 600 Meter weiter (Ruhr-km 13,6) in den Kanal hinein, der zur Schleuse führt. Auf halbem Weg kommen wir am Fachwerkhaus der **EHEMALIGEN TREIDELSTATION** vorbei. Dort tauschte und verpflegte man einst die Pferde, mit deren Hilfe die Schiffe an Leinen stromauf gezogen wurden. Kurz vor der Kahlenberger Schleuse am **WASSERBAHNHOF** in Mülheim befindet sich auf der rechten Uferseite ein blauer Kran. Unter ihm ist der **AUSSTIEG** (Ruhr-km 12,6) - eine schmale und steile Treppe in der Kaimauer.

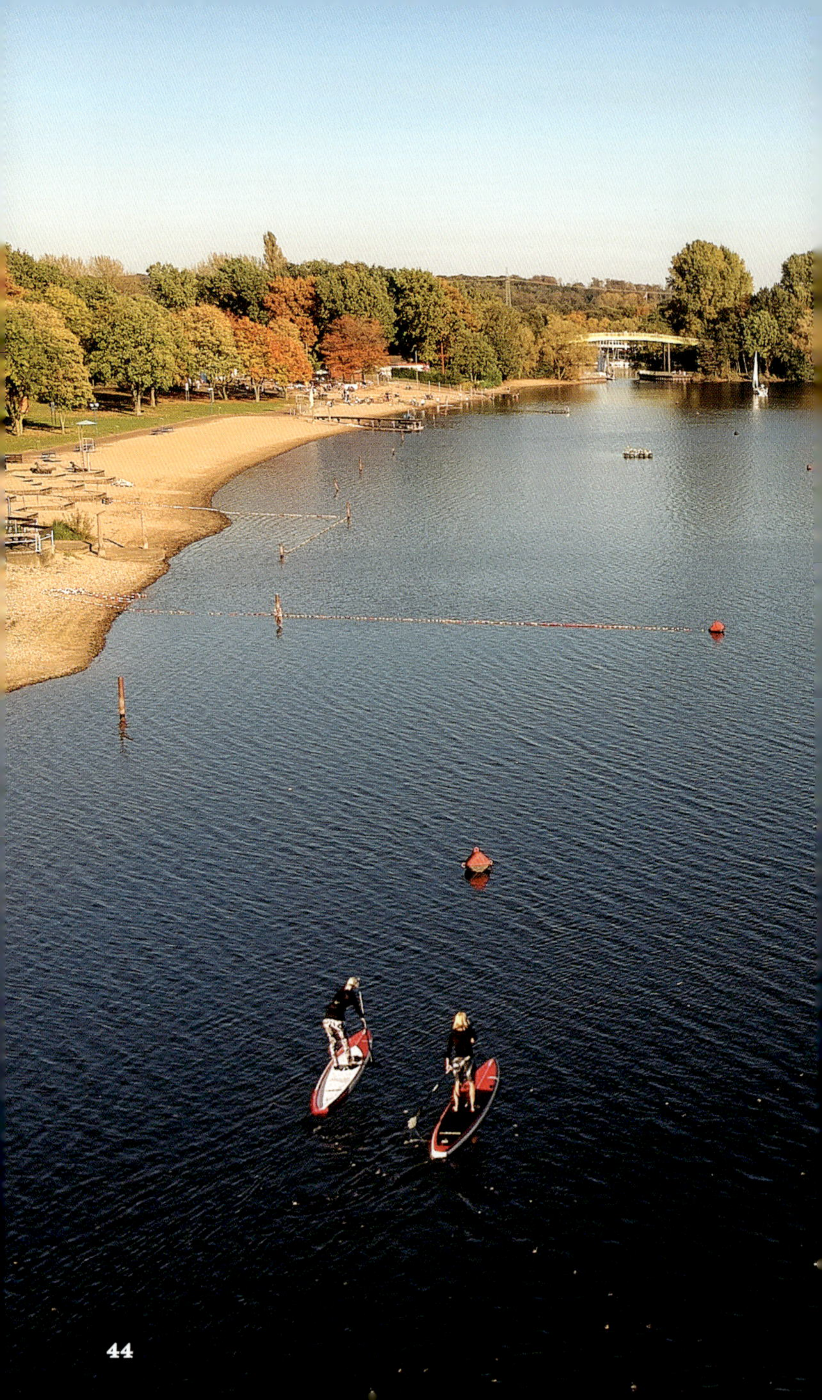

SECHS-SEEN-PLATTE

ANSPRUCH | EINKEHR

Kompakt TOUR

Anfängertipp! – Nur wenige Kilometer von der Duisburger Innenstadt entfernt liegt eine der schönsten Seenlandschaften des Ruhrgebiets. Sie besteht aus den Seen: **Wambach-, Masuren-, Böllert-, Wolfs-, Wildförster-** und **Haubachsee,** wobei Masurensee, Wolfssee und Wildförstersee miteinander verbunden sind und bequem auf einer SUP-Tour erkundet werden können.

Die Seen sind umgeben von dichtem Wald und ufernahen Spazierwegen. Überragt werden sie lediglich im Süden vom Wolfsberg, einer ehemaligen Müll-, Schutt- und Trümmerdeponie, die auf einer alten Artillerieanlage aus dem Zweiten Weltkrieg errichtet wurde und der mit dem stählernen Aussichtsturm auf 63 Meter Höhe kommt – der zweithöchste öffentlich begehbare Punkt Duisburgs. Die Entstehung der Baggerseen nahm 1912 beim Bau des Verschiebebahnhofs und der von der Reichsbahn gebauten Wohnsiedlung "Wedau" ihren Anfang. Aus Kostengründen bediente man sich damals an den reichen Kiesvorkommen im Urstromtal des Rheins.

Heute ist die Sechs-Seen-Platte ein Naherholungsgebiet, das einen schnell vergessen lässt, mitten in einer stark industriell geprägten Stadt zu sein.

DREI-SEEN-RUNDE – Rundtour Masuren-, Wolfs- & Wildförstersee.
| **LÄNGE** 6 km | **DAUER** 1,5-2 h | **EIN-/AUSSTIEG** Masurensee Ostufer** über kleinen Sandstrand an der Masurenallee (GPS: 51.387571, 6.802944).

**Wegen Erschließung des Gebietes östlich des Masurensees, kann es zu Einschränkungen kommen!

WIND & WETTER

Die vorherrschende Windrichtung ist West bis Südwest.

BEFAHRUNGSREGELN

» Der Haubachsee ist für die Wassernutzung gesperrt.

» Die Insel und das südwestliche Ufer vom Wildförstersee sind Vogelschutzgebiete. Hier ist das Anlanden und Betreten verboten.

» Segelboote haben Vorfahrt.

ANFAHRT MIT DEM PKW

A3 bis Ausfahrt 15 (Duisburg-Wedau), von Süden kommend am Ende der Ausfahrt links auf Uhlenhorststr. und direkt wieder links auf Bissingheimer Straße abbiegen / von Norden kommend am Ende der Ausfahrt links auf Bissingheimer Str. abbiegen. Nach wenigen Hundert Metern rechts ab auf Wedauer Brücke und wieder links auf Masurenallee bis zum Einstieg fahren.

PARKEN

Parkplätze entlang der Masurenallee in Duisburg. GPS: 51.387588, 6.803860

AN- & ABFAHRT ÖPNV

Von Duisburg Hbf mit Bus 934 Richtung Großenbaum Bf Ost, oder von S-Bahnstation Duisburg-Buchholz mit Bus 941 Richtung Wolfssee, jeweils bis Haltestelle "Duisburg am See". Dann zu Fuß zu Aloha SUP 1 am Wambachsee od. zum Einstieg Masurenallee (1 km).

BADEN

Am Wolfssee befindet sich das **Freibad Wolfssee** mit Liegewiese und sanitären Einrichtungen (www.poseidon-duisburg.de/freibad-wolfssee).

SUP-VERMIETUNG

1 ALOHA SUP-STATION

(auch Kurse, Yoga, SUP-Fitness, Touren)
Kalkweg 246, 47279 Duisburg
Tel. 0177-736 67 52
www.sup-aloha.de

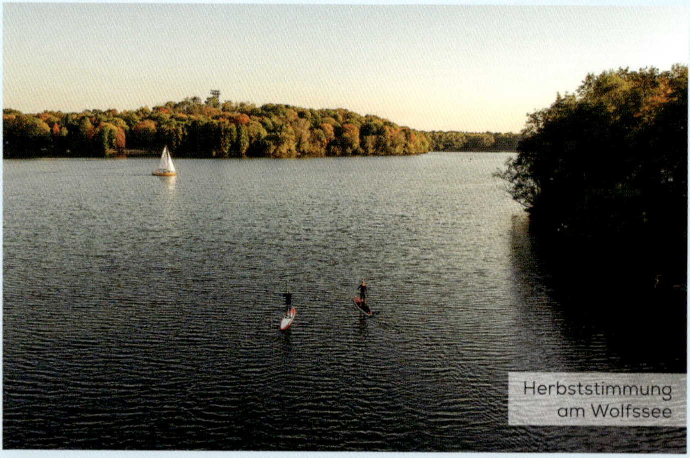

Herbststimmung am Wolfssee

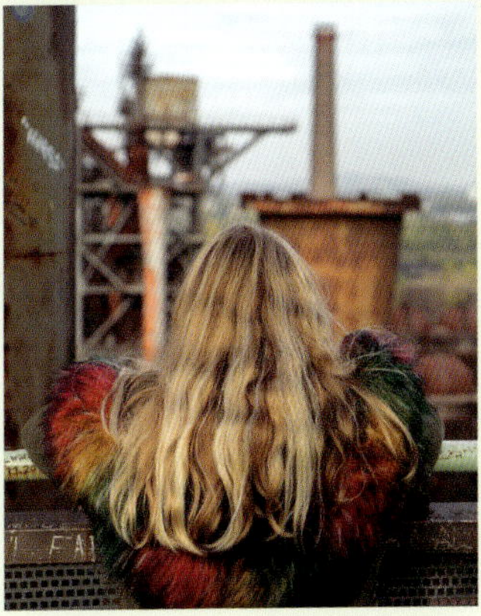

EXTRA-TIPPS

» Ein **Spaziergang** (Länge: 7 km) **um die Seen** und zum stählernen **Aussichtsturm auf dem Wolfsberg**. Bei guter Wetterlage kann man über die idyllische, grün eingerahmte Seenlandschaft bis ins Kölner Umland blicken.

» Vom stillgelegten Hüttenwerk zu einer Großstadtoase. Wenn ein altes Gasometer zum Tauchzentrum wird, eine frühere Gießhalle zum Hochseilparcour, ein ehemaliger Erzlagerbunker zum Klettergarten und ein erloschener Hochofen zum Aussichtsturm, dann ist man im **Landschaftspark Duisburg-Nord** (freier Zugang; Emscherstraße 71, 47137 Duisburg; www.landschaftspark.de).

» Über 200 Kletterelemente und eine 250-Meter-Seilrutsche sorgen zwischen den Bäumen des **Hochseilgartens Tree2Tree** für jede Menge Spaß und Adrenalin (meist tägl. 11-19 Uhr, siehe online, Kalkweg 153, Duisburg-Wedau, www.tree2tree.de).

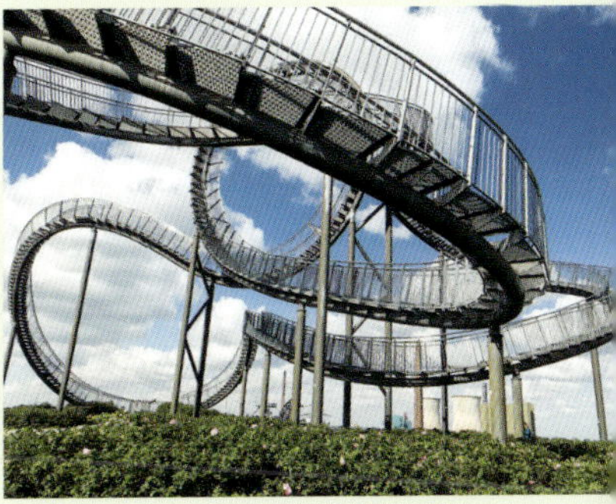

» Eine der schönsten Halden im Ruhrgebiet ist die **Heinrich-Hildebrand-Höhe** mit der **Skulptur Tiger & Turtle** im **Angerpark**. Die begehbare Achterbahn besteht aus verzinktem Stahl passend zu der Schlackedeponie der ehemaligen Zinkhütte „Metallhütte Duisburg", auf der sie erbaut wurde. Auch nachts lohnt ein Besuch, wenn die Skulptur mit 880 LED-Lampen beleuchtet wird (freier Zugang; Anfahrt über Ehinger Str., Duisburg, www.halden.ruhr/angerpark.html).

» Der **RheinPark Duisburg** (Liebigstraße 70, Duisburg) ist eine zur Parkanlage umgestaltete ehemalige Industriefläche direkt am Rhein. Hier kann man spazieren gehen zwischen den Betonruinen eines Sinterbunkers, findet spannende Fotomotive auf den Graffitiwänden, kann im **Restaurant "Ziegenpeter"** (www.ziegenpeter-duisburg.de) einkehren oder einfach nur den Blick auf vorbeifahrende Schiffe genießen.

» Die Geschichte der Schifffahrt von der Steinzeit bis zur Gegenwart, vermittelt das **Museum der Deutschen Binnenschifffahrt** am größten Binnenhafen der Welt (Di-So, Apostelstr. 84, Duisburg, www.binnenschifffahrtsmuseum.de).

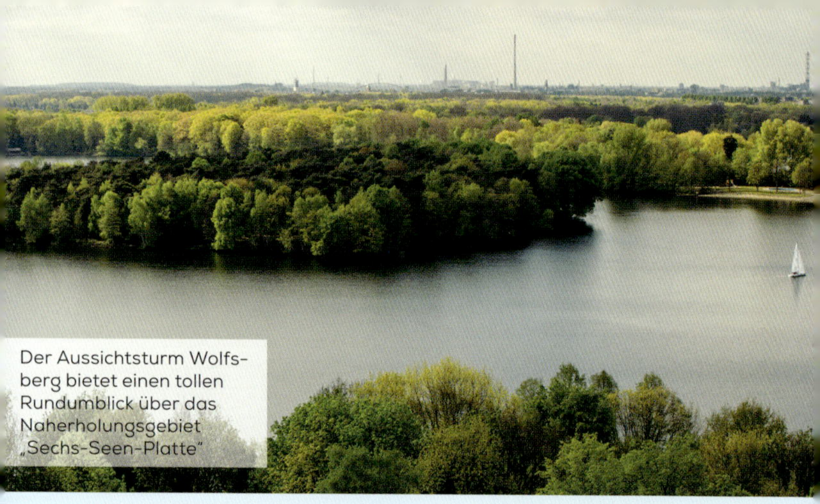

Der Aussichtsturm Wolfsberg bietet einen tollen Rundumblick über das Naherholungsgebiet „Sechs-Seen-Platte"

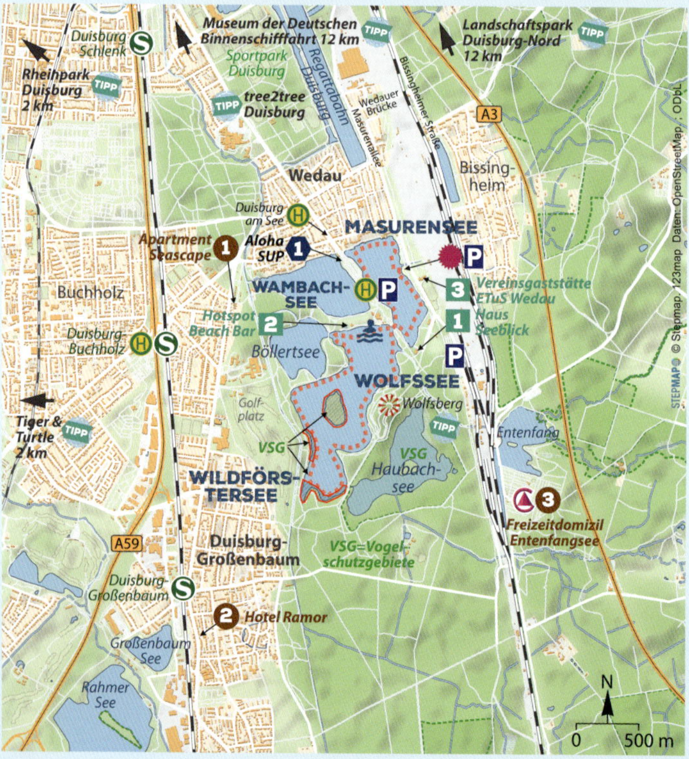

EINKEHR

1 HAUS SEEBLICK
Strohweg 12, 47279 Duisburg
Tel. (0203) 720 00 29
www.haus-seeblick-duisburg.de
Mär-Okt, Di-Sa 12-21, So 12-18 Uhr

KLASSIKER
Süße und herzhafte Pfannkuchen

2 HOTSPOT BEACH BAR
kultiger Kiosk im Freibad Wolfssee
Kalkweg 262, 47279 Duisburg
www.hotspotbeach.de
Mo-So 10-20 Uhr

KLASSIKER Lecker Pommes, Falafel & frische Waffeln – immer beliebt

3 VEREINSGASTSTÄTTE
beim ETuS Wedau
Masurenallee 331, 47279 Duisburg
Tel. (0203) 72 17 52
www.etus-wedau.de >gaststätte
Mo+Di, Do+Fr 16-23, Sa 12-23, So 11-22

KLASSIKER Schnitzel und Burger mit hausgemachten Saucen

ÜBERNACHTUNG

1 APARTMENT SEASCAPE
Großenbaumer Allee 352 b
47249 Duisburg
www.booking.com/hotel/de/pension-sea-scape.de.html

2 RAMOR HOTEL
Angermunder Str. 37
47269 Duisburg
Tel. (0203) 99 80 60
www.hotel-ramor.de

3 CAMPING FREIZEITDOMIZIL ENTENFANGSEE
Am Entenfang 7
45481 Mülheim a.d.R
Reservierung gerne online
www.entenfangsee.freizeit-oasen.de

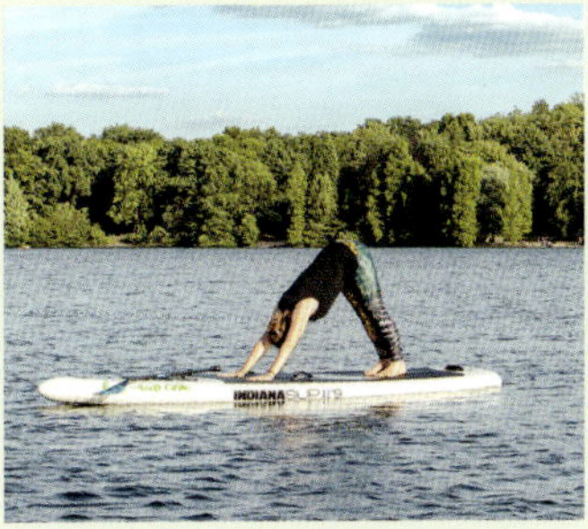

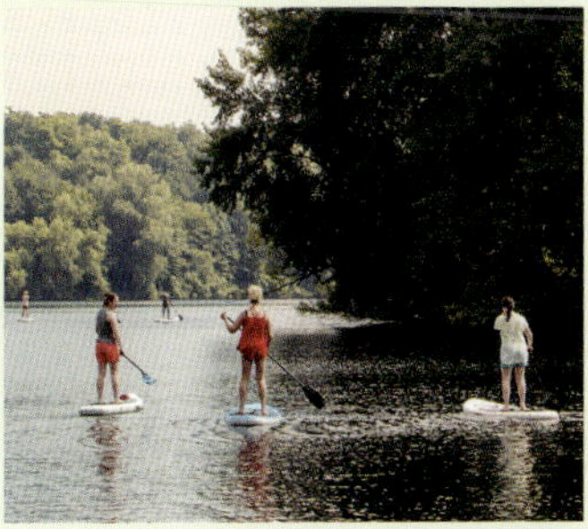

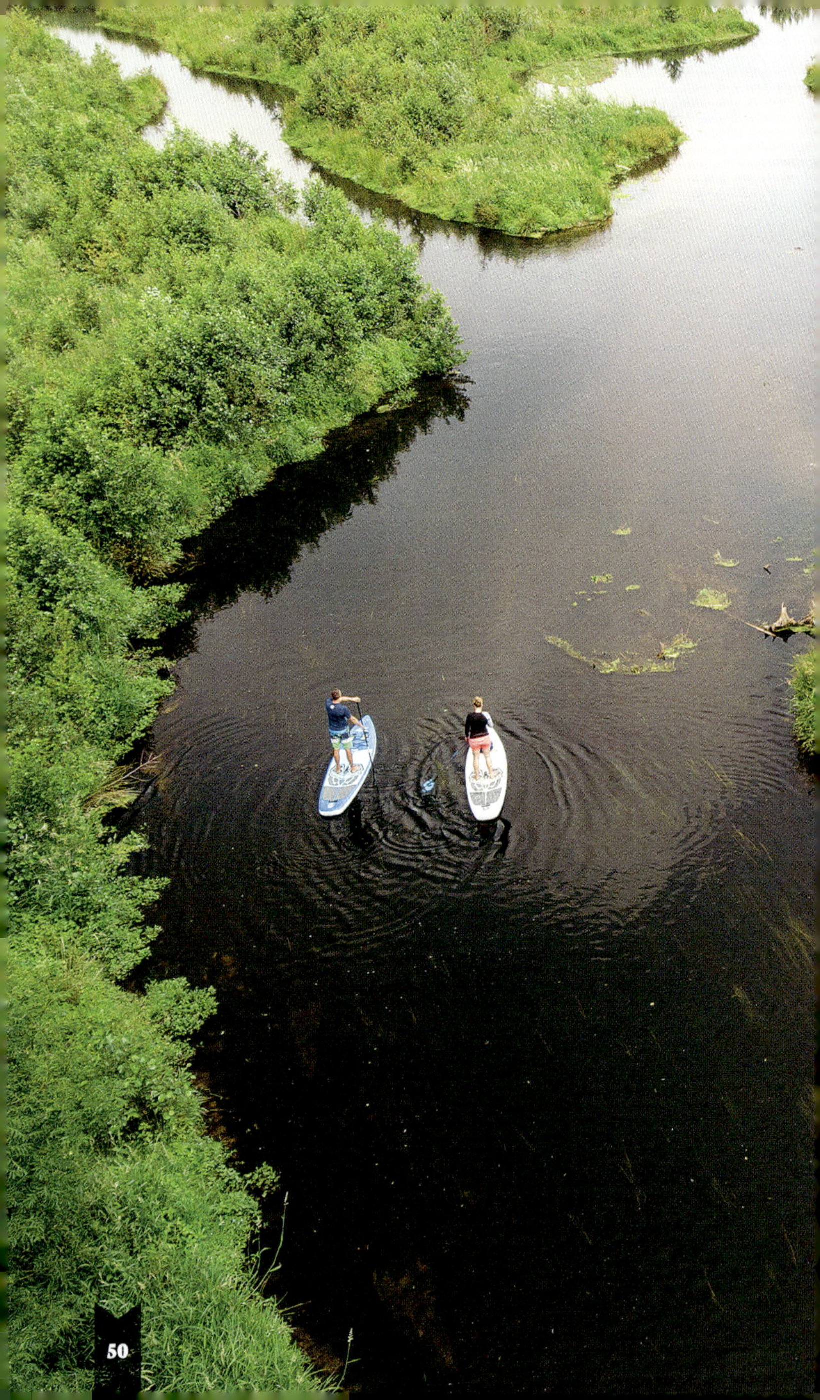

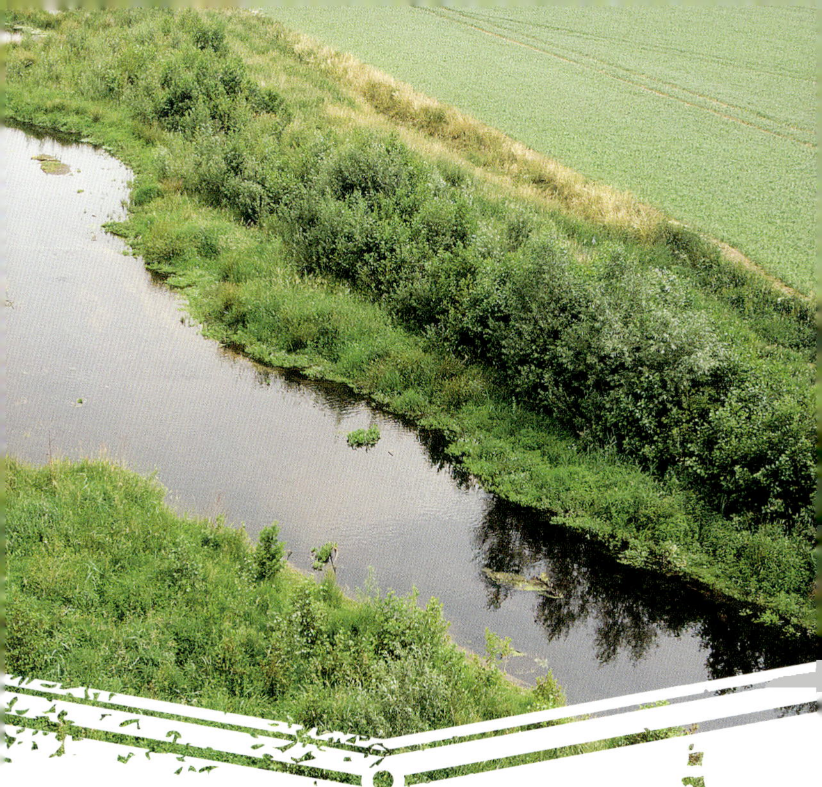

NIERS

ANSPRUCH

EINKEHR

Von ihrer Quelle in Erkelenz bis zu ihrer Mündung in die Maas, fließt die Niers über 100 Kilometer durch wilde Auen und schnurgerade Wasseralleen. Die Ufer sind gesäumt von kleinen Wäldern, offenen Feldern und Weiden mit friedlich grasenden Kühen. Ein landschaftlich reizvoller Wald- und Wiesenfluss mit leichter Fließgeschwindigkeit und sicher ein lohnenswertes Ziel für Paddler.

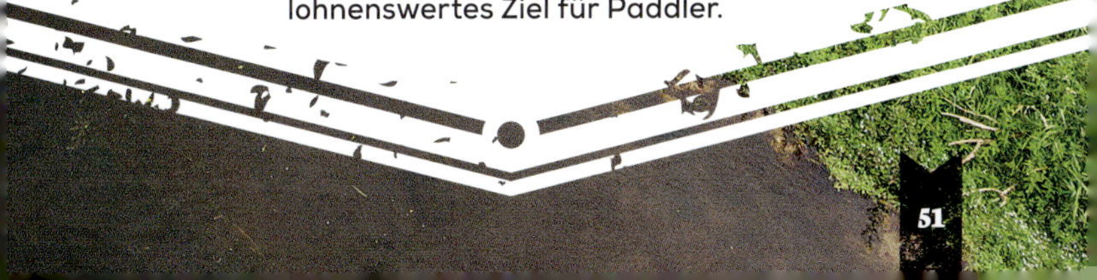

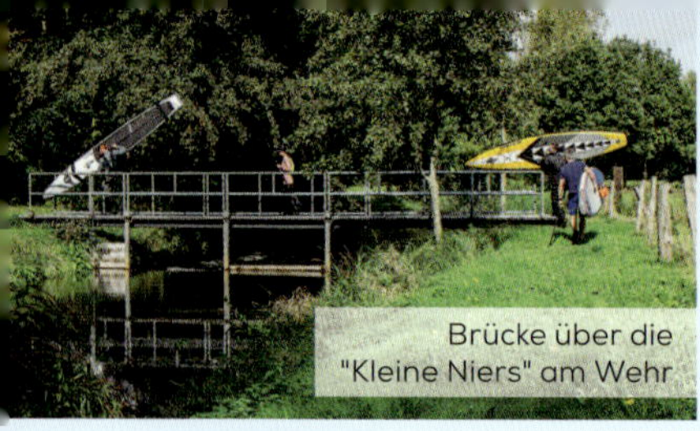

Brücke über die "Kleine Niers" am Wehr

WIND & WETTER

Die vorherrschende Windrichtung ist West. Durch die flache und offene Landschaft sowie niedrige Uferböschung ist man dem Wind oft schutzlos ausgesetzt.

BEFAHRUNGSREGELN & SCHWIERIGKEITEN

- Altarme dürfen nicht befahren werden.
- Außer an den befestigten Anlegestellen besteht Uferbetretungsverbot.
- In renaturierten Bereichen muss mit Baumhindernissen unter der Wasseroberfläche gerechnet werden.
- Sogenannte Krautfang-Anlagen sollen Schwemmgut aus der Niers fischen. Das kniende Durchfahren erfordert gute Board-Beherrschung.
- **Achtung:** Am Ufer sind Eichen teils vom **Eichenprozessionsspinner** befallen. Die Brennhaare der Raupe (Mai-Juli) können zu Hautausschlag, Bindehautentzündung und Atembeschwerden führen.

Empfohlene Ausrüstung: Wasserschuhe für die Umtragestelle und eine kurze Finne werden empfohlen.

BESTE SUP-ZEIT

An Sonn- und Feiertagen kann es bei sommerlichem Wetter voll werden. Am entspanntesten ist es im Frühjahr und Herbst.

WEHRE

Zwischen Wachtendonk und Geldern muss ein Wehr rechts über die Uferböschung umtragen werden.

PEGEL

Bezugspegel: Niers/Oedt + Niers/Weeze

- mittlerer höchster Wasserstand 142 cm bzw. 174 cm
- Mittelwasserstand 72 cm bzw. 94 cm
- mittlerer niedrigster Wasserstand 52 cm bzw. 58 cm

Mobil: RiverApp oder Meine Pegel

Online: http://luadb.lds.nrw.de/LUA/hygon/pegel.php

Ab einem Wasserstand von 60 cm am Pegel Weeze ist davon auszugehen, dass die Niers mit SUP-Boards ohne Probleme befahren werden kann.

ANFAHRT MIT DEM PKW

WACHTENDONK, ROUTE 1

A40 bis Ausfahrt 4 (Wachtendonk), auf Kempener Str. in Richtung Wachtendonk. Links abbiegen, um auf Kempener Str. zu bleiben, im Kreisverkehr die 2. Ausfahrt nehmen, im nächsten Kreisverkehr die 3. Ausfahrt auf Friedensplatz, die nächste links abbiegen auf Moorenstraße.

GELDERN, ROUTE 2

A57 bis Ausfahrt 5 (Sonsbeck), auf Kevelaer Str. Richtung Sonsbeck/Xanten fahren. Rechts abbiegen auf Gelderner Str., dieser bis Geldern folgen, links abbiegen auf Straße Am Goltenhof.

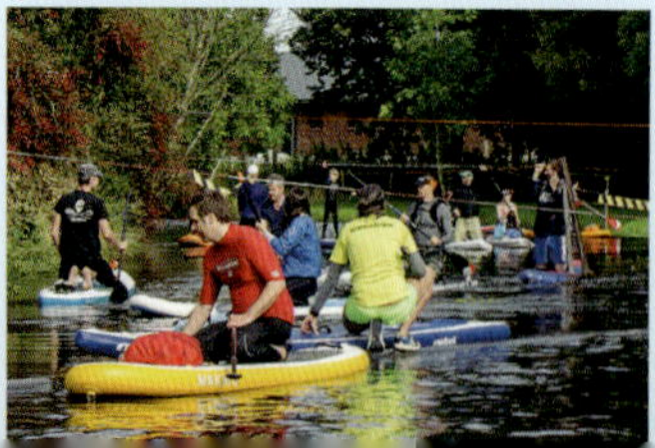

PARKEN ROUTE 1

EINSTIEG Gegenüber der Michael-Grundschule, Moorenstr. 1 in Wachtendonk. GPS: 51.407609, 6.337994

AUSSTIEG Auf dem Grünstreifen am Straßenrand, Am Goltenhof in Geldern. GPS: 51.511083, 6.312960

PARKEN ROUTE 2

EINSTIEG Auf dem Grünstreifen am Straßenrand, Am Goltenhof in Geldern. GPS: 51.511083, 6.312960

AUSSTIEG Kleine Schotterfläche direkt am Ausstieg, Schravelen 1 in Kevelaer. GPS: 51.588402, 6.253783

AN- & ABFAHRT ÖPNV

WACHTENDONK, EINSTIEG ROUTE 1
Ab Kempen Bf mit Bus 063 Richtung Geldern bis Wachtendonk Friedensplatz. Zu Fuß 400 m zum Einstieg.

GELDERN, AUSSTIEG ROUTE 1
Zu Fuß 850 m zum Geldern Bf, dort weiter mit der Regionalbahn nach Hause oder **ZURÜCK ZUM EINSTIEG.**

GELDERN, EINSTIEG ROUTE 2
Mit der Regionalbahn bis Geldern Bf. Zu Fuß 850 m zum Einstieg.

KEVELAER, AUSSTIEG ROUTE 2
Zu Fuß 900 m zum Bf Kevelaer, dort RE10 Richtung Düsseldorf oder Kleve nach Hause oder über Geldern **ZURÜCK ZUM EINSTIEG.**

BADEN

- **Naturbad Wachtendonk**
- **Blaue Lagune** (Freizeitpark) in **Wachtendonk** – der weiße Sandstrand vermittelt Südsee-Feeling.

SEHENSWERTES

» Der **historische Ortskern** von **Wachtendonk** blieb von der Zerstörung des Zweiten Weltkriegs weitgehend verschont. Inmitten der rund 120 denkmalgeschützten Häuser lädt der Ort zum Bummeln ein.

» **Kevelaer** ist einer der bedeutendsten Marienwallfahrtsorte Deutschlands. Anziehungspunkt ist das Heiligenbild „Trösterin der Betrübten" in der **Gnadenkapelle**. Über eine Millionen Besucher aus Deutschland und den Niederlanden pilgern jedes Jahr hierher.

TIPP EXTRA-TIPP

» An der **Burgruine Wachtendonk** beginnen die Rundwanderwege **Erlebnispfade Kulturlandschaft Nord** (10 km) und **Süd** (3 km), die entlang von Niers und Nette und ihrem Zusammenfluss führen (Startpunkt: Parkplatz am Sportpark Laerheide, Schoelkensdyck 4, Wachtendonk).

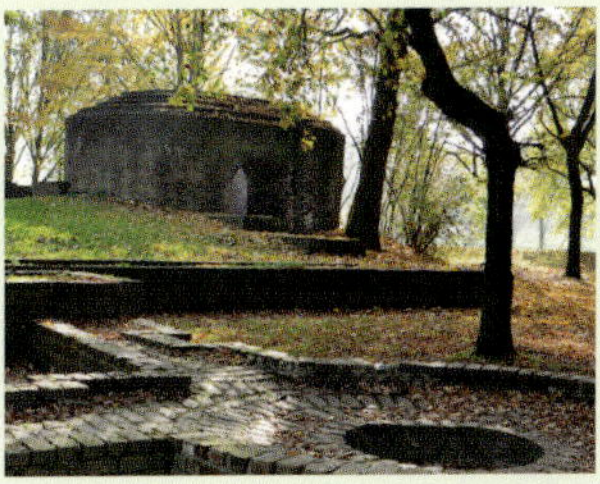

TOUREN

1 WACHTENDONK BIS GELDERN

Landschaftlich abwechslungsreiche und schöne Tour.

Achtung: Nach 1 km handbetriebene Seilfähre mit Stahlseilen, die über das Wasser gespannt sind!

➔ | **LÄNGE** 13,5 km | **DAUER** 3-4,5 h

2 GELDERN BIS KEVELAER

Durch enge renaturierte Mäander, mal schnurgerade, vorbei an Bauernhöfen und grasenden Kühen.

➔ | **LÄNGE** 13 km | **DAUER** 3-4 h

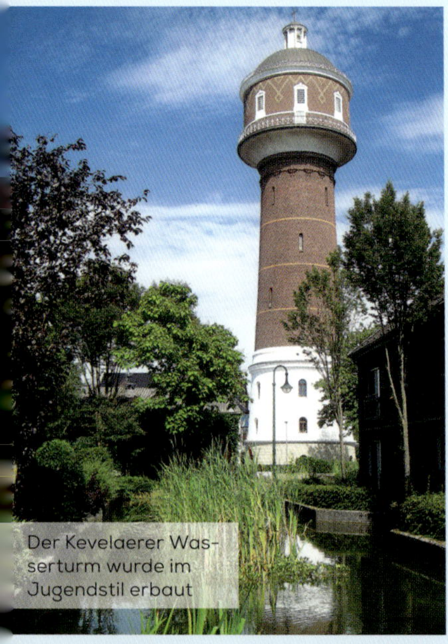

Der Kevelaerer Wasserturm wurde im Jugendstil erbaut

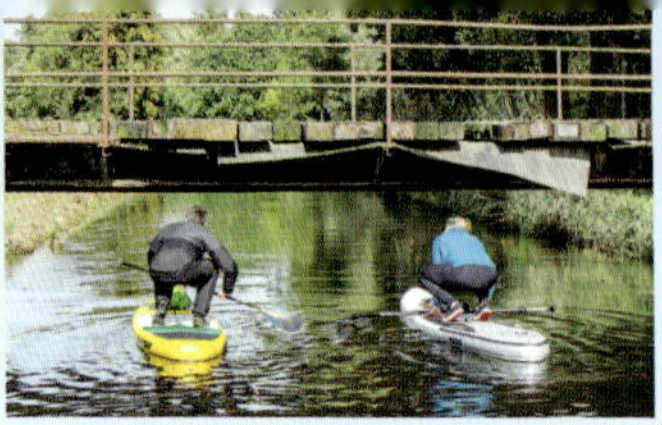

EIN- & AUSSTIEGE

EINSTIEG ROUTE 1 Befestigte Anlegestelle aus breiten Holzstufen gegenüber der Michael-Schule in Wachtendonk. GPS: 51.40669, 6.33823

AUSSTIEG ROUTE 1 Befestigte Anlegestelle aus breiten Holzstufen, Straße „Am Goltenhof" außerhalb von Geldern. GPS: 51.511025, 6.313166

ZURÜCK ZUM EINSTIEG Am besten mit 2. PKW (vorab am Ausstieg geparkt). Oder 850 m zur Haltestelle Geldern Haus Golten, dort Bus 063 Richtung Kempen Bf bis Wachtendonk Friedensplatz. 400 m zum Einstieg.

EINSTIEG ROUTE 2 Befestigte Anlegestelle aus breiten Holzstufen Straße „Am Goltenhof" außerhalb von Geldern. GPS: 51.511025, 6.313166

AUSSTIEG ROUTE 2 Betonstufen unterhalb der Brücke Rheinstr. in Kevelaer. GPS: 51.588238, 6.253628

ZURÜCK ZUM EINSTIEG Am besten mit 2. Pkw (vorab am Ausstieg geparkt). Oder 900 m zum Bf Kevelaer, mit RE10 Richtung Düsseldorf Hbf bis Geldern Bf und 850 m zu Fuß zum Einstieg.

SUP-VERMIETUNG

1 HAMMANS FREIZEIT
Rheinstraße 25
41749 Viersen-Süchteln
Tel. (02162) 26 65 50
www.hammans-freizeit.de

EINKEHR

1 EISCAFÉ JOJO

Bergstr. 4, 47669 Wachtendonk
Tel. (02836) 250, www.eiscafe-jojo.de
Saisonabhängig geöffnet

KLASSIKER Spaghetti-Eis

2 MALO IM SCHLOSS

im Golfclub Schloss Haag
Bartelter Weg 8, 47608 Geldern
Tel. (02831) 92 44 25 & 0171-582 80 55
www.maloimschloss.de
Di-So 14-22 Uhr

KLASSIKER Saisonal wechselnde italienische Küche

3 TRATTORIA CAZZETTA

Schravelen 16, 47626 Kevelaer
Tel. (02832) 930 66 33
www.la-trattoria-cazzetta.de
Mi-So 12-14 + 17.30-22 Uhr

KLASSIKER Pizza römische Art

ÜBERNACHTUNG

1 HOTEL RHEINISCHER HOF

Bahnhofstraße 40
47608 Geldern
Tel. (02831) 55 22
www.rheinischer-hof-geldern.de

2 HOTEL-RESTAURANT „ZUR BRÜCKE"

Bahnstraße 44
47623 Kevelaer
Tel. (02832) 23 89
www.hotel-restaurant-zur-bruecke.de

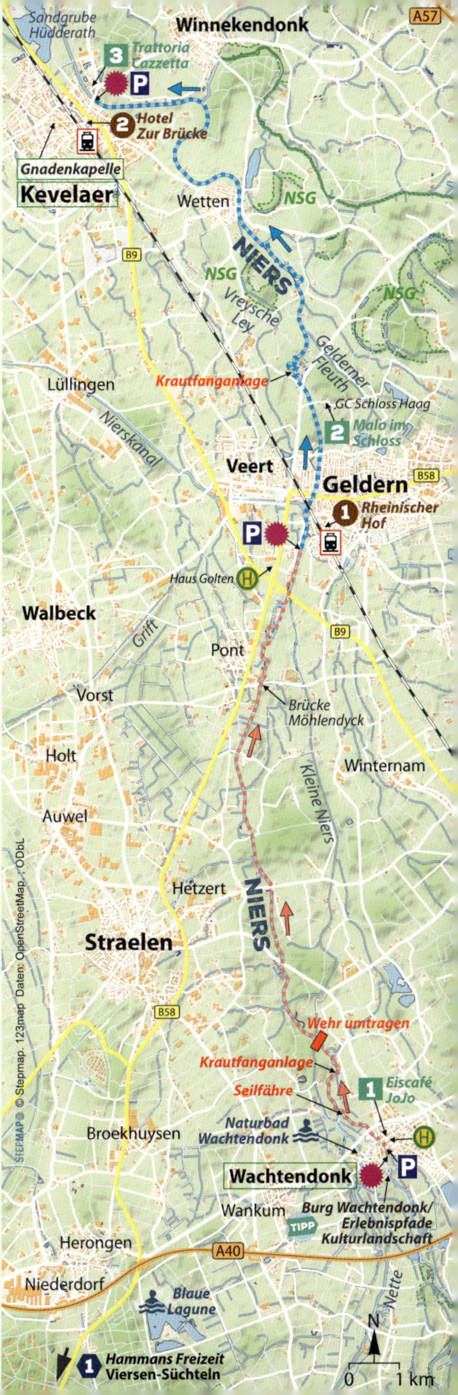

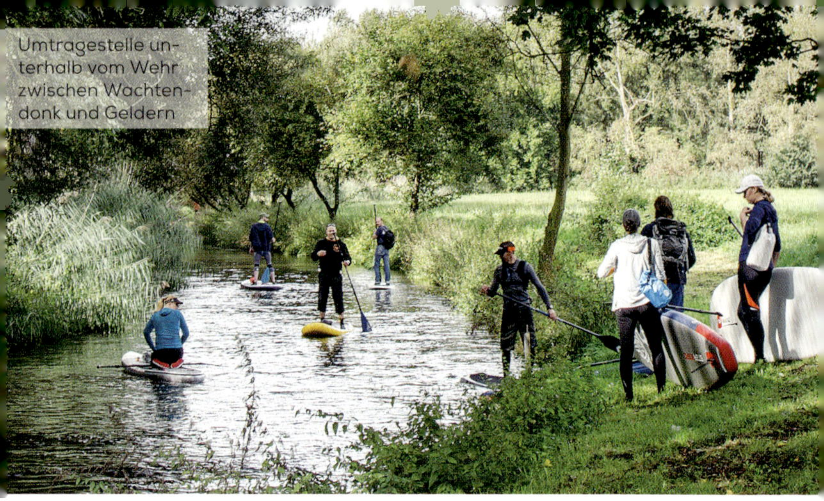

Umtragestelle unterhalb vom Wehr zwischen Wachtendonk und Geldern

1 SCHÖNE TOUR MIT KLEINEN „SCHIKANEN"

Zu Zeiten der Industrialisierung wurde der Fluss als Abwasserkanal der Textilindustrie missbraucht. Der "Rio Tinto", wie er damals genannt wurde, überflutete regelmäßig angrenzende Felder und ließ dort seinen Schmutz zurück. Durch die Begradigung des Flusslaufs wollte man das "Wasser" schneller in Richtung Niederlande abfließen lassen.

Diese Zeiten sind zum Glück vorbei. Seit den 1990er Jahren hat man begonnen die Niers wieder zu renaturieren. Es wurden Wehre entfernt und stattdessen Schleifen zur Verringerung der Fließgeschwindigkeit angelegt.

Von der **EINSTIEGSSTELLE** geht es rechter Hand flussabwärts. Direkt hinter dem Einstieg bücken wir uns unter der ersten von vier Brücken im Stadtgebiet von **WACHTENDONK** hindurch. Aber kaum haben wir die letzten Häuser hinter uns gelassen, öffnet sich die Landschaft. Dank unserer stehenden Position haben wir einen weiten Blick über die Felder und Weiden rechts und links der Ufer. Kurz bevor von links das Flüsschen **NETTE** in die Niers mündet, führt eine handbetriebene **SEILFÄHRE** für Wanderer und Radfahrer über den Fluss. **Vorsicht** - die Stahlseile sind hier übers Wasser gespannt!

Bald fordert eine **KRAUTFANGANLAGE** mit stählernem Schwimmbalken etwas Geschick. Es muss eine schmale versetzte Durchfahrt mit tief gespannten Stahlseilen überwunden werden. Vor allem Wasserpflanzen, die der Niersverband mit speziellen Mähbooten regelmäßig zurückschneidet, sollen hier aus dem Wasser gefischt werden. Wir drehen unsere Boards und lassen uns langsam kniend und tief gebückt rückwärts zwischen die Balken treiben. Mit ein paar kräftigen Paddelschlägen geht es im Zickzack aus der Krautfanganlage heraus.

Bei Kilometer drei unserer Tour kommt die dritte und letzte „Schikane". Bevor die **KLEINE NIERS** rechts abzweigt, müssen wir aussetzen um ein **WEHR** zu umtragen. Ein Schild am rechten Ufer weißt uns den Ausstieg und wir klettern die Uferböschung hinauf. Zu Fuß überqueren wir über eine Brücke die Kleine Niers und setzen auf der anderen Seite des Wehrs unsere Boards wieder ins Wasser der Niers.

Nun schlängelt sich die Niers in sanften Windungen durch eine abwechslungsreiche Landschaft, manchmal ist sie schnurgerade und man fühlt sich, als würde man eine Allee entlangpaddeln. Felder wechseln mit Weiden, dann wieder ducken sich alte Bauernhöfe hinter dichtem Blättergrün. Nur die ein oder andere Brücke spannt sich noch tief über den Fluss.

Hinter der Brücke **MÖHLENDYCK** beginnt der schönste Teil der Tour, hier wurde die Niers wieder renaturiert. Wild und in engen Kurven mäandert sie durchs Dickicht und im Frühjahr wimmelt es von Hunderten Schmetterlingen. Zunehmende Strömung treibt uns regelrecht durch die Kurven. Zehn Kilometer nach dem Abzweig der **KLEINEN NIERS**, mündet diese wieder in ihre große Schwester. Direkt danach folgt die Straßenbrücke der B9 und wir sind fast am Ende unserer Tour. Die **AUSSTIEGSSTELLE** auf der linken Uferseite erkennt man leicht an den breiten Holzstufen und dem grünen Stromkasten.

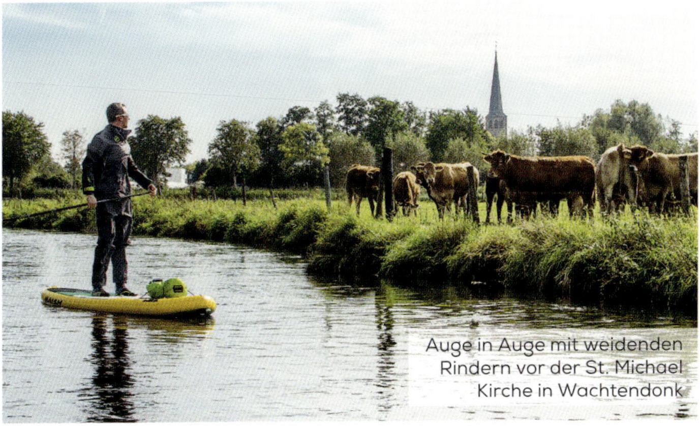

Auge in Auge mit weidenden Rindern vor der St. Michael Kirche in Wachtendonk

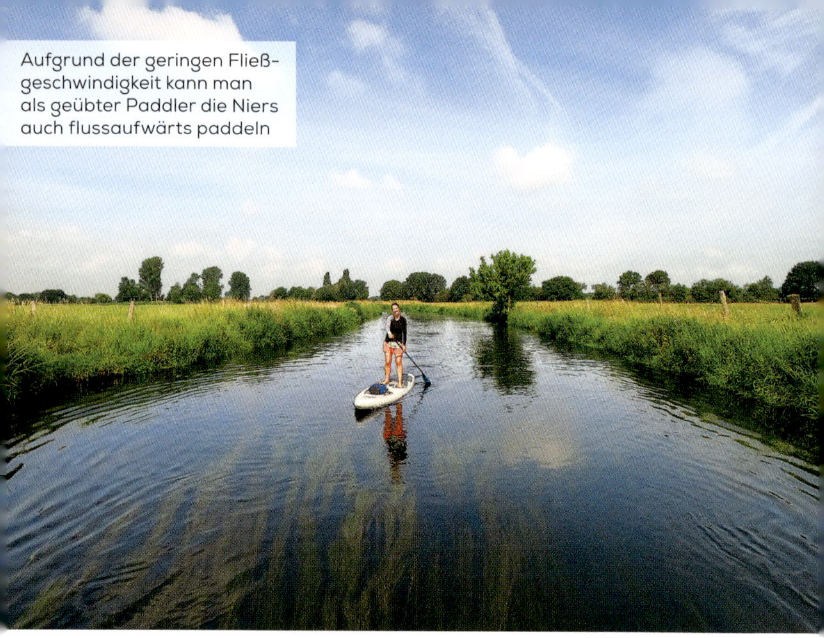

Aufgrund der geringen Fließgeschwindigkeit kann man als geübter Paddler die Niers auch flussaufwärts paddeln

2 VON GELDERN ZUM WALLFAHRTSORT KEVELAER

Vom **EINSTIEG** paddeln wir mit der Strömung nach links, bald durch enge Mäander, links zweigt der **NIERSKANAL** ab. Im Spanisch-Niederländischen Krieg geplant, aber nie fertiggestellt, sollte er den Rhein mit der Maas verbinden. Wir lassen ihn links liegen und treiben mit der Strömung direkt nach **GELDERN** hinein. Sechs Brücken später lassen wir die Stadt hinter uns.

Fast schnurgerade fließt die Niers durch die Golfanlage des **SCHLOSSES HAAG**. Gut vier Kilometer nach dem Start erwartet uns die erste und letzte Schwierigkeit dieser Tour. Eine **KRAUTFANGANLAGE** versperrt uns den Weg und muss mit einigem Geschick und Boardgefühl durchfahren werden.

Vorbei an Bauernhöfen und genüsslich grasenden Kühen geht es durch ein paar enge Kurven. Dann mündet rechts die **GELDERNER FLEUTH** in die Niers und zwei Brücken später beginnt es abwechslungsreicher zu werden. Entlang mehrerer Altarme, die aus Naturschutzgründen nicht befahren werden dürfen, folgen wir dem Hauptstrom durch die flache Landschaft. Das Ufer ist dicht bewachsen und einige umgestürzte Baumstämme knapp unter der Wasseroberfläche fordern unsere Aufmerksamkeit.

Kurz vor Wetten endet der renaturierte Bereich wieder und die Niers schlängelt sich in weiten, kaum wahrnehmbaren Kurven durch die Felder, Wiesen und kleinen Wälder. Immer wieder weht uns die frische, würzige Landluft um die Nase. Bald tauchen die ersten Häuser von **WETTEN** auf, Kevelaers ältester Stadtteil. Eine mit bunten Blumen geschmückte Brücke kündigt rechts einen Kanuanleger an. Hier könnte man die Tour nach 7 km bequem abkürzen. Wir paddeln jedoch weiter und erhaschen, zurückschauend, einen schönen Blick auf die 1470 erbaute **ST. PETRUS-KIRCHE**.

Mit Genuss tauchen wir wieder ein in eine Welt aus Weiden, Feldern und Bauernhöfen. Es führen nur selten Wege direkt am Ufer entlang und so fühlen wir uns zwischen den kleinen Wäldchen und dem dichten Schilf bisweilen so, als wären wir allein inmitten dieser herrlichen Natur. Einzig das Vogelgezwitscher, das Brummen der Insekten und das Plätschern der Paddel dringt an unsere Ohren. Hinter einer langgezogenen Linkskurve holen uns ein paar Angler aus unseren Tagträumen. Die letzten gut zwei Kilometer verläuft die Niers fast schnurgerade auf den Kirchturm von **KEVELAER** zu. Hinter einer Rechtskurve spannt sich eine Brücke übers Wasser und begrüßt uns mit dem Schild „Herzlich Willkommen in Kevelaer". Direkt dahinter befindet sich der **KANUANLEGER** des Ortes.

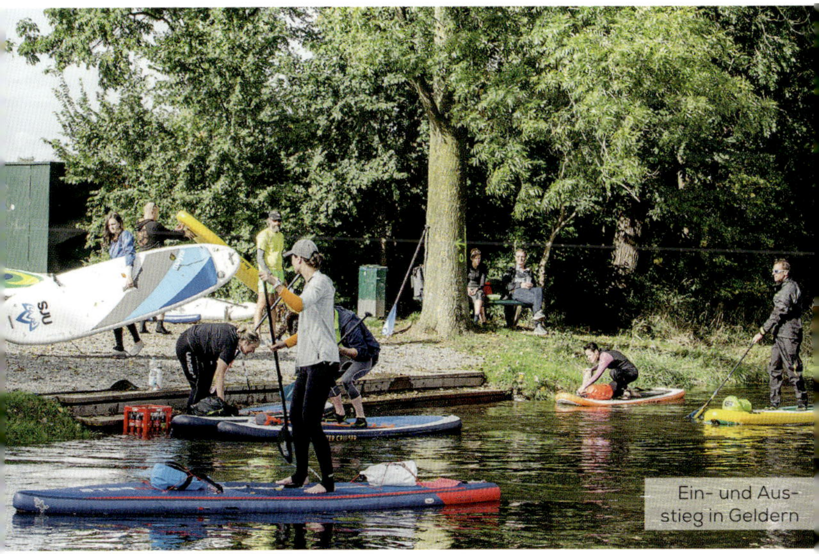

Ein- und Ausstieg in Geldern

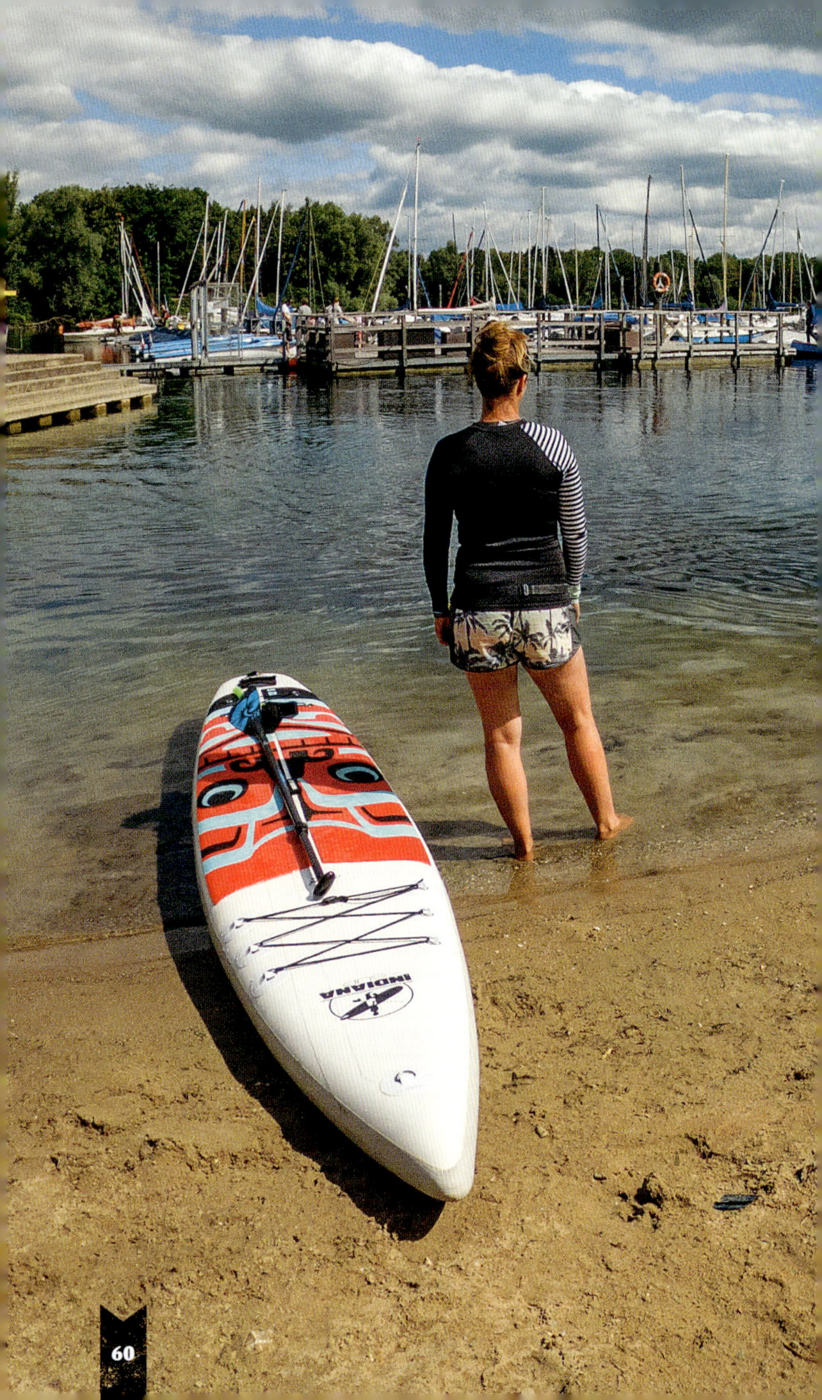
INDIANA

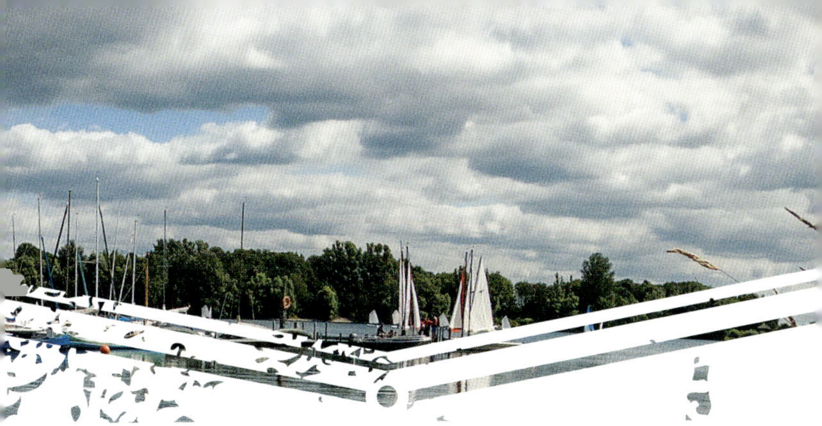

XANTENER SÜD- & NORDSEE

ANSPRUCH | EINKEHR

Kompakt TOUR

Im Sommer ist der Badestrand an der Südsee ein Paradies! Die Xantener Süd- und Nordsee, zwei durch einen Kanal miteinander verbundene Seen, sind ein beliebtes Naherholungsgebiet, mit jeder Menge Freizeitangeboten. Hier ist wirklich alles vertreten: Stand Up Paddling, Wasserski- und Wakeboardfahren, Segeln, Wind- und Kitesurfen, Tauchen, Bootsvermietung, Strandbäder mit Liegewiesen, Spielflächen, Sprungtürme und Badeinseln.

Die relativ junge Seenlandschaft, durch Kiesaushebung entstanden, bietet aber auch Einblicke in die Vergangenheit. Es wurden Helme und sogar ganze Schiffe aus der Römerzeit gefunden, die heute im **Römischen Museum** in **Xanten** bestaunt werden können. Und wenn man auf der Xantener Südsee unterwegs ist, kann man sogar einen Blick auf die Überreste des **Hafentempels**, des zweitgrößten Tempelbaus der antiken Stadt Colonia Ulpia Traiana, erhaschen, der Teil des **Archäologischen Parks** ist.

ROUTEN SIEHE SEITE 64

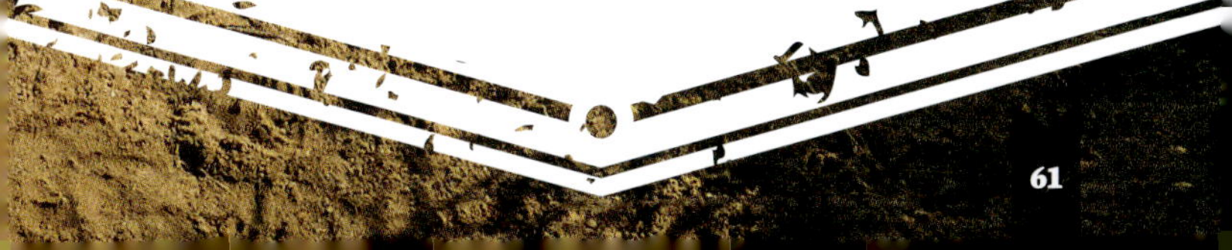

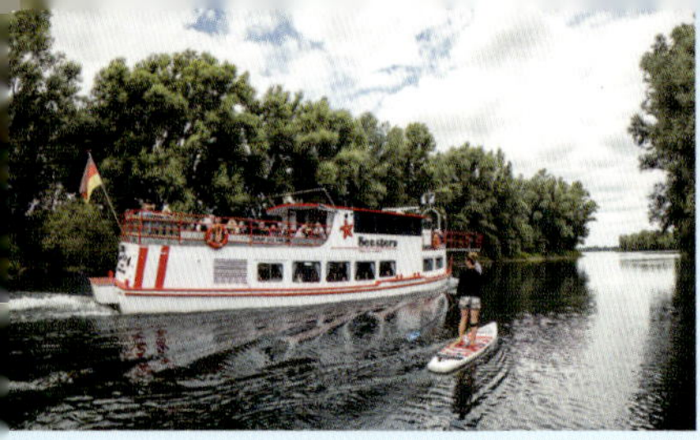

WIND & WETTER

Die vorherrschende Windrichtung ist West bis Südwest. Der Wind ist meistens eher böig.

BEFAHRUNGSREGELN

» Die durch Bojenketten abgetrennten Bereiche (Freibad, Wasserskianlage und Wasserschutzgebiet) dürfen nicht befahren werden.

» Das Befahren ist von Sonnenauf- bis Sonnenuntergang erlaubt.

» Vor allem im Kanal auf das Fahrgastschiff „Seestern“ achten. Hier kann es stellenweise etwas eng werden.

» Fahrgastschiffe, Segelboote, Wind- und Kitesurfer haben Vorfahrt.

GEBÜHRENPFLICHT

Die Nutzung des Sees ist **gebührenpflichtig**. Die Zulassung kann an der **Südsee** bei Beachline ❶ im Freizeitzentrum Xanten FZX (Am Meerend 2) oder im Hafen Xanten (Salmstr. 30) sowie an der **Nordsee** am Hafen Vynen (Alt-Vynscher-Weg 5) gekauft werden.

Tageszulassung 7 €, ab 17 Uhr 4 €. Es gibt auch Wochenend- (18 €), Wochen- (40 €) und Jahreszulassungen (120 €).

Die **Tageszulassung** (gültig von Sonnenauf- bis Sonnenuntergang) kann auch **online gekauft** werden: www.f-z-x.de >Wassersport >Zulassungen >Tageszulassung kaufen

ANFAHRT MIT DEM PKW

NORDSEE, ROUTE 1 + ROUTE 3
A57 bis Ausfahrt 6 (Alpen), auf Weseler Straße/B58 Richtung Alpen fahren. Links abbiegen Richtung Xanten auf Xantener Straße/B57. Hinter Xanten rechts auf Bankscher Weg, dann wieder rechts auf Straße Am Meerend. Der Straße folgen bis zum Hafen Wardt.

SÜDSEE, ROUTE 2 A57 bis Ausfahrt 6 (Alpen), auf Weseler Straße/B58 Richtung Alpen fahren. Links abbiegen in Richtung Xanten auf Xantener Straße/B57, rechts auf Bankscher Weg, dann wieder rechts auf Am Meerend und noch mal rechts abbiegen auf Strohweg, der Parkplatz liegt rechts.

PARKEN

ROUTE 1 + ROUTE 3 SÜDUFER NORDSEE Großer Parkplatz, Am Meerend 42 in Wardt. GPS: 51.693773, 6.431839

ROUTE 2 NORDUFER SÜDSEE
Parkplatz (6-22 Uhr) nahe Römischer Wachturm, Vossekuhlsweg in Wardt (Xanten). GPS: 51.686595, 6.445712

AN- & ABFAHRT ÖPNV

NORDSEE, ROUTE 1 + ROUTE 3
Ab Bf Xanten mit Bus SL42 Richtung Marienbaum Birgittenstr. bis Hafen Wardt. 300 m zum Einstieg.

SÜDSEE, ROUTE 2 Ab Bf Xanten Bus SL42 Richtung Marienbaum Birgittenstr. bis Haltestelle Strandbad/Jugendherberge (Sup-Vermietung ❶) oder Hafen Xanten (350 m zum Einstieg).

BADEN

Naturbad Xantener Südsee - 1.000 m feinster Sandstrand, Liegewiese, schwimmender Wasserspielplatz (www.f-z-x.de).

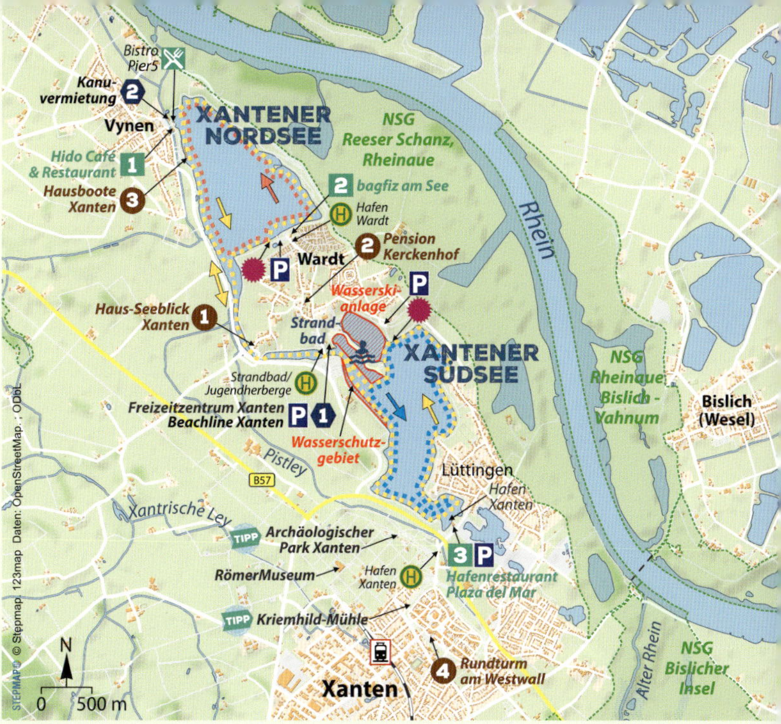

EXTRA-TIPPS

» Auf dem Gelände der ehemaligen römischen Stadt Colonia Ulpia Traiana liegt der **Archäologische Park Xanten** (www.apx.lvr.de). Im größten archäologischen Freilichtmuseum Deutschlands wird die Geschichte der Römer lebendig. Zwischen Ausgrabungsstätten und Rekonstruktionsbauten bieten Pavillons Informationen zu speziellen Alltagsthemen. Im **RömerMuseum** werden Funde aus der römischen Stadt und die Fundamente der Basilika Thermarum (Vorhalle der Großen Thermen), auf denen das Museum erbaut wurde, gezeigt.

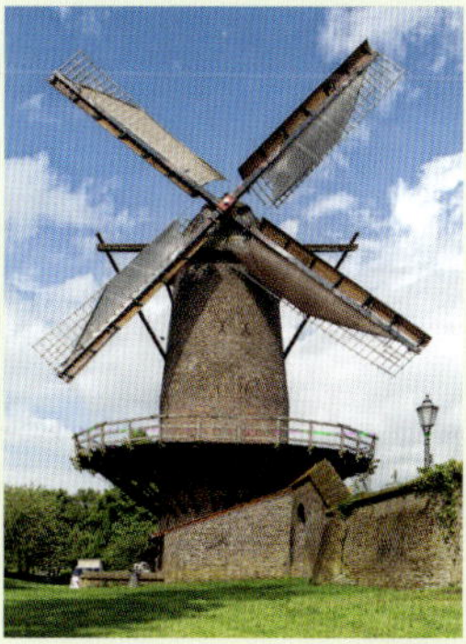

» Auf der **Stadtmauer von Xanten** steht die **Kriemhild-Mühle.** Wenn der Wind kräftig genug weht, wird hier noch täglich Getreide gemahlen. Neben der Besichtigung kann man auf der Galerie Kaffee und Vollwert-Kuchen genießen sowie traditionell hergestellte Sauerteigbrote erstehen (auch Naturkostladen, Nordwall 5, Xanten, www.kriemhild-muehle.de).

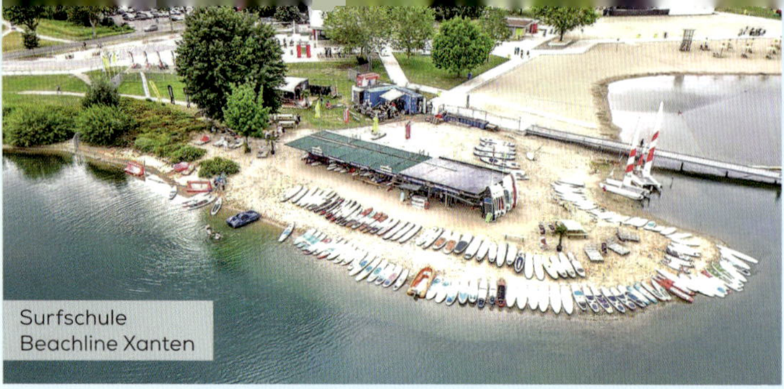

Surfschule Beachline Xanten

TOUREN

NORDSEERUNDE

Vom Hafen Wardt geht es einmal rund um die Xantener Nordsee, vorbei an schicken Hausbooten und dem Hafen Vynen mit zwei Einkehrmöglichkeiten.

| **LÄNGE** 4 km | **DAUER** 1–1,5 h

SÜDSEERUNDE

Eine Runde um die Xantener Südsee, vorbei an der Wasserskianlage, dem Hafen Xanten und dem Naturfreibad.

| **LÄNGE** 5 km | **DAUER** 1,5–2 h

NORD- UND SÜDSEE

Über einen 1,6 km langen Kanal sind die Xantener Süd- & Nordsee miteinander verbunden.

| **LÄNGE** 14 km | **DAUER** 4–5 h

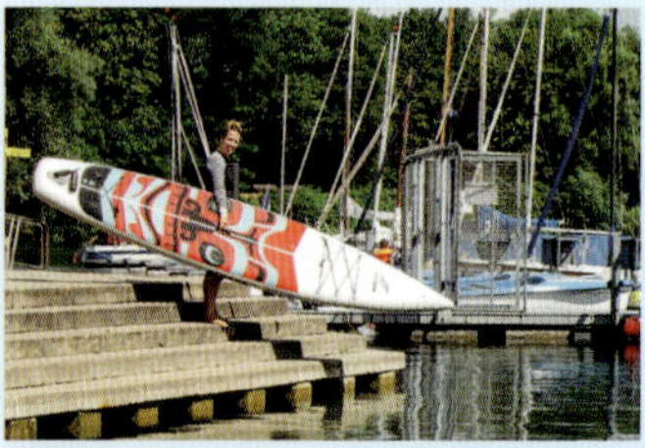

EIN- & AUSSTIEGE

NORDSEE, ROUTE 1 + ROUTE 3

Kiesstrand links neben dem Anleger des Ausflugsschiffes am Hafen Wardt. GPS: 51.693579, 6.42939

SÜDSEE, ROUTE 2

Surfeinstieg Mast 3, ein flacher Kiesstrand am Nordufer der Südsee. GPS: 51.685212, 6.447061. Bei Anreise mit ÖPNV am Hafen Xanten oder an der Surfschule Beachline Xanten 1.

SUP-VERMIETUNG

1 BEACHLINE XANTEN

neben Naturbad, **Xantener Südsee** (auch Kurse, SUP-Yoga & Pilates, Touren, Reparatur & Verkauf von Boards)
Am Meerend 2, 46509 Xanten
Tel. (02801) 71 56 56, www.f-z-x.de & www.beachline-xanten.de

2 NUR KANUVERMIETUNG

im Hafen Vynen, **Xantener Nordsee**
Alt-Vynscher-Weg 5, 46509 Xanten OT Vynen, Tel. (02801) 71 56 56
www.f-z-x.de >wassersport >wassersportcenter

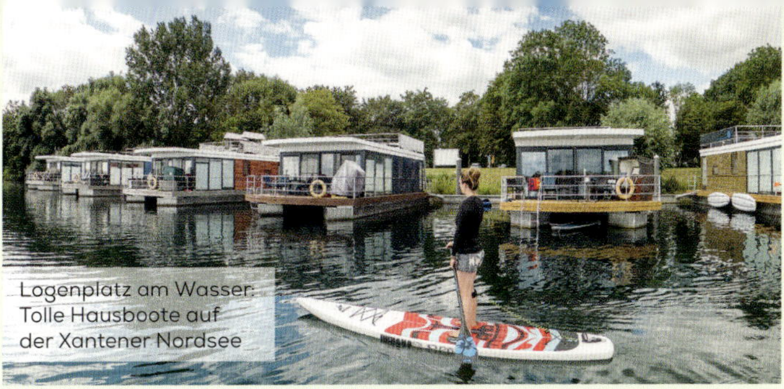

Logenplatz am Wasser: Tolle Hausboote auf der Xantener Nordsee

EINKEHR

1 HIDO CAFE & RESTAURANT

Hafen Vynen, Alt-Vynscher-Weg 5a
46509 Xanten OT Vynen
Tel. (02804) 181 54 26
www.hido-restaurant.de
So-Do 10-22, Fr+Sa 9-24 Uhr

KLASSIKER Leckere Türkische Küche

2 BAGFIZ AM SEE

Am Meerend 42
46509 Xanten OT Wardt
Tel. (02801) 984 96 40
www.bagfiz.de
Do-Sa 16-23.30, So 12-23.30 Uhr

KLASSIKER Riesige Burger-Auswahl - auch vegetarisch

3 PLAZA DEL MAR

Salmstraße 30, 46509 Xanten (Hafen)
Tel. (02801) 982 08 15
www.plaza-del-mar.de
Tägl. 11-22 Uhr

KLASSIKER
Currywurst mit Plaza-Currysauce

ÜBERNACHTUNG

1 HAUS-SEEBLICK-XANTEN

Am Bruckend 11, 46509 Xanten
OT Wardt, Tel. (02801) 17 56
www.haus-seeblick-xanten.de

Gemütliche FeWos für mind. 2 Nächte

2 PENSION KERCKENHOF

Am Kerkend 14, 46509 Xanten
OT Wardt, Tel. (02801) 988 50 57
www.pension-kerckenhof-xanten.de

3 HAUSBOOTE XANTEN

Alt-Vynscher-Weg
46509 Xanten OT Vynen
www.hausboote-xanten.eu

Übernachten im komfortablen Hausboot auf der Xantener Nordsee.

4 RUNDTURM AM WESTWALL

Westwall 7, 46509 Xanten
Tel. (02801) 77 22 00
www.xanten.de/de/unterkuenfte/ferienhaus-rundturm-am-westwall

Übernachten im charmanten Rundturm mit Dachterrasse oder einem anderen historischen Gemäuer der Stadt, wie dem Pesthäuschen oder Klever Tor.

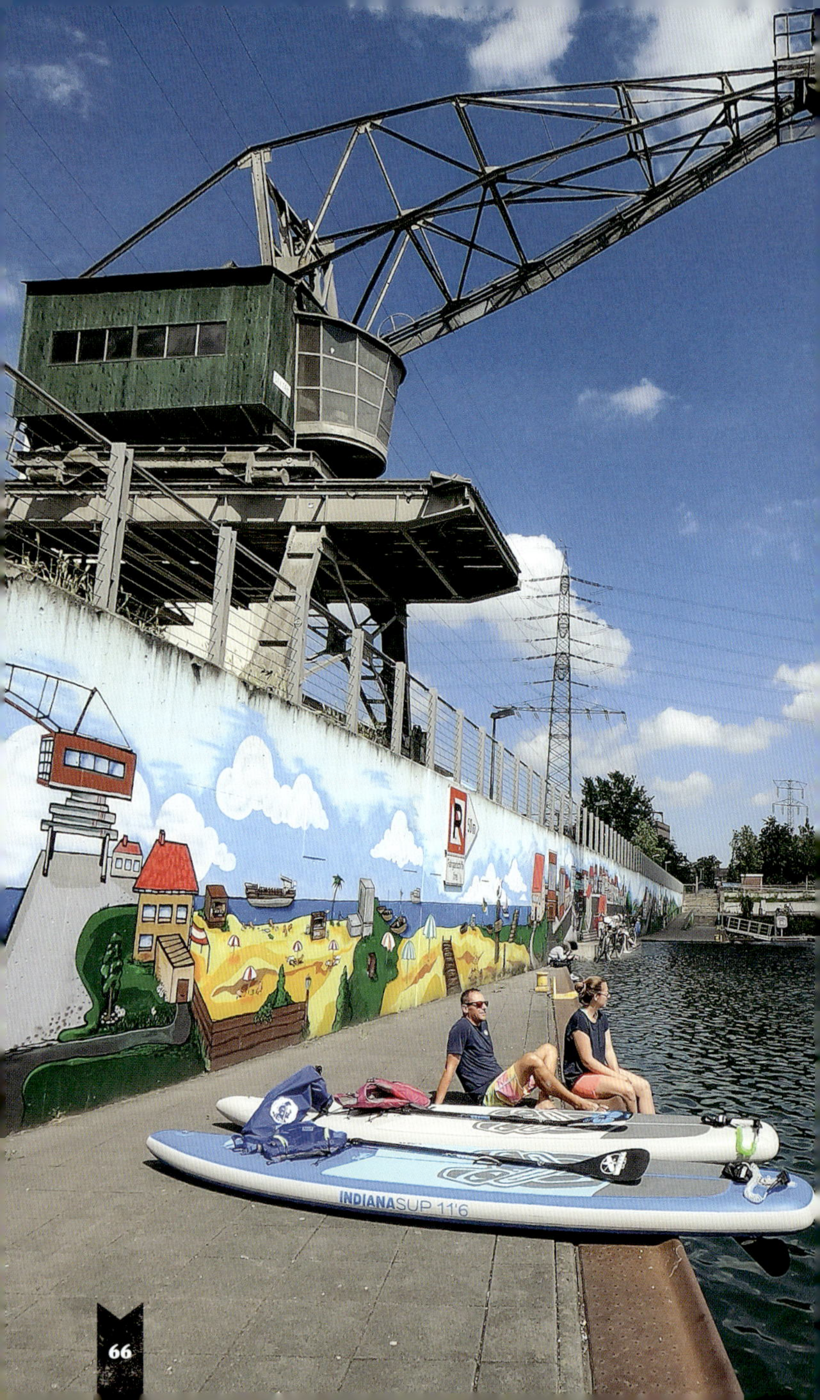
INDIANASUP 11'6

RHEIN-HERNE-KANAL & DORTMUND-EMS-KANAL (DATTELN)

ANSPRUCH

EINKEHR

Der Rhein-Herne-Kanal ist mehr als nur eine Wasserstraße die durchs Ruhrgebiet führt. Seit 2010 ist er bekannt als KulturKanal. Ein Ort, an dem Geschichte und Gegenwart, Industrie und Kunst, Kraftwerke und Natur, Maloche und Freizeit aufeinandertreffen.
Ein SUP-Spot, der zwischen den eintönigen Spundwänden eines schnurgeraden Kanals immer wieder für spannende Entdeckungen sorgt.

WIND & WETTER

Bei Gegenwind kann es auf dem Kanal unangenehm werden. Die vorherrschende Windrichtung ist West.

BEFAHRUNGSREGELN

Beide Kanäle sind Binnenschifffahrtsstraßen – die wichtigsten Infos unter „SUP und Schifffahrt“ auf Seite 9.

SCHLEUSEN

Die **Schleuse Herne-Ost** (km 36,6–37,4) ist am Nordufer 820 m zu umtragen. Ein- und Ausstieg über Kanuanleger.

ANFAHRT MIT DEM PKW

ALTE SCHACHTSCHLEUSE HENRICHENBURG, ROUTE 1 + 3 + 4 A2 bis Ausfahrt 11 (Henrichenburg), rechts auf B235 Richtung Henrichenburg/Datteln, nach Überquerung des Kanals rechts auf Provinzialstraße, nach überqueren des Kanals am Café Kortmann rechts abbiegen zum Parkplatz.

STADTHAFEN RECKLINGHAUSEN, ROUTE 2 A42 bis Ausfahrt 22 (Herne), dann auf Westring Richtung Herne-Zentrum/Recklinghausen-Süd, im Kreisverkehr 2. Ausfahrt, nach Überquerung des Kanals rechts Richtung Stadthafen.

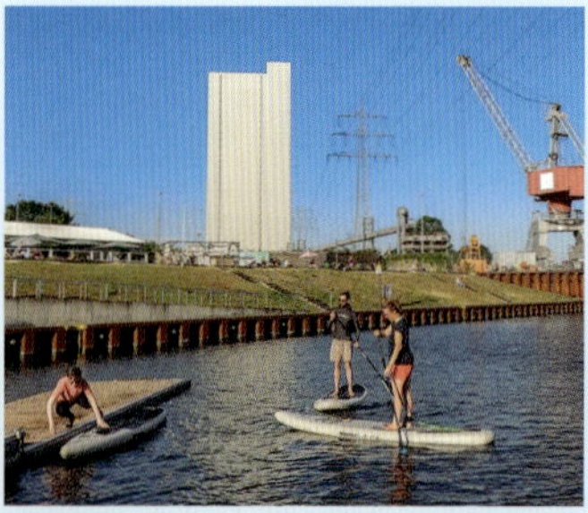

PARKEN ROUTE 1 + ROUTE 4

EIN- & AUSSTIEG Parkplatz am Schiffshebewerk, Zum Neuen Hebewerk 2 in Waltrop. GPS: 51.61808, 7.33121

PARKEN ROUTE 2

EIN- & AUSSTIEG Parkplatz am Stadthafen Recklinghausen, Am Stadthafen. GPS: 51.55998, 7.209488

PARKEN ROUTE 3

EINSTIEG Parkplatz am Schiffshebewerk, Zum Neuen Hebewerk 2 in Waltrop. GPS: 51.61808, 7.33121

AUSSTIEG Parkplatz am Stadthafen Recklinghausen, Am Stadthafen. GPS: 51.55998, 7.209488

AN- & ABFAHRT ÖPNV

Alte Schachtschleuse Henrichenburg

EIN- & AUSSTIEG ROUTE 1

EIN- & AUSSTIEG ROUTE 4

Von Recklinghausen Hbf mit Bus 231 Richtung Waltrop bis Haltestelle Waltrop Hebewerk direkt beim Einstieg.

Alte Schachtschleuse Henrichenburg

EINSTIEG ROUTE 3 Ab Recklinghausen Hbf mit Bus 231 Richtung Waltrop bis Haltestelle Waltrop Hebewerk direkt beim Einstieg.

Stadthafen Recklinghausen

AUSSTIEG ROUTE 3 1 km zum Bf Recklinghausen-Süd, dort RB oder S-Bahn in verschiedene Richtungen oder über Recklinghausen Hbf **ZURÜCK ZUM EINSTIEG**.

Stadthafen Recklinghausen,

EIN- & AUSSTIEG ROUTE 2

Mit der Regionalbahn oder S-Bahn zum Bf Recklinghausen-Süd. Zu Fuß 1 km zum Einstieg.

SEHENSWERTES

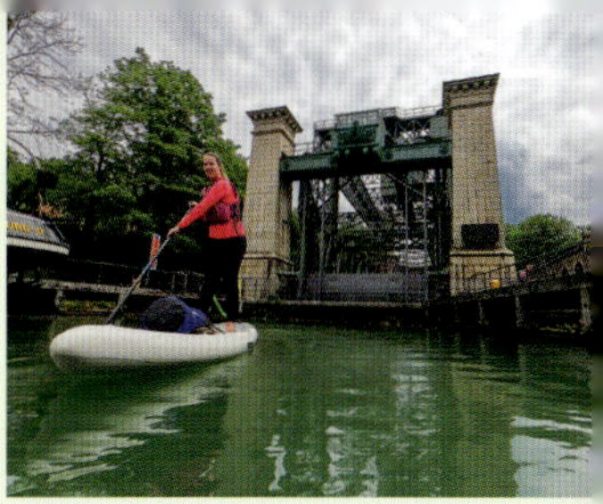

» Spaziergang durch den **Schleusenpark Waltrop**, dazu gehören das alte Schiffshebewerk Henrichenburg – heute **LWL-Industriemuseum Schiffshebewerk Henrichenburg** (Di–So, Am Hebewerk 26, Waltrop, www.hebewerk-henrichenburg.de), die alte Schachtschleuse, das neue Schiffshebewerk, die neue Schleuse, Betriebseinrichtungen und Arbeitersiedlungen. QR-Codes an den Sehenswürdigkeiten führen zum Online-Audioguide.

» Das **Umspannwerk Recklinghausen** beheimatet das **Museum Strom und Leben** (Uferstr. 2-4, Recklinghausen, www.umspannwerk-recklinghausen.de).

» Die Zechen im Ruhrgebiet förderten nicht nur die kostbare Kohle zu Tage, sondern auch unverkäufliches Nebengestein, sogenanntes Bergematerial. Daraus entstand die größte Haldenlandschaft im Ruhrgebiet, der **Landschaftspark Hoheward.** Ein Ort zum Wandern, Spazieren und Mountainbiken. Auf jeden Fall anschauen sollte man sich die gigantische **Obelisk-Sonnenuhr** und den Ausblick auf ein Stück Ruhrpott (freier Zugang, Besucherzentrum: Werner-Heisenberg-Str. 14, Herten, www.hoheward.rvr.ruhr).

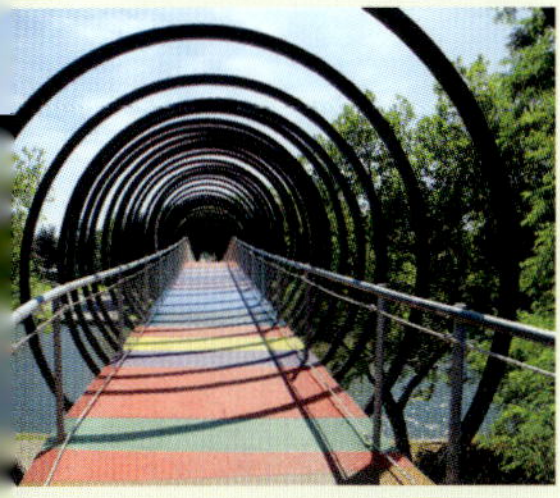

» Alle ein, zwei Jahre präsentiert der **Gasometer Oberhausen** beeindruckende Ausstellungen (Arenastr. 11, Oberhausen, www.gasometer.de).

» Nicht weit vom Gasometer entfernt, spannt sich die coole Brückenskulptur **„Slinky Springs to Fame“** über den Rhein-Herne-Kanal.

» Auf dem Gelände der alten **Kokerei Hansa** steht eine der größten Kletterhallen Europas, die **Kletterhalle Bergwerk** (Emscherallee 33, Dortmund, www.kletterhalle-bergwerk.de).

» Die **Zeche Zollern** (Di–So, Grubenweg 5, Dortmund, www.zeche-zollern.lwl.org) überrascht mit Jugendstilportal und beeindruckender Maschinenhalle – eine Kathedrale der Industriekultur. Im ehemaligen **Pferdestall** der Zeche kann man sich im Restaurant beim **Ruhrpott-Tapas-Menü** in drei Gängen durchs Ruhrgebiet schlemmen!

TIPP EXTRA-TIPPS

» Das Jahres-Highlight auf dem Rhein-Herne-Kanal ist das **KanalErwachen** mit der **Schiffsparade**. Nach Voranmeldung können auch Stand Up Paddler an ihr teilnehmen (www.kulturkanal.ruhr).

» **Starlight Express** – rasantes Musical der Weltmeisterschaft der Züge. Die Lokomotiven und Waggons werden von Darstellern auf Rollschuhen gespielt, temporeich und voller Gefühl (Stadionring 24, Bochum, www.starlight-express.de).

TOUREN

1 RUND UM DIE ALTE SCHLEUSE HENRICHENBURG

Von der alten Schachtschleuse Henrichenburg zum Kraftwerk Datteln am Dortmund-Ems-Kanal, dann in die andere Richtung auf dem Rhein-Herne-Kanal zum Biergarten und zurück.

⇄ | **LÄNGE** 10 km | **DAUER** 2,5-3,5 h

2 VON SCHLEUSE ZU SCHLEUSE

Vom Stadthafen Recklinghausen zur Schleuse Herne-Ost, dann in die andere Richtung zur Schleuse Wanne-Eickel und zurück.

⇄ | **LÄNGE** 10 km | **DAUER** 2,5-3,5 h

3 VON HENRICHENBURG BIS RECKLINGHAUSEN

Von der alten Schachtschleuse Henrichenburg bis zum Stadthafen Recklinghausen. Die Schleuse Herne-Ost muss umtragen werden. Zurück zum Einstieg mit 2. PKW (vorab am Ausstieg geparkt).

→ | **LÄNGE** 12 km | **DAUER** 3,5-4,5 h

4 EINSTEIGERRUNDE AUF DEM DEK

Von der alten Schleuse Henrichenburg im Oberwasser auf dem Dortmund-Ems-Kanal bis zur Klöcknersiedlung (ca. 4 km) und zurück. Für Einsteiger geeignet, da deutlich weniger Schiffsverkehr als auf den anderen Kanälen.

⇄ | **LÄNGE** 8 km | **DAUER** 2-2,5 h

KEINE SUP-VERMIETUNG

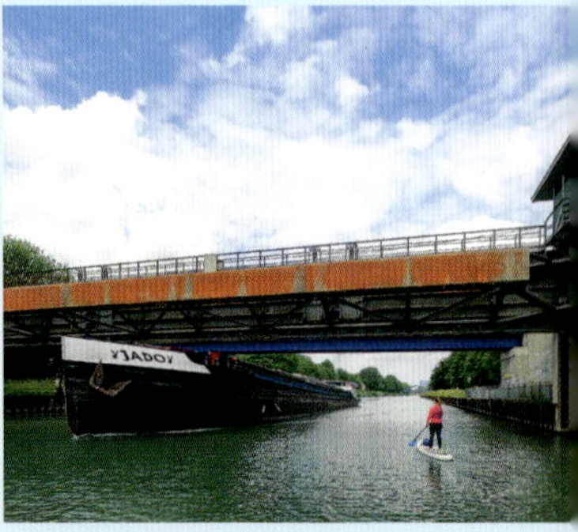

EIN- & AUSSTIEGE

EIN- & AUSSSTIEG ROUTE 1 Steganlage am Unterwasser (Rhein-Herne-Kanal) bei der alten Schachtschleuse Henrichenburg. GPS: 51.618251, 7.329962

EIN- & AUSSTIEG ROUTE 2 Steganlage im Stadthafen Recklinghausen. GPS: 51.560166, 7.20952

EINSTIEG ROUTE 3 Steganlage am Unterwasser (Rhein-Herne-Kanal) der alten Schachtschleuse Henrichenburg. GPS: 51.618251, 7.329962

AUSSTIEG ROUTE 3 Steganlage im Stadthafen Recklinghausen. GPS: 51.560166, 7.20952

ZURÜCK ZUM EINSTIEG 1 km zum Bf Recklinghausen-Süd, dort über Recklinghausen Hbf zurück zum Einstieg.

EIN- & AUSSTIEG ROUTE 4 Steganlage am Oberwasser (Dortmund-Ems-Kanal) der alten Schachtschleuse Henrichenburg. GPS: 51.616972, 7.332614

EINKEHR

1 RESTAURANT INOS

Provinzialstr. 19, 45731 Waltrop
Tel. (02363) 721 34
www.restaurant-waltrop.de
Mo-Fr 12-14.30 + 17-22, Sa + So 12-22 Uhr

KLASSIKER Einer der besten „Ruhrgebiets-Griechen“

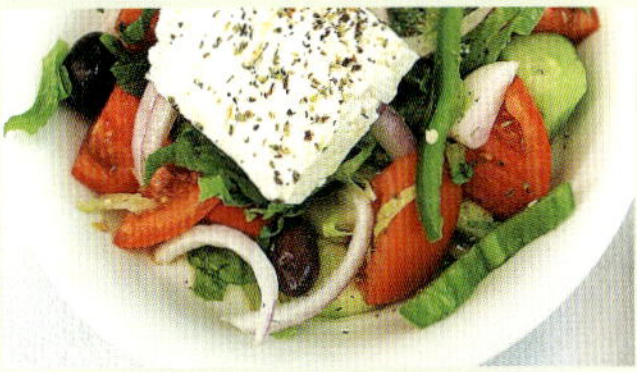

2 LANGER'S GASTROBUS

Im Depot 45, 45731 Waltrop
Tel. (02363) 91 83 13
www.gastrobus.com
Mär-Okt Di-So ab 11 Uhr

KLASSIKER Leckerste Currywurst der Umgebung im englischen Doppeldeckerbus von 1959

3 HAUS HÖLTER BEI PHILIPP

Suderwicher Str. 90, 44581 Castrop-Rauxel, Tel. (02367) 84 45
www.haus-hoelter.de
Restaurant: Di-Sa 17-22.30, So 12-22
Biergarten: Di+Mi 12-22, Do-So 9.30-22
Direkt am Rhein-Herne-Kanal mit Kanuanleger

KLASSIKER Hölter's Krüstchen und ein kühles Bier vom Fass

4 STADTHAFEN RECKLINGHAUSEN

Am Stadthafen 10
45663 Recklinghausen
Tel. (02361) 960 62 11
www.stadthafen.com
Nur im Sommer geöffnet
Di-Sa ab 15, So ab 12 Uhr

KLASSIKER Frikandel Spezial (deftig fritierte Fleischrolle auf niederländische Art)

ÜBERNACHTUNG

1 PENSION & WOHNMOBIL-STELLPLATZ „ZUR LOHBURG“

Lohburger Str. 105, 45731 Waltrop
Tel. (02309) 22 86
www.lohburg.de/wohnmobilstellplatz.html

2 BERGEDICK HOTEL

Hochlarmarkstr. 66
45661 Recklinghausen
Tel. (02361) 66 60
www.bergedick.de

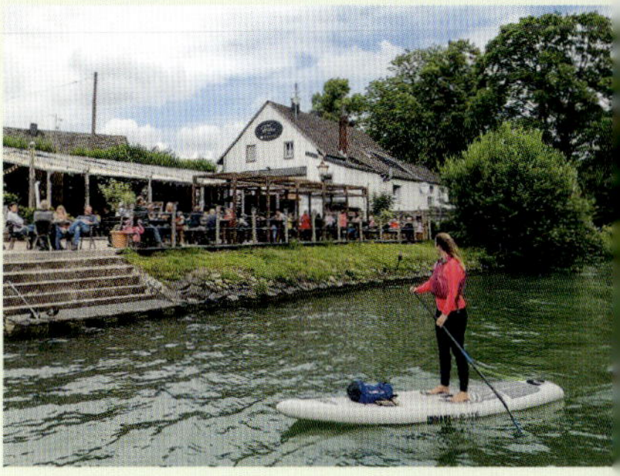

1 RUND UM DIE ALTE SCHLEUSE HENRICHENBURG

In der Mitte des spannenden **SCHLEUSENPARKS**, genauer gesagt im Unterwasser der alten **SCHACHTSCHLEUSE** (● **EINSTIEG ROUTE 1 + 3**), beginnt unsere Tour. Hier liegen mit vier Generationen von Abstiegsbauwerken Geschichte und Gegenwart der Kanalschifffahrt direkt nebeneinander. 1899 wurde der Dortmund-Ems-Kanal (DEK) von Dortmund nach Emden eingeweiht. 15 Jahre später kam der Rhein-Herne-Kanal (RHK) dazu. Seitdem geht es im Unterwasser nach links (Südwesten) auf dem Rhein-Herne-Kanal zum Rhein und nach rechts auf dem Dortmund-Ems-Kanal (Nordosten) zur Nordsee.

Das Maschinenhaus der Schachtschleuse wirkt wie ein mittelalterlicher Trutzbau und während wir unsere Boards zu Wasser lassen, prangt der in den rohen Sandstein gehauene preußische Adler über uns. Nach nur 400 Metern paddeln wir nach rechts auf den Dortmund-Ems-Kanal (DEK). Wir lassen den Abzweig zur neuen Schleuse, die mit 190 Meter mehr als doppelt so lang ist wie die alte Schleuse, und zum neueren Schiffshebewerk rechts liegen. Hinter einer Eisenbahnbrücke (DEK-km 16,675) sehen wir schon rechts das **KRAFTWERK DATTELN 4**. Ein imposanter und spannender Ort, um ihn vom Wasser aus zu erkunden. Das Kraftwerk wurde erst 2020 mit fast 10 Jahren Verspätung unter starken Protesten in Betrieb genommen. Es ist das leistungsstärkste und umweltfreundlichste Steinkohlekraftwerk Deutschlands und soll mehrere ältere Kraftwerke ersetzen. Aber es bleibt ein Kohlekraftwerk, nach Schließung der Zechen im Ruhrgebiet mit Kohle unter anderem aus Kolumbien betrieben.

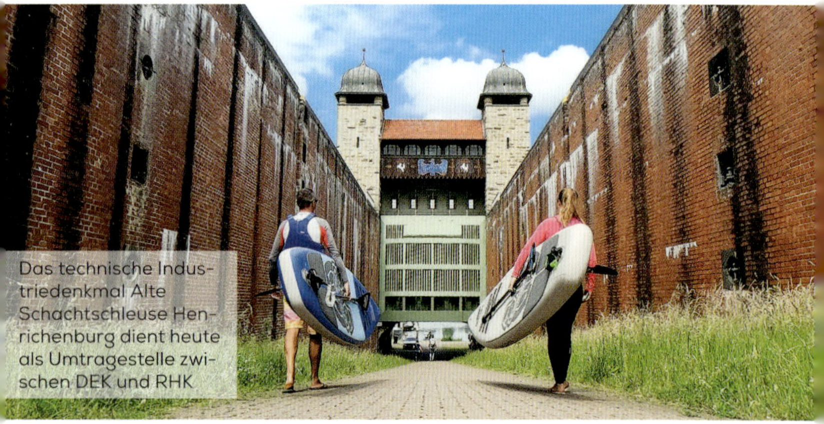

Das technische Industriedenkmal Alte Schachtschleuse Henrichenburg dient heute als Umtragestelle zwischen DEK und RHK

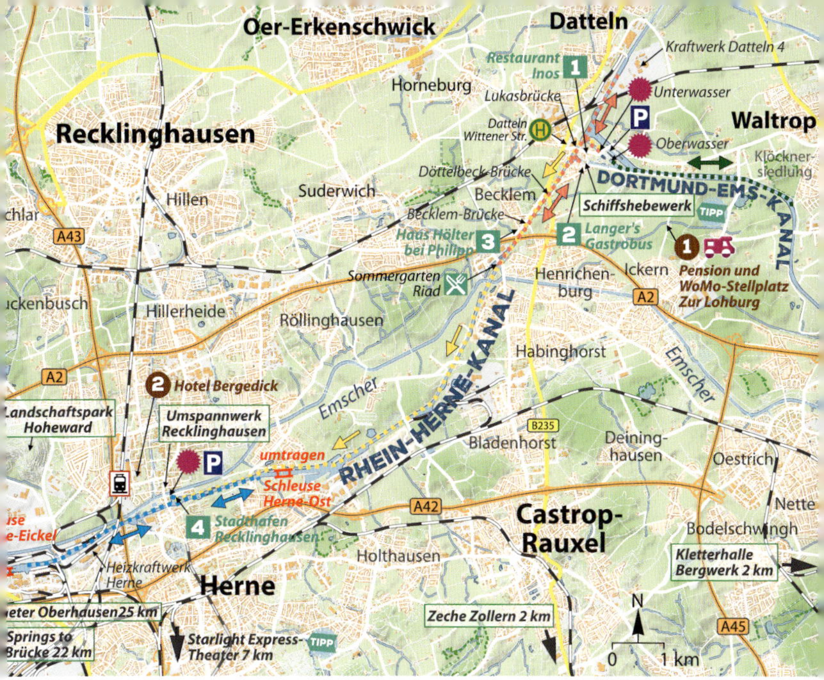

Hier drehen wir wieder um und sind nach Passieren der **LUKASBRÜCKE** (DEK-km 15,652 / RHK-km 45,599) auf dem Rhein-Herne-Kanal (RHK). Seinen Bau verdankt er dem um die Jahrhundertwende aufstrebenden Bergbau und der Stahlindustrie. Mit Stilllegung der Zechen verlor er an Bedeutung, bis er als **KULTURKANAL** eine neue Bestimmung fand. Die Brücke war eigentlich für den Einsatz deutscher Truppen im Russlandfeldzug gedacht, kam dort aber nie zum Einsatz. Das Besondere ist, dass sie, wie das alte Schiffshebewerk, genietet und nicht geschweißt ist. Der Kanal selbst ist sehr grün. Am Ufer wechseln sich Spundwände mit Dornengestrüpp überwucherten Böschungen ab. Dahinter blitzen zwischen den hohen Bäumen nur vereinzelt Wohnhäuser und Wiesen durch. Bei der steinigen und teils flachen Uferböschung achten wir auf große Steine, die dicht unter der Wasseroberfläche liegen.

Wir unterfahren die **DÖTTELBECK-BRÜCKE** (RHK-km 44,796) und die **BECKLEM-BRÜCKE** (RHK-km 44,110). Bevor es auch noch unter der Brücke der A2 und direkt dahinter einem Sperrtor (RHK-km 43,770) hindurchgeht, liegt rechts das **HAUS HÖLTER BEI PHILIPP** 3. Bei dem schönen Biergarten mit Kanuanleger davor kann man eigentlich nicht anders als hier einkehren. Hinter der Autobahnbrücke wird der Kanal offener und breiter. Rechts liegt die

Anlegestelle des Baustoffproduzenten Knauf Marmorit. Geradeaus unter der roten **WARTBURGSTRASSEN-BRÜCKE** (RHK-km 43,202) hindurch erreichen wir, ebenfalls rechts, mit dem **SOMMERGARTEN „RIAD"** die nächste Einkehrmöglichkeit. Ab hier wird es landschaftlich weniger attraktiv, weshalb wir umkehren und zurück zur Schleuse paddeln. Kurz vor der **LUKASBRÜCKE** biegen wir nochmal nach rechts und werfen einen Blick auf die am linken Ufer stehende große rote Tafel mit dem weißen Schriftzug „Demut". Eines von 15 **„BILDERN AM KANAL"**, ein Kunstprojekt des KulturKanals im Emscher Landschaftspark.

Das sehenswerte **SCHIFFSHEBEWERK HENRICHENBURG** dahinter wurde 1899 von Kaiser Wilhelm II. eingeweiht. Nach seiner Stilllegung und Restaurierung kann es jetzt als **INDUSTRIEMUSEUM** besichtigt werden. Die Form der Türme ähnelt ägyptischen Obelisken mit dem Wappen Westfalens auf dem südlichen Turm und dem Wappen Hannovers auf dem nördlichen. Im Kontrast dazu steht die nüchterne Eisenkonstruktion der Hebevorrichtung. Meist liegt links vom Schiffshebewerk das **MUSEUMSSCHIFF „FRANZ-CHRISTIAN"**. Als es 1929 vom Stapel lief, war es noch nicht üblich Motorgüterschiffe zu bauen. Vielmehr fuhren Schlepper über die Wasserstraßen, wobei ein Schlepper mehrere Schleppverbände zog. Die Eignerfamilie überlies 1986 den "Franz-Christian" mit gesamtem Inventar und Fotos zur Geschichte des Schiffes dem **LWL-INDUSTRIEMUSEUM**.

2 VON SCHLEUSE ZU SCHLEUSE

Fast zeitgleich mit der Fertigstellung des Rhein-Herne-Kanals wurde im August 1914 der Stadthafen Recklinghausen in Betrieb genommen. Da die großen Zechen in der Regel ihre eigenen Häfen hatten, wurde hier keine Kohle, sondern hauptsächlich Getreide, Futtermittel, Sand und Kies umgeschlagen. Nach seinem wirtschaftlichen Höhepunkt in den 1950er Jahren, ging es mit dem Hafen kontinuierlich bergab. Einzig an der **GETREIDEMÜHLE** Roland Mills United im östlichen Teil des Hafens, einer der modernsten Mühlen Deutschlands, werden immer noch Getreide und Mehl verladen. Der größte Teil der Hafenanlage mit dem markanten, unter Denkmalschutz stehenden Hafenkran wurde umgestaltet und ist bei schönem Wetter ein beliebter Treffpunkt. Nicht zuletzt wegen des **STRANDCAFÉS „STADTHAFEN RECKLINGHAUSEN"** 4 mit seinen Liegestühlen auf feinem Sandstrand.

Unser **EINSTIEG** am **STADTHAFEN** ist ein komfortabler Kanuanleger im Hafenbecken, der von zahlreichen Wildgänsen bevölkert wurde. Neben uns erstreckt sich unterhalb des Parkplatzes das bunte Mauer-Gemälde mit Szenen der Stadt Recklinghausen. Auf der anderen Uferseite verweisen die in

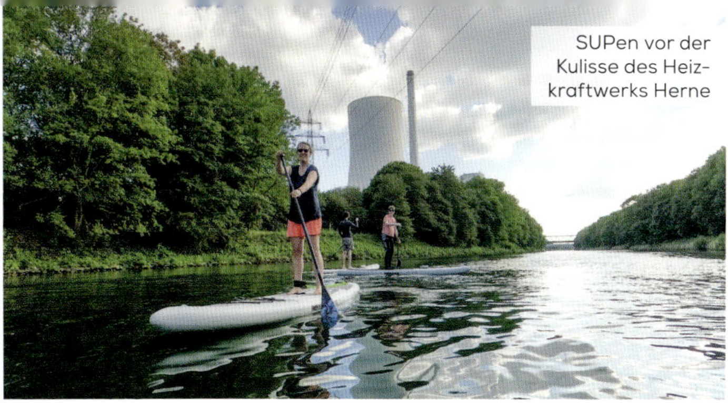

SUPen vor der Kulisse des Heizkraftwerks Herne

Pop-Art-Manier dargestellten Gartenzwerge, ein Kunstwerk von 15 **„BILDERN AM KANAL"**, auf die Schrebergartensiedlung im unmittelbaren Umfeld.

Als wir nach links (Nordosten) paddeln - kanalaufwärts -, wird gerade ein Schiff voller Getreide an der Mühle entladen. Die steinigen Ufer des hier landschaftlich sehr schönen Kanals sind dicht bewachsen. Er ist so breit, dass man den passierenden Frachtschiffen bequem ausweichen kann. Auf Höhe der Brücke Hosthauser Straße sehen wir schon die **SCHLEUSE HERNE-OST** (RHK-km 37,111) vor uns. Da wo rechts die Spundwände beginnen, ist am linken Ufer eine Anlegestelle. Hier könnte man die Schleuse umtragen, müsste aber einen Fußmarsch von fast einem Kilometer auf sich nehmen.

Wir drehen daher um und paddeln am Stadthafen Recklinghausen vorbei in die andere Richtung (Südwesten). Schon von Weitem sehen wir das **HEIZKRAFTWERK HERNE**. Bevor wir es erreichen, paddeln wir unter der Bahnhofstraßen-Brücke (RHK-km 34,693) hindurch. Am rechten Ufer, etwas versteckt hinter Bäumen, wurde der **FAULTURM** der ehemaligen Kläranlage Herne mit einem 600 Quadratmeter großen Wandmosaik zum Kunstwerk. Es zeigt Szenen aus der Geschichte der Bergarbeiterproteste im Ruhrgebiet. Weiter geht es unter der Autobahnbrücke der A43 (RHK-km 33,733), ein paar Rohrleitungen und einer Eisenbahnbrücke hindurch. Ein Zug rattert über unsere Köpfe hinweg. Instinktiv ducken wir uns und wären vor Schreck fast vom Board gefallen.

Auf Höhe des Kraftwerks verengt sich der Kanal. Wenn einem hier Frachtschiffe begegnen ist Vorsicht geboten und man sollte sich darauf einstellen, vom Sog etwas Richtung Schiffsheck gezogen zu werden. Hinter dem Kraftwerk passieren wir noch die Hertener Straßen-Brücke (RHK-km 32,374) und die Hafenbahn-Brücke, bevor wir die alte und neue **SCHLEUSE WANNE-EICKEL** (RHK-km 31,200) erreichen. Hier drehen wir um und paddeln zurück zum Startpunkt am **STADTHAFEN RECKLINGHAUSEN** ●.

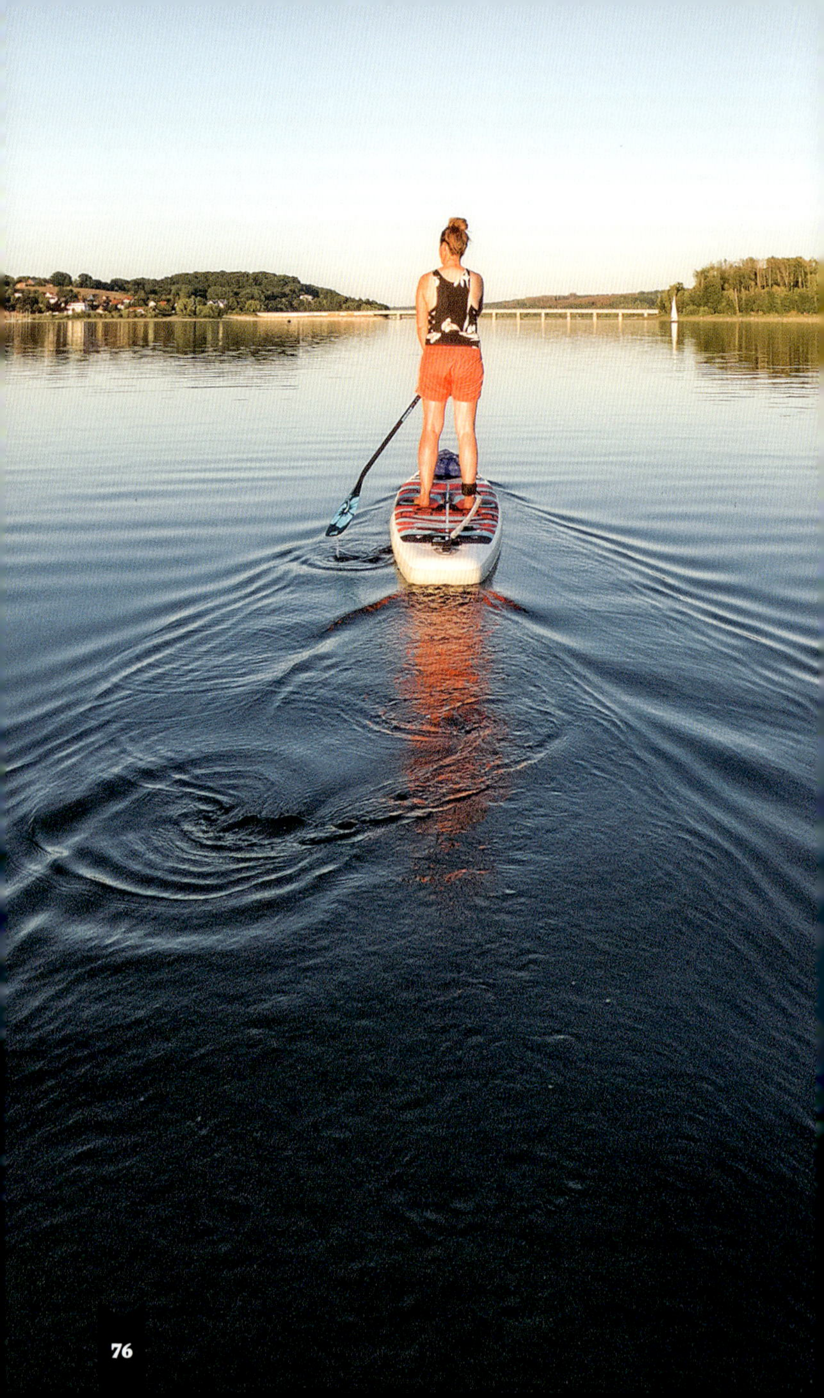

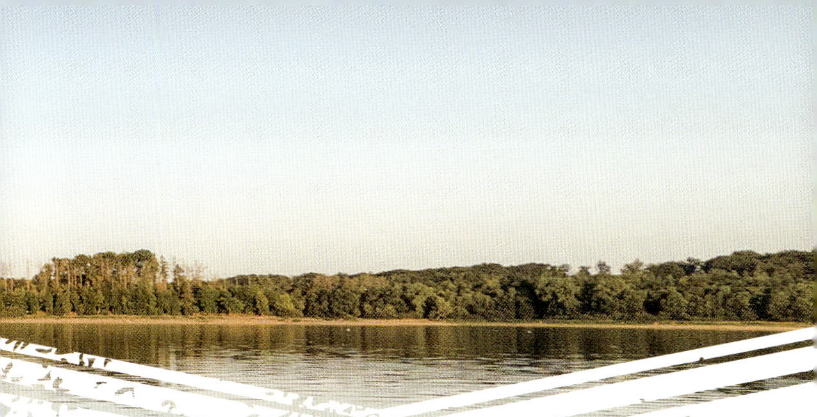

MÖHNESEE

ANSPRUCH | EINKEHR

Kompakt TOUR

„Westfälisches Meer“, so wird die flächenmäßig größte Talsperre im **Sauerland** häufig liebevoll genannt. Fast endlose Freizeitmöglichkeiten wie Wandern, Radfahren und Wassersport machen den See so attraktiv. Die 1913 errichtete Staumauer, heute ein geschütztes Kulturdenkmal, wurde im Zweiten Weltkrieg durch einen britischen Bombenangriff schwer beschädigt. Die Bombe riss ein 70 Meter breites und 20 Meter hohes Loch in die Mauer. Nach nur fünf Monaten aber stand die Staumauer wieder in ihrer vollen Größe.

Die große Wasserfläche, umgeben von sanften Hügeln und kleinen Ortschaften, ist beliebt bei Seglern und Windsurfern. Für SUPer können die starken Winde aber schon mal zur Herausforderung werden.

Im Osten grenzt das kleinere Möhnevorbecken, getrennt durch den Stockumer Damm, an den Möhnesee. Unabhängig vom Hauptbecken wird der Wasserstand relativ konstant gehalten, sodass man hier auch im Spätsommer ein attraktives SUP-Revier findet.

ROUTEN SIEHE SEITE 81

WIND & WETTER

Durch den umliegenden Arnsberger Wald kommt der Wind gefühlt aus fast allen Richtungen. Im Möhnevorbecken ist man tendenziell windgeschützter unterwegs.

BEFAHRUNGSREGELN

» Der Bereich vor der Staumauer, sowie die durch Bojenketten oder sonst kenntlich gemachten Sperrflächen, dürfen nicht befahren werden.

» Die Anlegestellen der Fahrgastschiffe sollten nicht genutzt werden.

» Das Befahren ist in der Zeit von einer Stunde nach Sonnenuntergang bis eine Stunde vor Sonnenaufgang verboten.

» Der Zulaufbereich der Möhne in das Möhnevorbecken, sowie das Naturschutzgebiet „Hevearm und Hevesee" im südlichen Teil, dürfen nicht befahren werden. Die entsprechenden Bereiche sind durch Bojen gekennzeichnet.

» Segelboote und das Fahrgastschiff auf dem Möhnesee haben Vorfahrt.

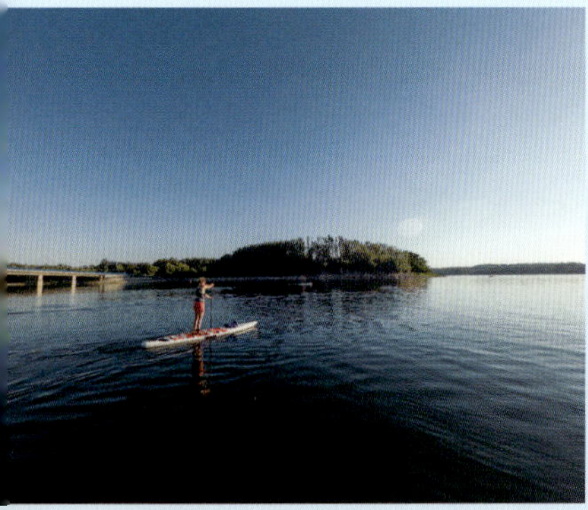

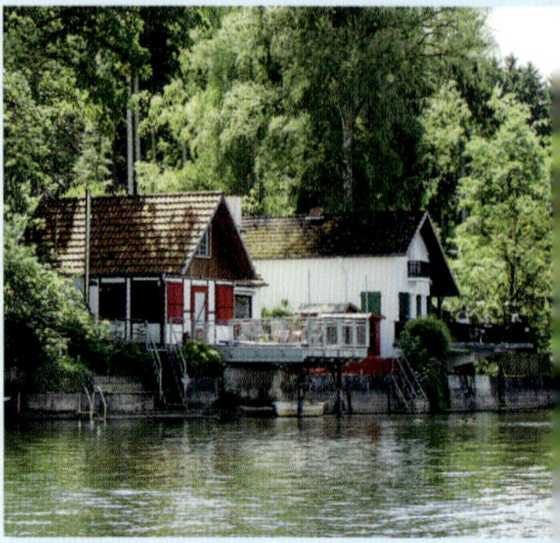

PEGEL

» Vollstau 213,74 m ü. NHN

Online: www.talsperrenleitzentrale-ruhr.de/online-daten/talsperren

ANFAHRT MIT DEM PKW

DELECKE - ROUTE 1 + ROUTE 2

A44 bis Ausfahrt 56 (Soest), auf B229 in Richtung Möhnesee. Im Kreisverkehr des Örtchens Delecke vor der Brücke die 3. Ausfahrt auf Linkstr. nehmen. Rechts befinden sich Parkbuchten.

STOCKUM - ROUTE 3

Anfahrt Route 1, dann der Linkstr. weiter folgen über Seestr. zum Stockumer Damm. Dort links auf Biberstr. abbiegen. Der Parkplatz liegt gleich rechts.

PARKEN

ROUTE 1 + ROUTE 2 Parkbuchten an der Straße Linkstr. (Nähe Haus-Nr. 27) in Möhnesee (1,50 €/Std., Tagesticket 5 €). GPS: 51.487866, 8.090880

ROUTE 3 Gebührenpfl. Parkplatz am Stockumer Damm, Biberstr. 2b in Möhnesee (1,50 €/Std., Tagesticket 6 €). GPS: 51.492514, 8.156929

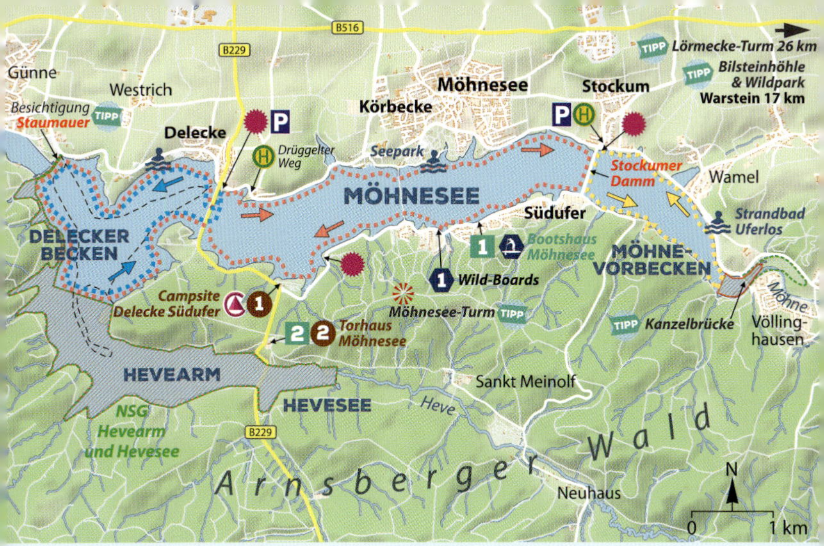

AN- & ABFAHRT ÖPNV

DELECKE – ROUTE 1 + ROUTE 2

Von Soest Bf mit Bus R49 in Richtung Delecke bis Delecke, Drüggelter Weg. Zu Fuß 400 m bis zum Einstieg.

STOCKUM – ROUTE 3

Von Soest Bf mit Bus R49 in Richtung Delecke bis Körbecke, Haus des Gastes. Weiter mit Bus 549 in Richtung Warstein bis Stockum, Stockumer Damm. Zu Fuß 150 m zum Einstieg.

BADEN

- **Strandbad Uferlos** – Am Möhnevorbecken lockt das Strandbad mit feinem, weißem Sandstrand, Strandkörben und Cocktailbar (www.uferlos-moehnesee.club).
- Frei zugängliche **Badestelle** im Ortsteil **Delecke** und am **Seepark** im Ortsteil **Körbecke**.
- Viele **inoffizielle Badestellen** rund um den See.

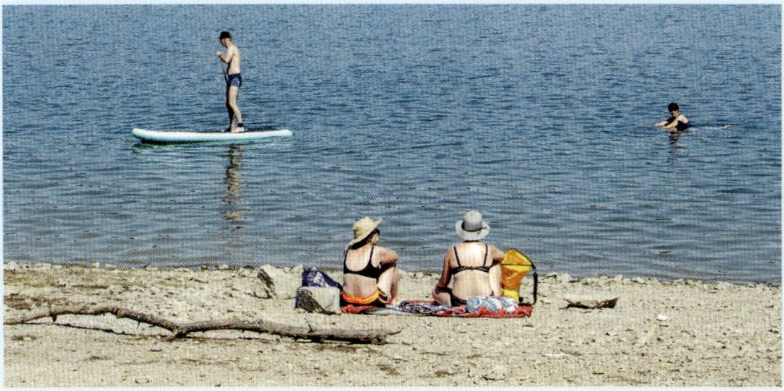

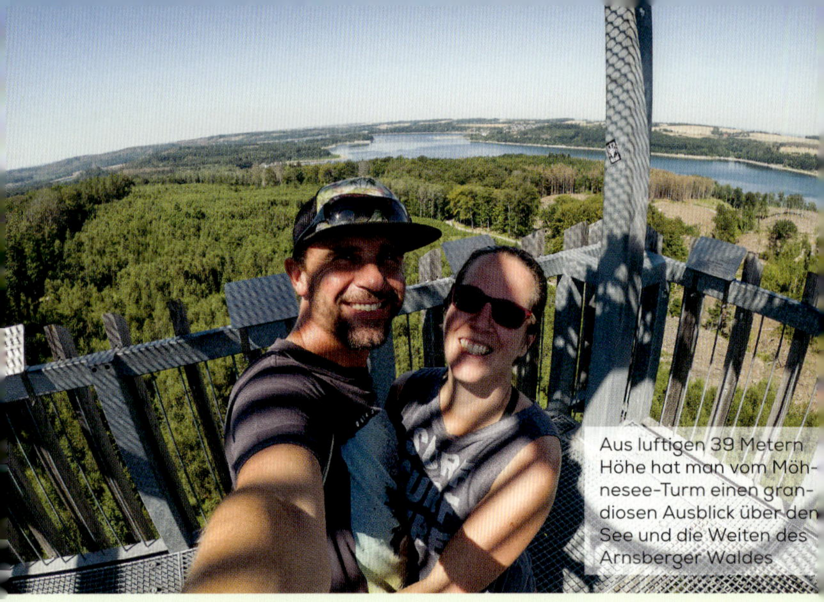

Aus luftigen 39 Metern Höhe hat man vom Möhnesee-Turm einen grandiosen Ausblick über den See und die Weiten des Arnsberger Waldes

EXTRA-TIPPS

- Besichtigung der imposanten **Möhnetalsperre** (Führungen, auch Einzelbesucher, Wirtschafts- & Tourismus Möhnesee, Tel. (02924) 98 13 91, www.moehnesee.de).
- Vom **Möhnesee-Turm** hat man einen grandiosen 360°-Panoramablick über den Möhnesee und den Naturpark Arnsberger Wald. 206 Stufen bringen einen zur Aussichtsplattform auf 39 Metern Höhe. Am einfachsten erreicht man den Turm über den örtlichen Rundwanderweg A12 (Länge: 3,8 km; Startpunkt: Wanderparkplatz an der Straße Südufer, Körbecke, GPS: 51.483582, 8.120047).
- Die 1912 erbaute, malerische **Kanzelbrücke** mit fünf Rundbögen zwischen den Ortsteilen Wamel und Völlinghausen an der östlichsten Spitze des Möhnesees gilt als eine der schönsten Steinbrücken Deutschlands. Von ihr hat man einen herrlichen Blick auf das Naturschutzgebiet „Möhneaue".
- Die **Bilsteinhöhle** ist eine Tropfsteinhöhle im **Bilsteintal** bei **Warstein**. Mit angrenzendem **Tierpark** in dem Wildschweine, Hirsche, Luchse und Füchse beobachtet werden können (Im Bodmen 52, Warstein, www.bilsteintal.de).
- Der **Lörmecke-Turm**, dessen Silhouette die Form eines Warsteiner-Pils-Glases hat, bietet einen tollen Ausblick über das Hochsauerland. Der Turm lässt sich über einen 7,5 km langen Rundwanderweg erreichen (Startpunkt: Wanderparkplatz Lörmecke-Turm, Plackweg, Warstein, GPS: 51.392345, 8.306349).
- Die Anzahl an **Wanderwegen** im 600 km² großen **Naturpark Arnsberger Wald** ist schier unendlich (www.naturpark-arnsberger-wald.de).

TOUREN

TALSPERRENRUNDE
Große Runde über den Möhnesee und Delecker Becken – von der Staumauer bis zum Stockumer Damm.
| **LÄNGE** 19 km | **DAUER** 5–6,5 h

KLEINE WESTRUNDE
Kleine Runde im Delecker Becken, von Delecke zur Sperrmauer & zurück.
| **LÄNGE** 8 km | **DAUER** 2–3 h

KL. VORBECKENRUNDE
Anfängertipp! Vom Stockumer Damm um das Möhnevorbecken mit seinen abwechslungsreichen Ufern.
| **LÄNGE** 5,5 km | **DAUER** 1,5–2 h

EIN- & AUSSTIEGE

MÖHNESEE, ROUTE 1 + ROUTE 2
– Bootsrampe am Nordufer neben der Delecker Brücke. GPS: 51.48758, 8.09011
ALTERNATIV Bootsrampe am Südufer gegenüber vom Minigolfplatz. GPS: 51.480324, 8.107194. Gebührenpfl. Parkplatz auf der anderen Straßenseite.

ROUTE 3 – VORSTAUBECKEN
Bootsrampe oder Kiesstrand direkt am Stockumer Damm. GPS: 51.491903, 8.156798

SUP-VERMIETUNG

1 WILD-BOARDS
(auch Kurse, SUP-Yoga, Touren)
Südufer 19, 59519 Möhnesee-Körbecke
(an der Jugendherberge)
Tel. 0172-198 69 70, www.wild-boards.de

EINKEHR

1 BOOTSHAUS MÖHNESEE
(auch 3 FeWo & 1 SUP-Vermietung)
Südufer 45, 59519 Möhnesee
Tel. (02924) 55 55
www.hoecker-moehnesee.de
Apr-Sep Mi-Fr ab 17, Sa+So ab 11 Uhr
Sommerferien tägl., Okt Sa+So ab 11

KLASSIKER Leckere Matjesbrötchen

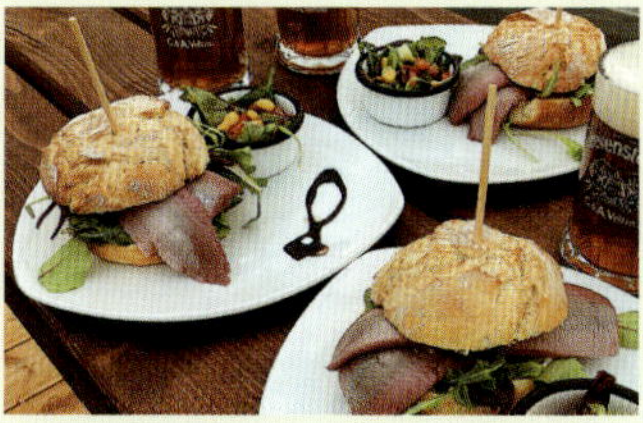

2 TORHAUS MÖHNESEE
Arnsberger Straße 4
59519 Möhnesee-Delecke
Tel. (02924) 972 40
www.torhaus-moehnesee.de
Mo 14-18, Di-Do 11.30-22 Uhr
Fr+Sa 11.30-23, So 11-21 Uhr

KLASSIKER Salat „Tante Fine“ mit Champignons und Poularden-Filets

ÜBERNACHTUNG

1 CAMPINGPLATZ MÖHNESEE DELECKE-SÜDUFER
Arnsberger Straße 8
59519 Möhnesee-Delecke
Tel. (02924) 878 42 10
www.campingplatz-moehnesee.de

2 HOTEL TORHAUS MÖHNESEE
siehe Einkehr 2

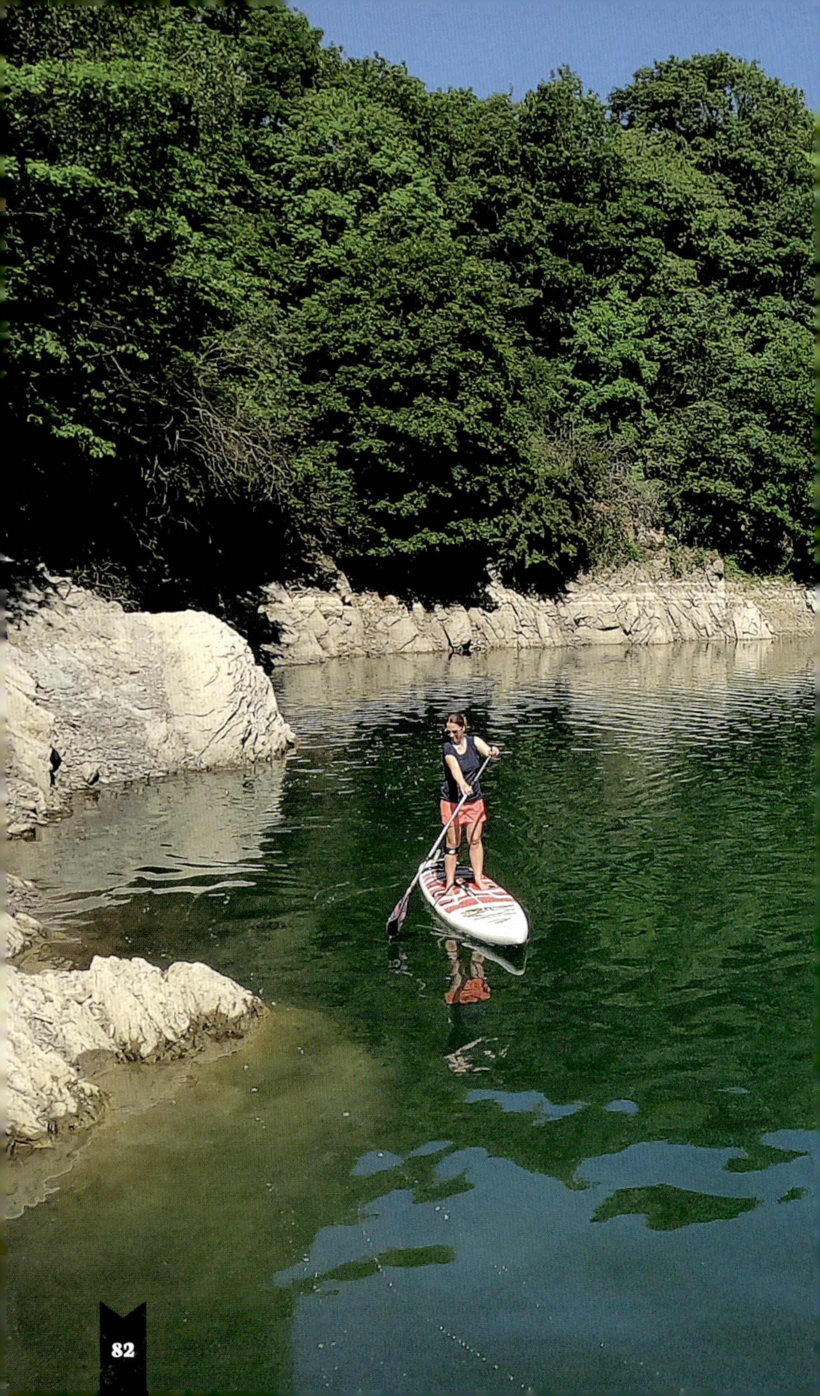

HENNESEE

ANSPRUCH | EINKEHR

Kompakt TOUR

Der Hennesee bietet eine traumhafte Kulisse im Süden des **Sauerlandes**. Eine entspannte kleine Talsperre, die wie ein blauer Edelstein in der grünen Landschaft glitzert.

Am Südende ist sie gerade einmal 200 Meter breit. In einigen Kurven windet sie sich Richtung Norden durch die unbebaute Landschaft und ihre Ufer sind geprägt von sanften, dicht bewaldeten Hügeln und dazwischen vereinzelten Feldern. Am Westufer wird man begleitet von Autos und Motorrädern auf der Landstraße, am Ostufer höchstens von ein paar Wanderern. Das steinige, flache Ufer lädt immer wieder zum Picknicken ein. Nur bei niedrigem Wasserstand macht das flache Ufer die Talsperre eher unattraktiv. Kurz vor der Staumauer im Norden öffnet sich die Wasserfläche zur Berghauser Bucht und hinter der Staumauer erblickt man die Häuser der Stadt **Meschede**.

Die Staumauer des ersten Hennesees entstand in den Jahren 1901 bis 1905. Er sollte die Wasserversorgung des Ruhrgebiets in Trockenperioden sicherstellen und die Innenstadt Meschedes vor Hochwassern schützen. Zumindest Letzteres ist erstmal nicht geglückt. Durch das kohlensäurehaltige Wasser und den kalksteinhaltigen Untergrund wurden die Gesteinsschichten unter der Staumauer undicht. Anfang der 1950er Jahre wurde eine neue Staumauer errichtet und der Hennesee, wie er heute existiert, entstand.

ROUTE SIEHE SEITE 87

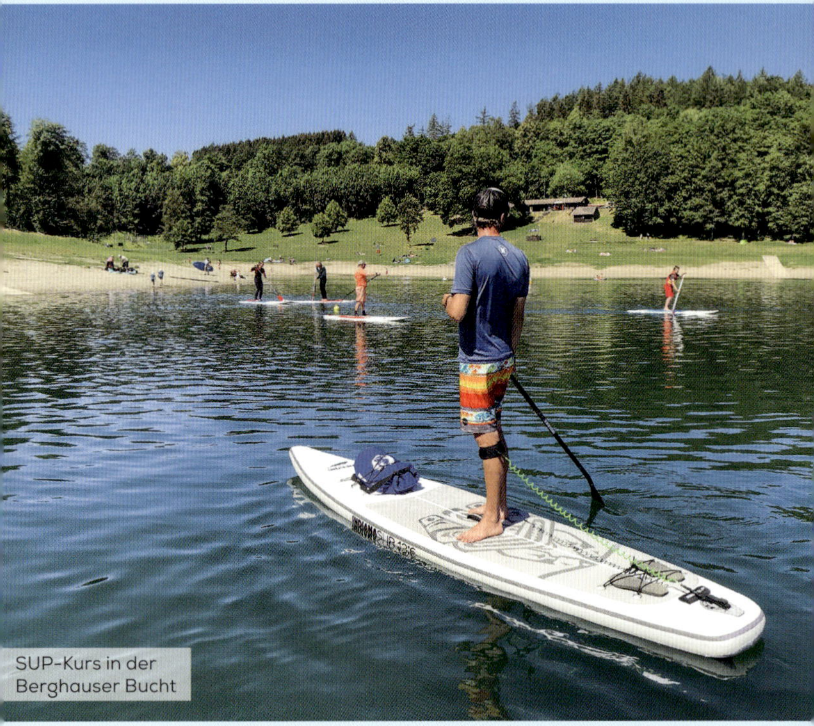
SUP-Kurs in der Berghauser Bucht

WIND & WETTER

Bei Windrichtung Süd und Südwest gibt es viele Dreh- und Fallwinde, bei Windrichtung Nord und Nordost ist der Wind beständiger. Westliche und östliche Winde kommen dagegen nicht voll zur Entfaltung. Die vorherrschende Windrichtung ist Süd.

PEGEL

» Vollstau 323,30 m ü. NHN

Online: www.talsperrenleitzentrale-ruhr.de/online-daten/talsperren

BEFAHRUNGSREGELN

» Der Bereich vor der Staumauer, sowie die durch Bojenketten oder sonst kenntlich gemachten Sperrflächen dürfen nicht befahren werden.

» Die Anlegestellen der Fahrgastschiffe sollten nicht genutzt werden.

» Das Befahren ist in der Zeit von einer Stunde nach Sonnenuntergang bis eine Stunde vor Sonnenaufgang verboten.

» Segelboote und das Fahrgastschiff haben Vorfahrt.

ANFAHRT PKW

A46 bis Ausfahrt 70 (Meschede), auf der B55 nach Meschede und weiter der B55 folgen bis zum Hennesee. Das Westufer entlang fährt man auf der B55 bis zum Parkplatz linkerhand kurz vor Ende des Sees.

PARKEN

Parkplatz an der B55 im Süden des Hennesees (Westufer). GPS: 51.305594, 8.259269

ANFAHRT ÖPNV

Mit der Regionalbahn bis Bf Meschede, mit Regionalbus S70 Richtung Eslohe bis Enkhausen. Zu Fuß 200 m zum Einstieg.

BADEN

Es gibt frei zugängliche Badestellen an der **Berghauser Bucht** und in **Mielinghausen**.

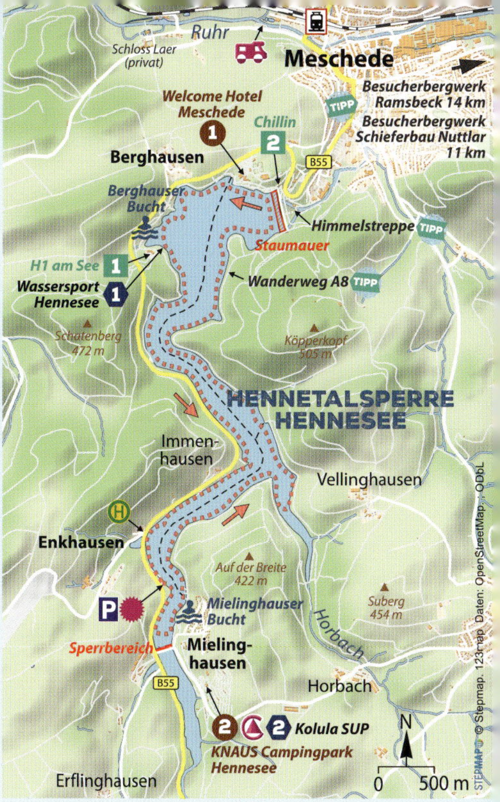

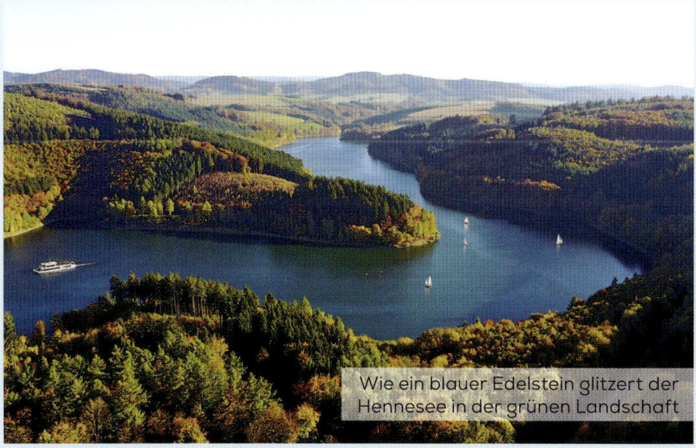

Wie ein blauer Edelstein glitzert der Hennesee in der grünen Landschaft

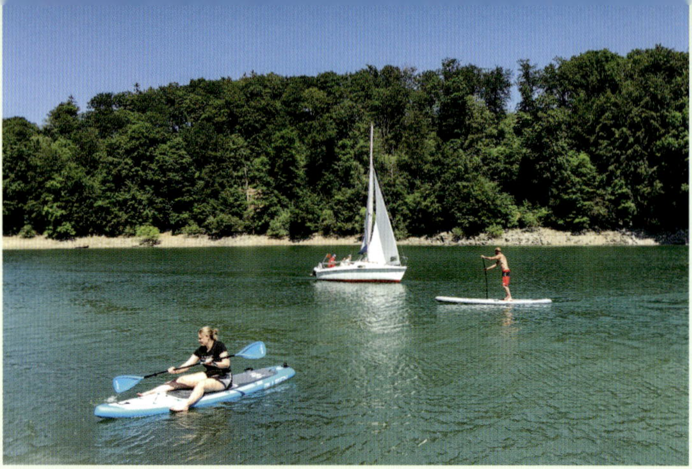

EXTRA-TIPPS

» Der gut zwei Kilometer lange **Henne-Boulevard** verbindet die Innenstadt von **Meschede** mit dem Hennesee. An seinem Ende führt die **Himmelstreppe** über 333 Stufen direkt auf den Staudamm hinauf. Ein beeindruckendes Foto-Motiv, wenn zur Dämmerung die Beleuchtung der Treppe eingeschaltet wird.

» Der **Wanderweg A8** führt durch die traumhafte Umgebung einmal um den Hennesee herum (Länge: 15 km; Startpunkt: Wanderparkplatz Welcome Hotel Meschede / Hennesee, Am Hennesee 4, Meschede).

» Warme Kleidung und feste Schuhe sollte man dabeihaben, wenn man den **Schieferbau Nuttlar** besichtigt. Ein spannendes **Besucherbergwerk** ohne befestigte Wege und elektrische Beleuchtung. Wer einen Tauchschein hat, für den wird ein Tauchgang durch die gefluteten Stollen ein einmaliges Erlebnis sein (Briloner Straße 48a, Bestwig-Nuttlar, www.schieferbau-nuttlar.de).

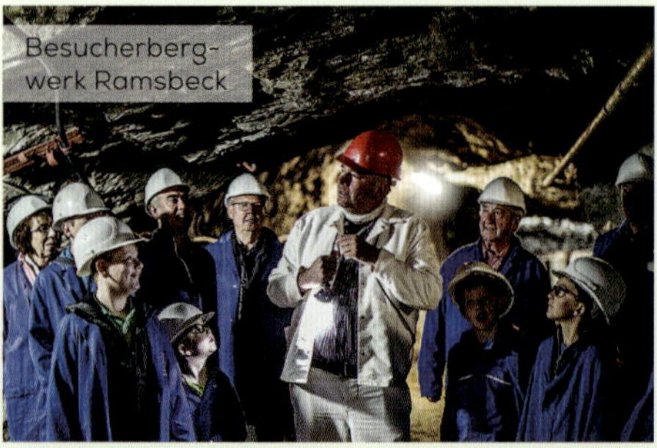

Besucherbergwerk Ramsbeck

» Im **Sauerländer Besucherbergwerk Ramsbeck** gelangt man mit einer elektrischen 50er-Jahre-Grubenbahn in 300 Meter Tiefe, wo früher Blei, Zink und Roherz abgebaut wurden (Di-So, Glück-Auf-Straße 3, Bestwig-Ramsbeck, www.sauerlaender-besucherbergwerk.de).

» Am Bergbaumuseum Ramsbeck startet auch der Themenweg **Bergbauwanderweg** mit Infotafeln zu Baudenkmälern, Gebäuden und Stollen (Länge: 10 km).

TOUREN

TALSPERRENRUNDE

Vom südlichen Ende bis hoch zum Staudamm und zurück.

| **LÄNGE** 12 km | **DAUER** 3-4 h

EIN- & AUSSTIEG

Über das flache kiesige Ufer vom Parkplatz über einen Trampelpfad zu erreichen, oder bei Anfahrt mit ÖPNV eine Bootsrampe 250 Meter nördlich.
GPS: 51.306431, 8.258924

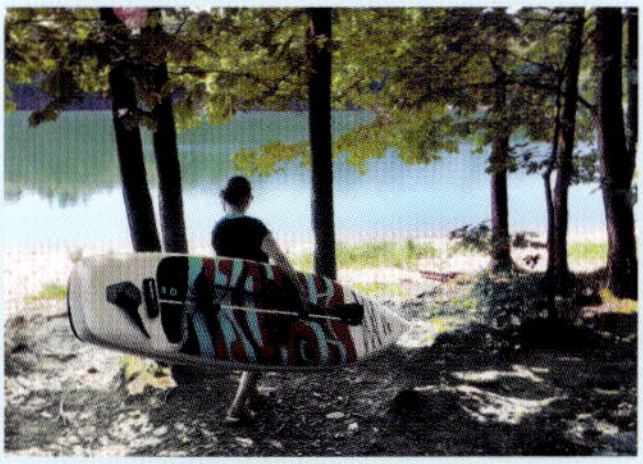

SUP-VERMIETUNG

1 WASSERSPORT HENNESEE
(auch Kurse & SUP-Yoga)
Berghauser Bucht, 59872 Meschede
Tel. (0291) 44 53
www.wassersport-hennesee.de

2 KOLULA SUP VERLEIH
(Kontaktlos, voll digitalisiert, der Verleih-Automat befindet sich auf dem Gelände des KNAUS-Campingpark)
Mielinghausen 7, 59872 Meschede
www.kolula.com

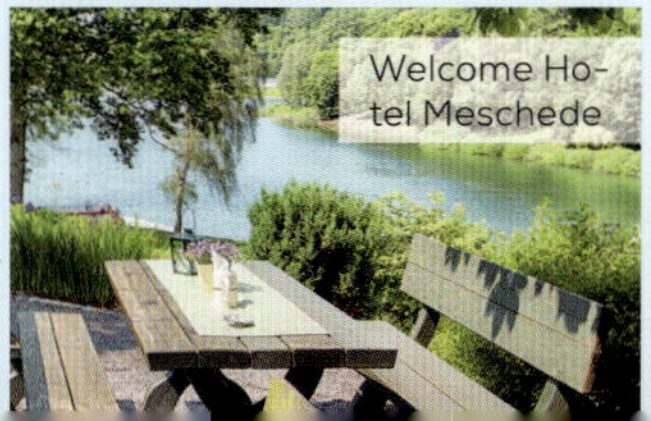
Welcome Hotel Meschede

EINKEHR

1 H1 AM SEE

Am Hentenberg 1, 59872 Meschede
Tel. (0291) 90 87 78 30
www.h1amsee.de
Tägl. ab 9 Uhr

KLASSIKER Burger mit Pommes

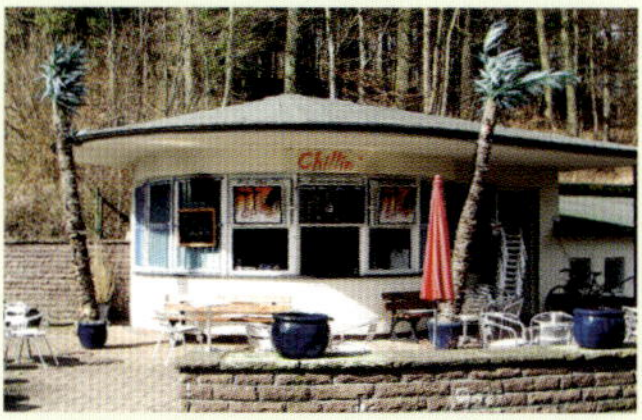

2 CHILLIN

Am Hennesee 7, 59872 Meschede
www.facebook.com/ChillinHennesee/
Nur im Sommer, 14-18 Uhr

KLASSIKER
Cocktails & frische Waffeln

ÜBERNACHTUNG

1 WELCOME HOTEL MESCHEDE
Am Hennesee 4, 59872 Meschede
Tel. (0291) 200 00
www.welcome-hotels.com/hotels/meschede

2 KNAUS CAMPINGPARK
Mielinghausen 7, 59872 Meschede
Tel. (0291) 95 27 20
www.knauscamp.de/hennesee-meschede.html
Wohnmobilstellplatz separat vor dem eigentlichen Campingplatz

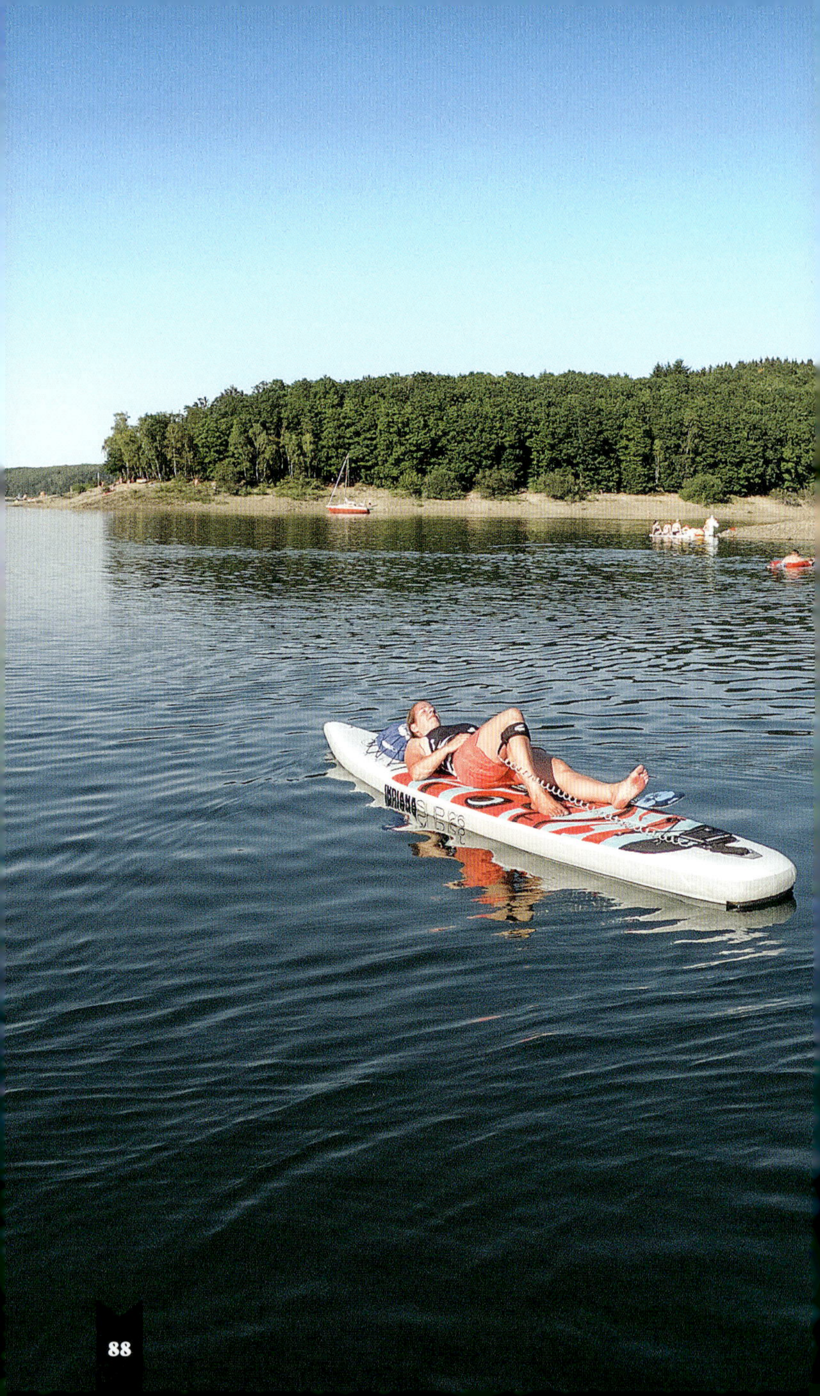

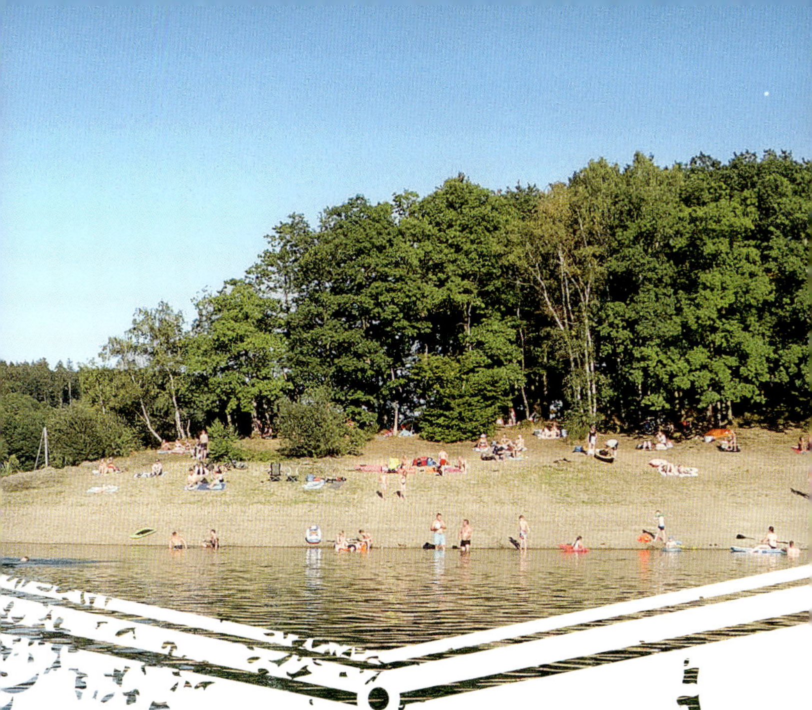

BIGGESEE & LISTERTALSPERRE

ANSPRUCH: 1–2 | EINKEHR: 2

Im „Land der tausend Berge", dem Sauerland, liegt inmitten einer waldreichen Mittelgebirgslandschaft tiefblau und leuchtend der elf Kilometer lange Biggesee. Neben dem Biggesee können auch die beiden Vortalsperren, der Obersee im Süden und die Listertalsperre im Westen, bepaddelt werden. Sie wirken ursprünglicher als der Hauptsee und die urige Ufervegetation reicht bis ans Wasser.

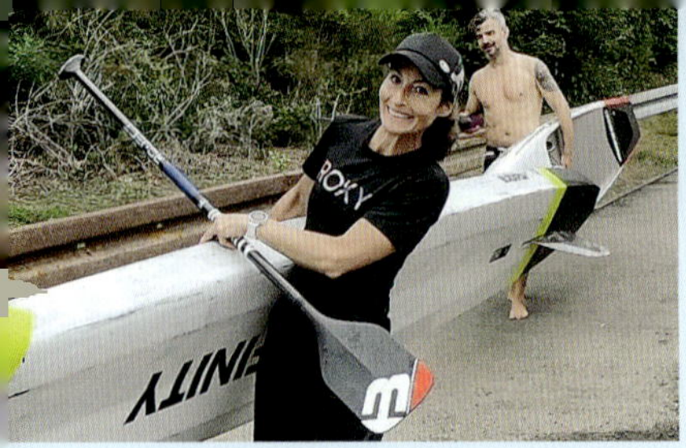

WIND & WETTER

Sich ständig ändernde Winde sind typisch für eine Talsperre. Man sollte immer damit rechnen, dass der Wind dreht und plötzliche Böen auftreten. Die vorherrschenden Windrichtungen sind Süd und Nordwest. Auf dem Obersee der Bigge ist man deutlich windgeschützter unterwegs.

BEFAHRUNGSREGELN

» Der Bereich vor der Staumauer, sowie die durch Bojenketten oder sonst kenntlich gemachten Sperrflächen dürfen nicht befahren werden.

» Das Befahren ist ab eine Stunde nach und bis eine Stunde vor Sonnenaufgang verboten.

» Segelboote und Fahrgastschiffe haben Vorfahrt, deren Anlegestellen nicht benutzen.

BIGGETALSPERRE

» Bereich um die Insel Gilberg (Naturschutzgebiet) nicht befahren bzw. betreten.

LISTERTALSPERRE

» Der nordöstliche Bereich der Listertalsperre ist Trinkwasser Schutzgebiet und darf nicht befahren werden.

WEHRE

Staumauer Obersee – Umtragestelle vor dem Wehr auf der rechten Seite, zu Fuß 200 m auf die andere Straßenseite.

PEGEL

Biggetalsperre Vollstau
307,51 m ü. NHN

Listertalsperre Vollstau
319,53 m ü. NHN

Online: www.talsperrenleitzentrale-ruhr.de/online-daten/talsperren

ANFAHRT MIT DEM PKW

KESSENHAMMER-BIGGETALSPERRE, ROUTE 1 A45 bis Ausfahrt 18 (Olpe), links auf B54/B55 Richtung Olpe/Attendorn. Nach 3,9 km links abbiegen, gleich wieder links auf Rhoder Hauptstr.. Parkplatz nach ca. 2 km rechts.

OLPE-OBERSEE, ROUTE 2
A45 bis Ausfahrt 18 (Olpe), links auf B54/B55 Richtung Olpe/Attendorn abbiegen. Nächste Möglichkeit rechts und die zweite wieder rechts auf B54.

WINDEBRUCH-LISTERTALSPERRE, ROUTE 3 A45 bis Ausfahrt 17 (Drolshagen), links abbiegen auf L708 in Richtung Biggesee. Nach ca. 4 km links über die Listertalsperre fahren, an der T-Kreuzung rechts auf Seeuferstraße.

PARKEN ROUTE 1

Großer Parkplatz direkt an der Bootsrampe, Rhoder Hauptstr. in Olpe.
GPS: 51.063568, 7.853123

PARKEN ROUTE 2

Parkmöglichkeit am Straßenrand, B54 in Olpe. GPS: 51.03906, 7.8277

PARKEN ROUTE 3

Öffentlicher Parkplatz auf der gegenüberliegenden Straßenseite vom Einstieg, Seeuferstr. in Meinerzhagen.
GPS: 51.074456, 7.813475

AN- & ABFAHRT ÖPNV

SONDERN-BIGGETALSPERRE, ROUTE 1 Von Bf Finnentrop mit RB92 in Richtung Olpe bis Sondern. Zu Fuß 150 m zum Einstieg.

EICHHAGEN-OBERSEE, ROUTE 2 Von Bf Finnentrop mit RB92 in Richtung Olpe bis Eichhagen. Zu Fuß 700 m zum Einstieg.

WINDEBRUCH-LISTERTALSPERRE, ROUTE 3 Die Listertalsperre ist schwierig mit ÖPNV erreichbar. Evtl. möglich vom Bf Meinerzhagen mit dem Bus bis Herpel oder Kalberschnacke. Von dort 1 km oder 1,5 km zu Fuß über die Brücke zur Badestelle.

BADEN

An beiden Talsperren gibt es mehrere öffentliche Badestellen, die zum Sonnen und zu einer Abkühlung einladen.

Biggetalsperre

- Badestelle Waldenburger Bucht am Nordende der Bigge
- Badestelle Schnütgenhof in Nähe der Lister-Staumauer
- Badestelle Kessenhammer
- Badestelle Sonderner Kopf mit riesiger Badeinsel und einer Blob Base

Listertalsperre

- Badestelle Rengerberg bei Hunswinkel
- Badestelle DLRG in Windebruch
- Badestelle Kalberschnacke (Südufer)

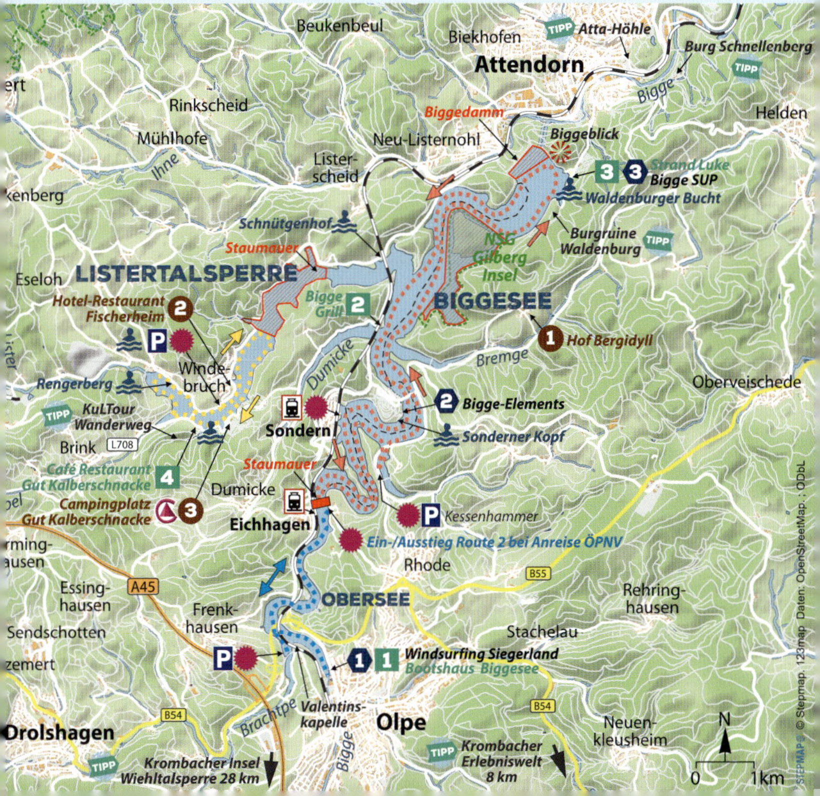

EXTRA-TIPPS

» Sie nennt sich selbst „die Königin unter den Tropfsteinhöhlen“, eine unterirdische Wunderwelt. Die **Atta-Höhle** ist eine der größten und schönsten Tropfsteinhöhlen Deutschlands (Tägl. ab 10/11 Uhr, Finnentroper Str. 39, Attendorn, www.atta-hoehle.de). Eine weitere Besonderheit ist der **Atta-Käse**, der drei Monate in den Tiefen der Höhle reift.

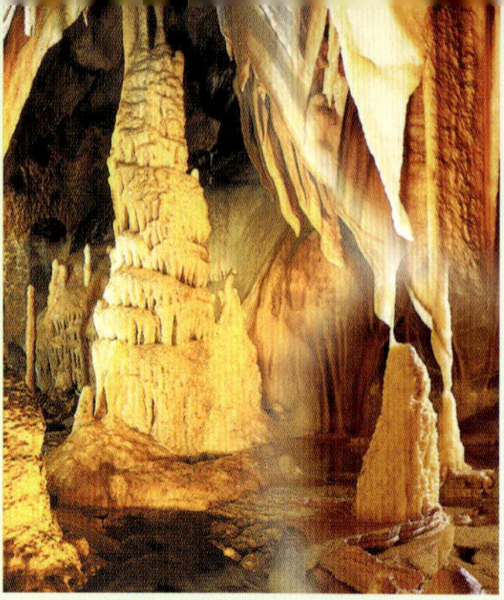

» Lerne in der **Krombacher Erlebniswelt** bei einer Sommeliertour die Geheimnisse der Braukunst kennen (Hagener Str. 261, Kreuztal, www.krombacher.de).

» Das kleine, bewaldete Eiland aus dem berühmten Fernsehspot „Eine Perle der Natur“ liegt übrigens nicht im fernen Kanada, sondern im östlichen Zipfel der **Wiehltalsperre** gut 20 Kilometer von der Brauerei entfernt. Es gibt einen **Aussichtspunkt**, den man über einen Abstecher erreicht (rund 500 m nach dem Wanderparkplatz nach rechts) vom **Rundwanderweg A5** (Länge: 6 km; Startpunkt: Wanderparkplatz in Nespen, Elbachtal, 51580 Reichshof, GPS: 50.941155, 7.730476).

» Einen traumhaften Blick auf den Biggesee und die sattgrüne Natur drumherum bietet die **Aussichtsplattform Biggeblick** in Nähe der Staumauer. Besonders magisch ist es am frühen Morgen oder zum Sonnenuntergang. Vom Parkplatz Waldenburger Bucht (Waldenburger Bucht 11, Attendorn) sind es 700 Meter bergauf.

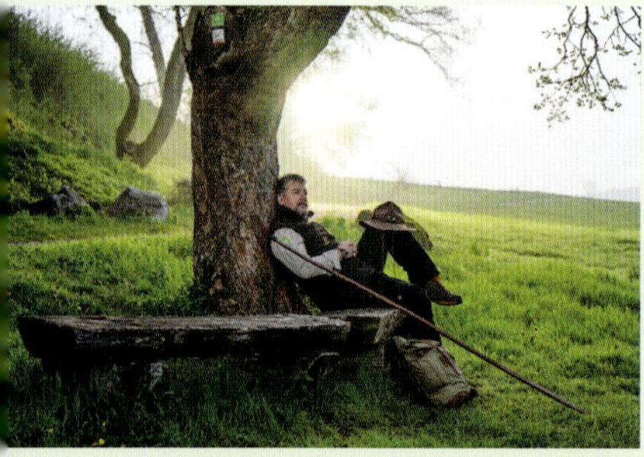

Das Sauerland ist nicht nur "das Land der tausend Berge", sondern hat fast ebenso viele Wanderwege zu bieten:

» Der **Zwei-Burgen-Weg** bei **Attendorn** führt von der **Burg Schnellenberg** zur **Burgruine Waldenburg** und vorbei an der **Aussichtsplattform Biggeblick** zurück zum Startpunkt (Länge: 14 km; Beschilderung: 2 Burgen Weg).

» Auf der **KulTour** lassen sich über **25 Kunstobjekte** aus Naturmaterialien mitten in der Natur bestaunen (Länge: 6,4 km; Beschilderung: KulTour, Startpunkt: Wanderparkplatz Kalberschnacke 6, Drolshagen).

» Der 46 Kilometer lange **Bigge-Lister-Weg** führt einmal um die beiden Talsperren herum und bietet tolle Aussichtspunkte aufs Wasser. Er lässt sich durch Verbindungswege in tagestaugliche Etappen aufteilen (Beschilderung Hauptweg: weißes BL auf hellblauem Grund BL).

TOUREN

1 GROSSE BIGGESEERUNDE

Für ambitionierte Paddler. Wenn man alle Kurven und Seitenarme komplett auspaddelt verlängert sich die Tour dementsprechend.

| **LÄNGE** 22 km | **DAUER** 6-7,5 h

2 AUF DEM SCHMALEN RUHIGEN OBERSEE

Anfängertipp! Ohne Segelboote und Ausflugsschiffe, noch dazu windgeschützt, ist man auf dem Obersee deutlich entspannter unterwegs als auf dem Biggesee.

| **LÄNGE** 9,5 km | **DAUER** 2,5-3 h

TIPP: Die Staumauer in Eichhagen/Strade kann bequem umtragen werden, sodass Obersee und Biggesee auf einer Tour miteinander verbunden werden können.

3 KLEINE RUNDE LISTERTALSPERRE

Sie ist alt und die Stauhöhe ändert sich kaum - das macht die Listertalsperre zu einem attraktiven SUP-Spot ohne das typische „Talsperrenflair".

| **LÄNGE** 7 km | **DAUER** 2-2,5 h

EIN- & AUSSTIEGE

BIGGESEE, EIN- & AUSSTIEG ROUTE 1

PKW-Anfahrt: Über eine asphaltierte Bootsrampe an einem der Seitenarme der Biggetalsperre.
GPS: 51.064841, 7.852741
Bitte die Boards nicht auf der Rampe aufbauen, sondern diese für Bootstrailer freihalten!

Bei Anreise ÖPNV: In Sondern über die Uferböschung, Nähe Fahrgastschiffanleger. GPS: 51.07274, 7.84346

BIGGESEE (OBERSEE)
EIN- & AUSSTIEG ROUTE 2

PKW-Anfahrt: Über die Slipstelle Brachtpe (Süden). GPS: 51.03915, 7.82817

Bei ÖPNV-Anreise: In Eichhagen (im Norden) über eine kleine Böschung am Staudamm. GPS: 51.058973, 7.840378

WINDEBRUCH, LISTERTALSPERRE
EIN- & AUSSTIEG ROUTE 3

Über den Badebereich beim DLRG in Windebruch. Bitte Rücksicht auf die Schwimmer nehmen und erst bei ausreichend Abstand aufs Board stellen.
GPS: 51.07417, 7.81367

SUP-VERMIETUNG

1 WINDSURFING SIEGERLAND
VDWS-SUP-Station Olpe Bootshaus
Seeweg 7, 57462 Olpe (auch Kurse)
Tel. (0271) 418 42
www.windsurfing-siegerland.de

2 BIGGE-ELEMENTS
(auch SUP-Pilates)
Am Sonderner Kopf 1-3, 57462 Olpe
Tel. (02761) 700 90 48
www.bigge-elements.de

3 BIGGE SUP
Badestelle Waldenburg (auch Kurse)
Waldenburger Bucht 20
57439 Attendorn, Tel. 01517-503 03 08
www.bigge-sup.de

EINKEHR

1 BOOTSHAUS BIGGESEE

Seeweg 7, 57462 Olpe
Tel. (02761) 977 91 56
www.bootshaus-biggesee.de
Mo-Sa ab 10, So ab 9 Uhr

KLASSIKER Barbecue-Burger

2 BIGGE GRILL

Hohen Hagen 9
57439 Attendorn
Tel. (02722) 71 80
Tägl. 9-19 Uhr

KLASSIKER Currywurst

3 STRAND LUKE

Badestelle Waldenburg
Waldenburger Bucht 20
57439 Attendorn
www.strand-luke.de
An sonnigen Tagen 13-19 Uhr,
Mo Ruhetag

KLASSIKER Cheesecakelolly - der Käsekuchen ToGo

4 RESTAURANT GUT KALBERSCHNACKE

Kalberschnacke 4
57489 Drolshagen
Tel. (02763) 212 68 03
www.restaurant-gut-kalberschnacke.de
Mi-So 12-21 Uhr

KLASSIKER Himmel un Ääd, auch in vegetarischer Variante

ÜBERNACHTUNG

1 HOF BERGIDYLL

Unterdorf 17
57439 Attendorn-Bürberg
Tel. 0160-424 44 69
www.hof-bergidyll.de
Ab 2 Nächte in einem uralten, renovierten Bauernhof

2 HOTEL-RESTAURANT FISCHERHEIM

Seeuferstraße 1
58540 Meinerzhagen
Tel. (02358) 270
www.hotel-fischerheim.de

3 CAMPINGPLATZ GUT KALBERSCHNACKE

Kalberschnacke 8, 57489 Drolshagen
Tel. (02763) 61 71
www.camping-kalberschnacke.de
Auch Mietwohnwagen und Schlaffass

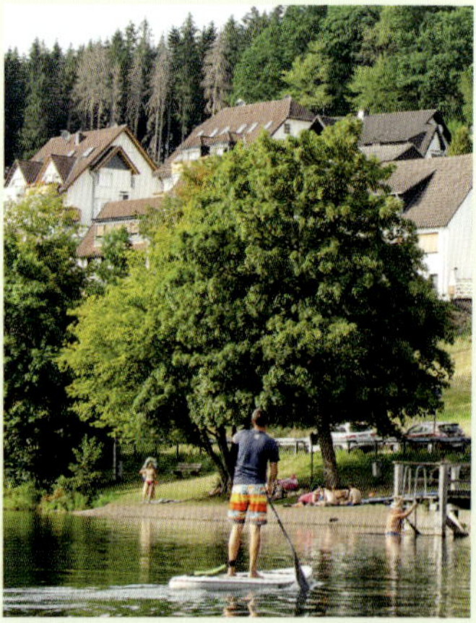

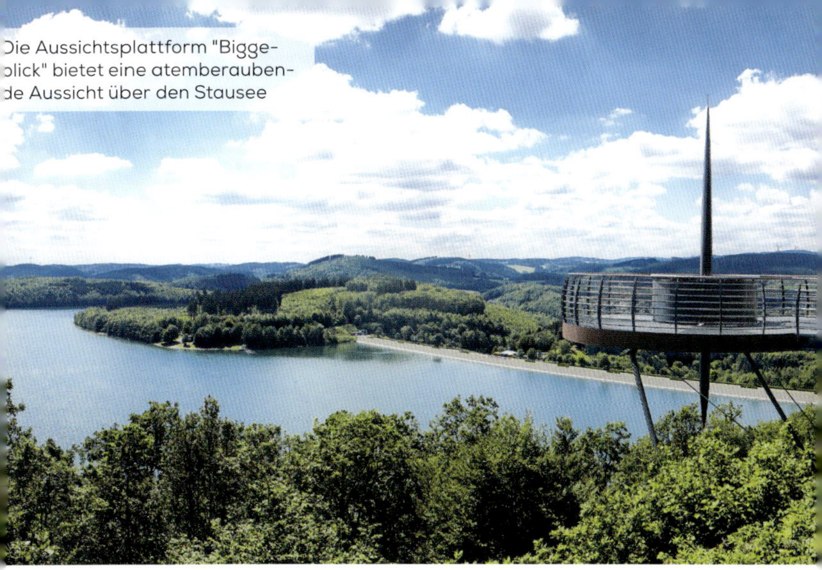

Die Aussichtsplattform "Biggeblick" bietet eine atemberaubende Aussicht über den Stausee

1 GROSSE BIGGESEERUNDE

Wo heute der Stausee ist, schlängelte sich einst die Bigge durchs Tal. In den 1930er Jahren begann die Planung, nachdem bereits 1912 die Listertalsperre, das Vorbecken der Biggetalsperre, gebaut wurde. Zur damaligen Zeit war es die größte Baustelle Europas, für die 2.500 Menschen ihre Dörfer räumen mussten. Der Hauptzweck der Talsperre ist es den Wasserstand der Ruhr auszugleichen und das Ruhrgebiet mit Wasser zu versorgen. Aber gleichzeitig ist auch ein Freizeitparadies entstanden.

Wir starten die Tour an der **SLIPANLAGE KESSENHAMMER**, einem kleinen Seitenarm der Biggetalsperre. Unter der Landstraßen-Brücke hindurch geht es erstmal nach rechts. Am gegenüberliegenden Ufer befindet sich der **CAMPINGPLATZ VIER JAHRESZEITEN** und die **BADESTELLE SONDERNER KOPF**. Die dazugehörige Badeinsel aus 2.600 blauen Ponton-Schwimmkörpern und einem Wasserkatapult, einer sogenannten „Blob Base", kann man nicht übersehen.

Wir umrunden den Sonderner Kopf und passieren die **TALBRÜCKE SONDERN**. Der Biggesee ist sehr verwinkelt. So lassen sich die Seitenarme nicht immer sofort vom Hauptsee unterscheiden. Es gibt keine wirklich großen und offenen Wasserflächen. Stattdessen kommt man um die Kurve und entdeckt immer wieder etwas Neues.

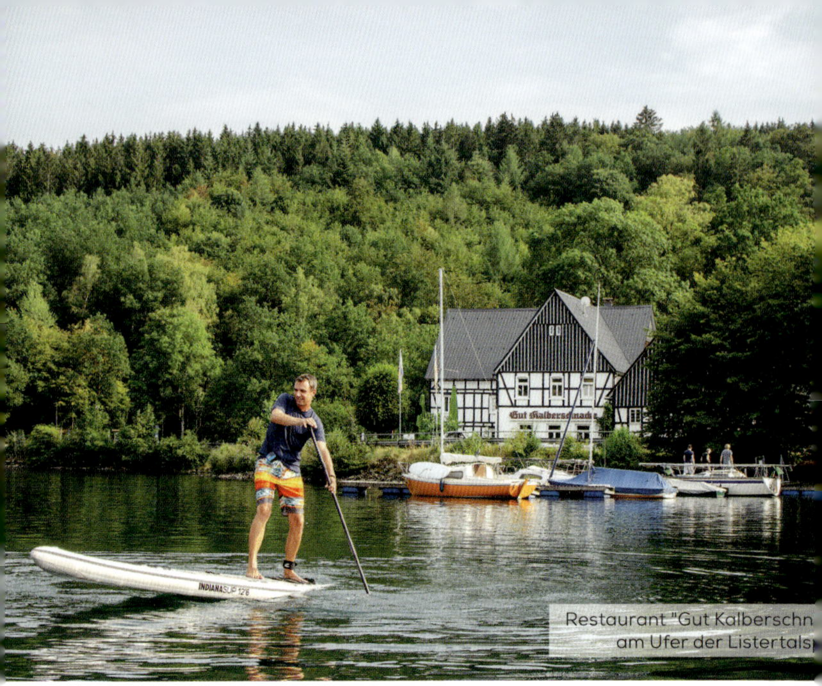

Restaurant "Gut Kalberschn
am Ufer der Listertals

Nachdem wir drei weitere Seitenarme rechts und links haben liegen lassen, erreichen wir die **GILBERG INSEL**. Sie ist die größte Insel in NRW, Naturschutzgebiet und ein Paradies für Wasservögel. Auf ihr brüten Kormorane und es gibt große Kolonien von Graureihern und Schwarzmilanen. Daher ist die Insel auch großräumig mit Bojen abgesperrt und auch wenn es der Wasserstand zulassen würde sie zu umrunden, darf man nur links an ihr vorbeipaddeln.

Hinter der Insel erreichen wir die **WALDENBURGER BUCHT** mit Hafen, Strandbad, **SUP-VERMIETUNG** 3 und **KIOSK STRAND LUKE** 3. Hoch über uns ragt die Aussichtsplattform **„BIGGEBLICK"** TIPP auf und links von uns die **STAUMAUER**.

Hier wenden wir wieder und SUPen den gleichen Weg zurück. An der **BADESTELLE SONDERNER KOPF** lassen wir unseren Einstieg erstmal links liegen und halten uns rechts Richtung der kleinen Ortschaft **SONDERN**. Wer mit dem Zug anreist, findet hier einen guten Einstieg. In den engen Kurven Richtung Obersee wird der Biggesee immer schmaler. Selbst bei Vollstau misst er oft nicht mehr als 150 Meter in der Breite. An der **STAUMAUER ZUM OBERSEE** machen wir wieder kehrt und SUPen zurück zu unserem **EINSTIEG**.

2 RUNDE ÜBER DEN OBERSEE

Der **OBERSEE**, eine Vortalsperre vom Biggesee, ist schmal und kurvenreich. Da der Wasserstand das ganze Jahr über konstant gehalten wird, reicht die dichte Ufervegetation bis ans Wasser und das typische „Talsperrenflair" fehlt.

Von der **BOOTSRAMPE BRACHTPE** halten wir uns links unter der Brücke der B55 hindurch. Kaum haben wir die erste Brücke hinter uns gelassen, spannen sich nach einer Rechtskurve gleich zwei weitere Brücken übers Wasser. Hoch über uns die Landstraße und darunter, sodass wir tief in die Hocke gehen müssen, die Eisenbahn. Außer dem Ruderklub am linken Ufer erwartet uns nichts als idyllische Natur bis wir die **STAUMAUER** erreichen. Wer weiter auf den Biggesee möchte, kann am rechten Ufer das Wehr bequem umtragen.

Wir paddeln jedoch wieder zurück. Kurz vor der Bootsrampe Brachtpe ducken wir uns nochmal nach links unter der Eisenbahnbrücke hindurch Richtung Olpe. Am rechten Ufer steht schlicht und schnörkellos die hübsche kleine **VALENTINSKAPELLE**. Kurz bevor wir das Ende vom Obersee in **OLPE** erreichen liegt links das **BOOTSHAUS BIGGESEE** 1 1 mit großer Seeterrasse. Perfekt für eine Stärkung und ein kühles Bier zum herrlichen Sonnenuntergang. Man sollte nur nicht zu lange bleiben, damit man noch mit dem letzten Tageslicht zurück zum **EINSTIEG** kommt.

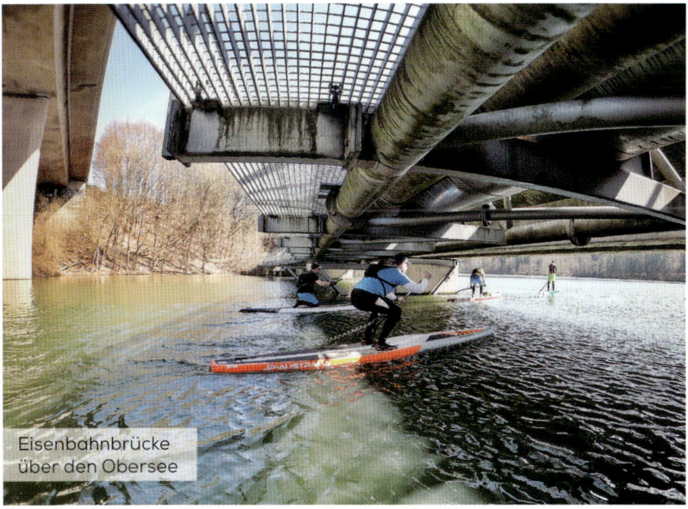

Eisenbahnbrücke über den Obersee

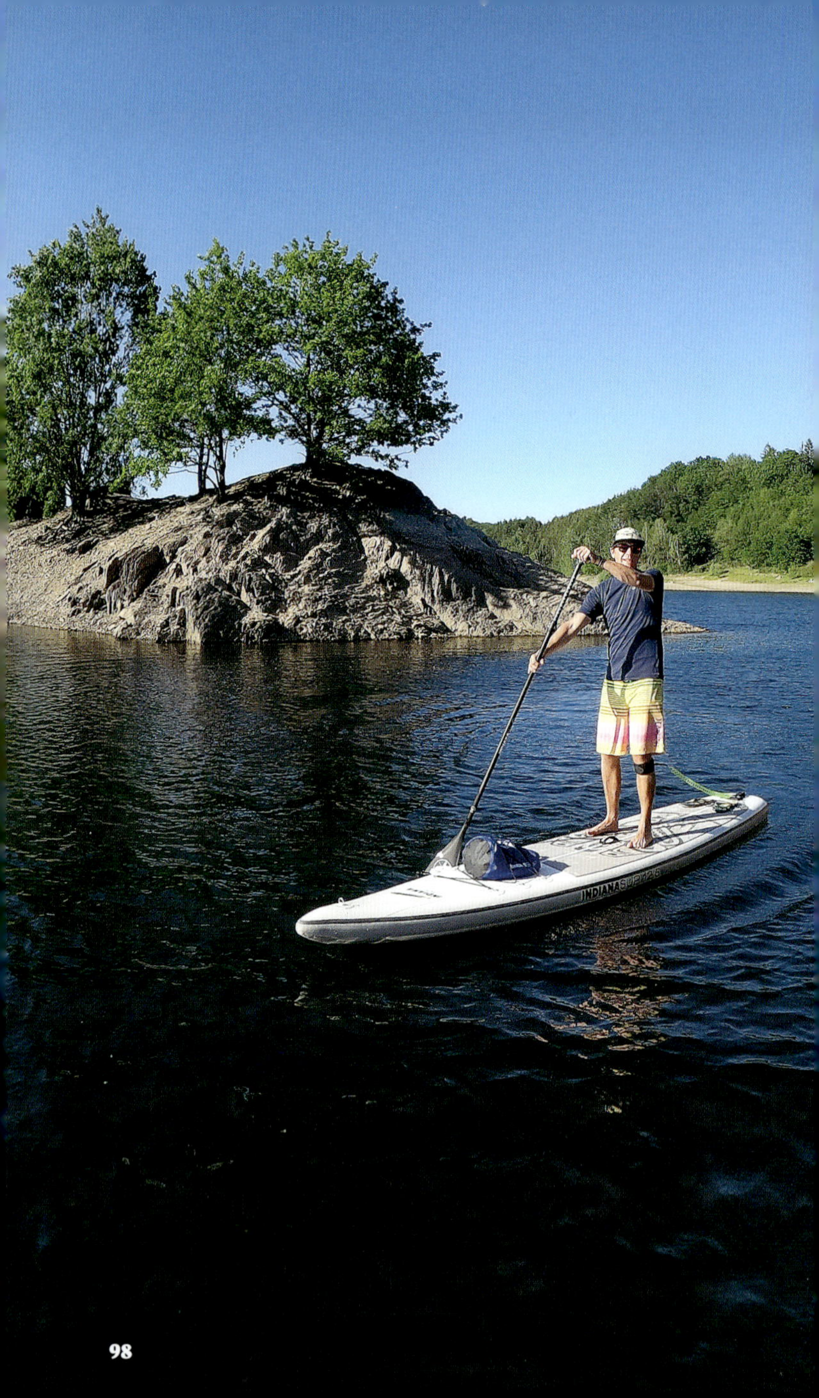
INDIANA SUP 12'6

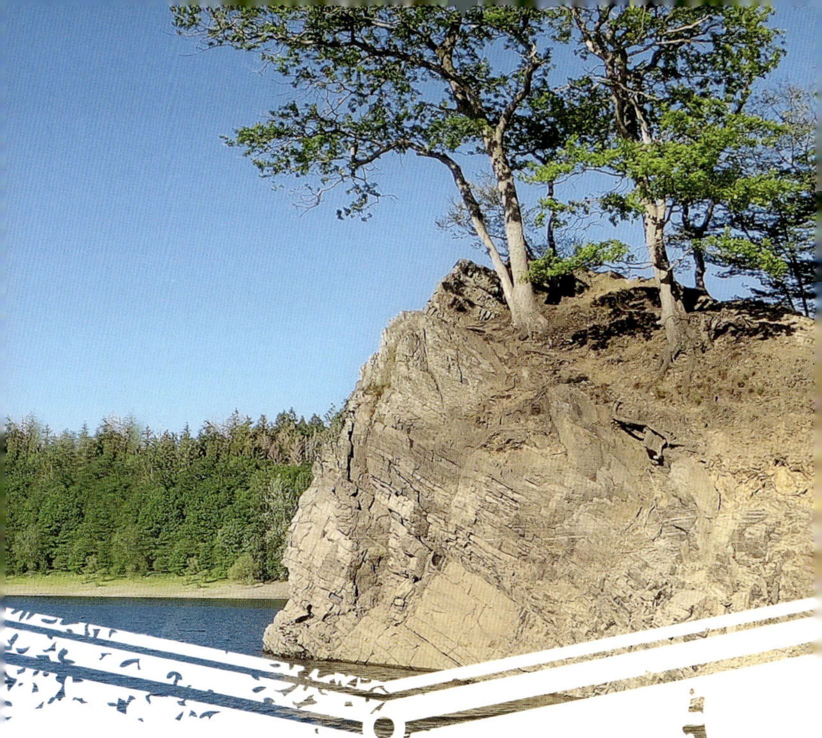

BEVER- & WUPPER-TALSPERRE

ANSPRUCH

EINKEHR

Nicht weniger als zwölf Stauseen machen aus dem Bergischen Land das an Talsperren reichste Gebiet Europas. Eine von ihnen ist die Bever-Talsperre. Ein mystischer Ort, wenn sich früh am Morgen das bewaldete Ufer in der glatten Wasseroberfläche spiegelt. Nicht weit davon entfernt zieht sich die Wuppertalsperre durch die einsame, bergische Landschaft. Abseits vom Freizeitzentrum Kräwi, wirst Du hier kaum einem Menschen begegnen.

WIND & WETTER

Sich ständig ändernde Winde sind typisch für Talsperren. Man sollte immer mit drehendem Wind und plötzlichen Böen rechnen.

BEFAHRUNGSREGELN

- » Die Talsperren dürfen nur tagsüber in der Zeit vom 15. März - 31. Oktober befahren werden.
- » Es müssen die ausgewiesenen Einstiegsstellen genutzt werden.
- » Das Überfahren der Bojenkettensperre vor dem Hauptabsperrdamm ist verboten. Lebensgefahr!
- » Segelboote haben Vorfahrt.
- » Im Bereich der Badestellen Rücksicht auf die Schwimmer nehmen und vorzugsweise im Knien paddeln.

GEBÜHRENPFLICHT

Die Befahrung beider Talspereren ist **gebührenpflichtig** (Plakette kaufen).

Bever-Talsperre - Plaketten gibt es am CampingPark Bever-Talsperre, beim Camping Großberghausen und Camping Käfernberg. **Wochenplakette 5 €.**

Wuppertalsperre - Plaketten gibt es am Kiosk des Freizeitzentrums Kräwi (Kräwinklerbrücke 1, 42897 Remscheid) und bei der Shell-Tankstelle Petersstraße 73, 42499 Hückeswagen.

Tagesplaketten können auch in der App oder online gekauft werden: www.freizeitpark-kraewi.de >tagesplaketten. **Tagesplakette 3 €, Wochenplakette 7 €.**

Die **Saisonplakette (30 €)** ist für beide Talsperren gültig.

WEHRE & UMTRAGESTELLE

Wuppertalsperre / Staumauer Vortalsperre: Vor dem Wehr links aussetzen, 400 m über die Staumauer umtragen. Einstieg hinterm Wehr rechtes Ufer.

PEGEL

- » **Bever-Talsperre Vollstau**
  295,53 m ü. NN
- » **Wuppertalsperre Vollstau**
  252,50 m ü. NN

Online: http://fluggs.wupperverband.de/pegel-onlinedaten

Bei einem Speicherfüllstand von unter 246 m ü. NN ist die Wuppertalsperre direkt hinter der Staumauer der Vortalsperre nicht befahrbar (Route 2).

ANFAHRT MIT DEM PKW

BEVER-TALSPERRE, ROUTE 1

A1 bis Abfahrt Wermelskirchen, auf B51 bis Bergisch-Born, dort rechts auf B237 bis Hückeswagen. In Hückeswagen am großen Kreisverkehr 2. Ausfahrt auf B483, nächste Straße rechts und nach 1,6 km wieder rechts Richtung „Zornige Ameise". Am Campingplatz vorbei und dann links auf den Parkplatz.

WUPPER-VORSPERRE, EINSTIEG

ROUTE 2 A1 bis Abfahrt Wermelskirchen, auf B51 bis Bergisch-Born, dort rechts auf B237 bis Hückeswagen. In Hückeswagen am großen Kreisverkehr die 3. Ausfahrt in den Mühlenweg.

FREIZEITZENTRUM KRÄWI,

ROUTE 3 A1 bis Ausfahrt Remscheid, weiter auf der B229 Richtung Lüdenscheid. Nächste Abfahrt rechts auf die B51 und nach 2 km links auf Straße Dörperhöhe, vor der Brücke rechts in die Straße Kräwinklerbrücke.

PARKEN ROUTE 1

BEVER-TALSPERRE – Parkplatz an der Badestelle „Zornige Ameise“, Großberghausen 2, Hückeswagen. GPS: 51.14567, 7.36354

PARKEN ROUTE 2

WUPPER-VORSPERRE, EINSTIEG Parkplatz Mühlenweg / Ecke Ernst-Pflitsch-Str. in Hückeswagen. GPS: 51.155166, 7.339606

WUPPERTALSPERRE, AUSSTIEG Parkplatz, Rader Straße in Remscheid. GPS: 51.193480, 7.295649

PARKEN ROUTE 3

WUPPERTALSPERRE – Parkplatz am Eingang der Freizeitanlage (4 €/Tag), Kräwinklerbrücke 1 in Remscheid. GPS: 51.183283, 7.305781

AN- & ABFAHRT ÖPNV

BEVER-TALSPERRE, EIN- / AUSSTIEG ROUTE 1 Köln Hbf RB25 Richtung Meinerzhagen bis Marienheide, dann Bus 336 Richt. Lennep bis Hückeswagen-Tannebaum. 2 km zum Einstieg.

WUPPER-VORSPERRE, EINSTIEG ROUTE 2 Von Köln mit RB25 Richtung Meinerzhagen bis Marienheide, dann Bus 336 Richtung Lennep bis Hückeswagen-Bahnhofstraße. 600 m zum Einstieg.

WUPPERTALSPERRE, AUSSTIEG ROUTE 2 Zu Fuß 1,2 km zur Bushaltestelle Remscheid-Wassermühle. Bus 671 Richtung Kreishaus bis Lennep Bf. Nach Köln mit S7 Richtung Wuppertal bis Oberbarmen und dann RE7 nach Köln.

FREIZEITZENTRUM KRÄWI, ROUTE 3 Anruf-Sammel-Taxi (AST) Tel. (02191) 16 48 48. In den Sommerferien Kräwi-Bus Lennep Bf - Kräwinklerbrücke (www.stadtwerke-remscheid.de).

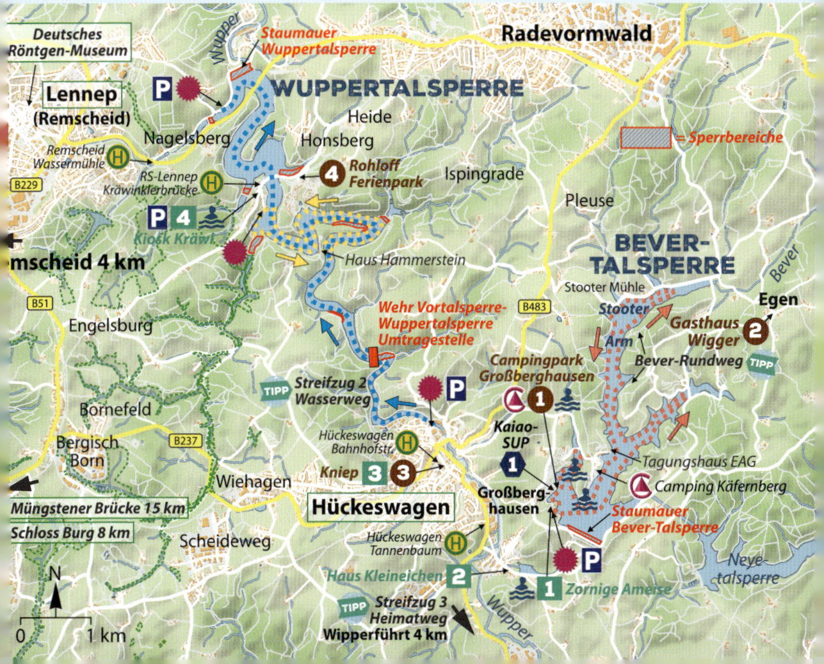

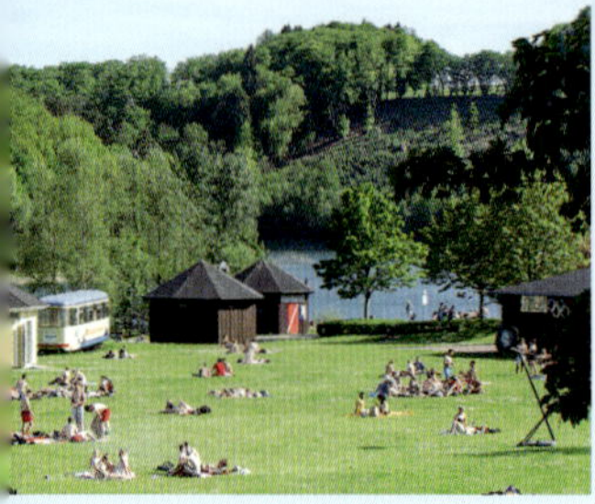

BADEN

- **Bever-Talsperre** - Badestellen befinden sich am Ausflugslokal „Zornige Ameise“ und bei den Campingplätzen Großberghausen und Käfernberg.
- **Wuppertalsperre** - Am Freizeitzentrum Kräwi gibt es eine Liegewiese und man gelangt über Treppen und Stege ins Wasser (www.freizeitpark-kraewi.de).

SEHENSWERTES

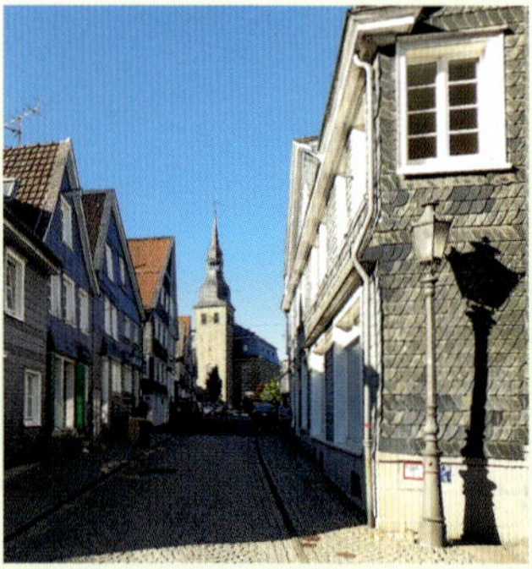

- Historische Altstadt von **Hückeswagen**.
- Die **Altstadt** von **Lennep**, eine der ältesten Städte des Bergischen Landes, mit ihren verwinkelten Gassen und idyllischen Fachwerkhäusern ist ein wahres Kleinod. Wenige Hundert Meter vom Geburtshaus des Physikers Wilhelm Conrad Röntgen befindet sich das **Deutsche Röntgen-Museum.** Neben Infos zum Leben und Wirken des Nobelpreisträgers werden Anwendungsgebiete der Röntgenstrahlung gezeigt und zahlreiche Geräte und Apparate ausgestellt (Di-So, Schwelmer Str. 41, Remscheid, www.roentgenmuseum.de).
- 100 Meter über der Wupper ragt **Schloss Burg** (Di-So, Schlossplatz 2, Solingen, www.schlossburg.de) auf, die größte rekonstruierte Burganlage NRW‘s.
  Tipp: Verbinde den Besuch mit einer Wanderung zur neun Kilometer entfernten **Müngstener Brücke**, mit 107 Metern Höhe Deutschlands höchste Eisenbahnbrücke.

TIPP EXTRA-TIPPS

Das **Bergische Land** ist Wanderland, entdecke einen der zahlreichen Wanderwege:

- **Bever-Rundweg** um die Bever-Talsperre - über den Staudamm, durch verwunschene Laub- und Nadelwälder mit herrlichen Ausblicken aufs Wasser (Länge: 15 km; Beschilderung weißes "B" im weißen Kreis auf schwarzem Grund Ⓑ; Startpunkt: Ausflugsgaststätte "Zornige Ameise".
- **Streifzug 2 - Wasserweg** um die **Wupper-Vortalsperre** mit bebilderten Infotafeln (auch für Kinder) über die Funktionsweise der Talsperre und die Geschichte der Wasserkraftnutzung in der Region (Länge: 4,3 km; Startpunkt: Parkplatz am Mühlenweg/Ernst-Pflitsch-Straße, Hückeswagen, www.bergisches-wanderland.de).
- **Streifzug 3 - Heimatweg** vom histor. Stadtkern **Wipperfürth** hinauf zur Staumauer der **Neye-Talsperre** (Länge: 11 km; Startpunkt: Marktplatz Wipperfürth).

TOUREN

1 GROSSE UMRUNDUNG DER BEVER-TALSPERRE

Von der „Zornigen Ameise" bis ans Ende des Stoote Arms und zurück.

| **LÄNGE** 12 km | **DAUER** 3-4 h

2 DIE WUPPERTALSPERRE VON ANFANG BIS ENDE

Von der Vortalsperre in Hückeswagen bis zur Staumauer in Remscheid geht es die komplette Länge der Talsperre entlang. Einmal Umtragen an der Staumauer der Vortalsperre. Nur bei ausreichendem Speicherfüllstand fahrbar. Zurück zum Einstieg mit 2. PKW (vorab am Ausstieg geparkt).

| **LÄNGE** 11 km | **DAUER** 3-4 h

3 KLEINE TALSPERRENRUNDE AUF DER WUPPERTALSPERRE

Vom Freizeitzentrum Kräwi nach Lust und Laune die Talsperre hinauf und wieder zurückpaddeln.

| **LÄNGE** 7 km | **DAUER** 2-2,5 h

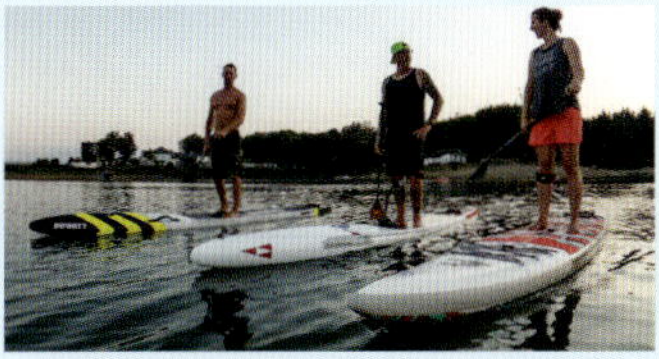

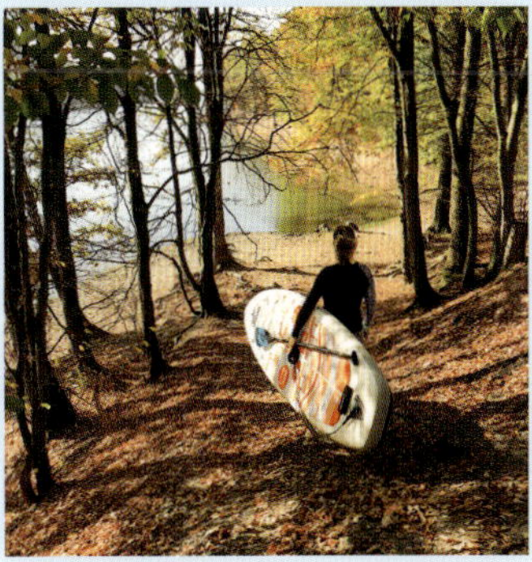

EIN- & AUSSTIEGE

EIN- & AUSSTIEG ROUTE 1 – BEVER-TALSPERRE

Je nach Wasserstand über die Uferböschung oder eine Betontreppe an der Badestelle „Zornige Ameise".
GPS: 51.14507, 7.36371

EIN- & AUSSTIEG ROUTE 2 – WUPPERTALSPERRE

EINSTIEG In Hückeswagen schmale Treppe am Parkplatz Mühlenweg / Ecke Ernst-Pflitsch-Str.
GPS: 51.155387, 7.340076

AUSSTIEG Am Ende der Talsperre Ausstieg über eine Schotterrampe, Nähe Parkplatz Rader Straße.
GPS: 51.193236, 7.297158

EIN- & AUSSTIEG ROUTE 3 – WUPPERTALSPERRE

Über eine Treppe am Freizeitzentrum Kräwi. GPS: 51.181763, 7.306555

SUP-VERMIETUNG

1 KAIAO-SUP (BEVER-TALSP.)

(auch Kurse, SUP-Yoga, Touren)
Campingpark Großberghausen
Großberghausen 18
42499 Hückeswagen
Tel. 01511-167 30 30
www.kaiao-sup.de

EINKEHR

BEVER-TALSPERRE

1 „ZORNIGE AMEISE"
Großberghausen 2, 42499 Hückeswagen
Tel. (02192) 42 86
www.zornige-ameise.com
Tägl. 10-21.30 Uhr (wetterabhängig)
Kult-Treffpunkt der Motorradfahrer direkt am Einstieg

KLASSIKER Der „Ameisen-Burger"

2 HAUS KLEINEICHE
Bevertalstr. 44, 42499 Hückeswagen
Tel. (02192) 43 75
www.haus-kleineichen.de
Mi-So 11.30-14 & 17.30-20.30 Uhr
Ein uriges Stück Tegernsee mitten im Bergischen Land

KLASSIKER Cordon bleu vom Schweinefilet oder Germknödel

WUPPERTALSPERRE

3 RESTAURANT KNIEP
Bahnhofstr. 5, 42499 Hückeswagen
Tel. (02192) 91 50
www.hotel-kniep.com
Mo-Fr 17.30-21.30, So 11.30-13.30 & 17.30-21.30 Uhr, Sa Ruhetag

KLASSIKER
Rahmschnitzel oder Veggieburger

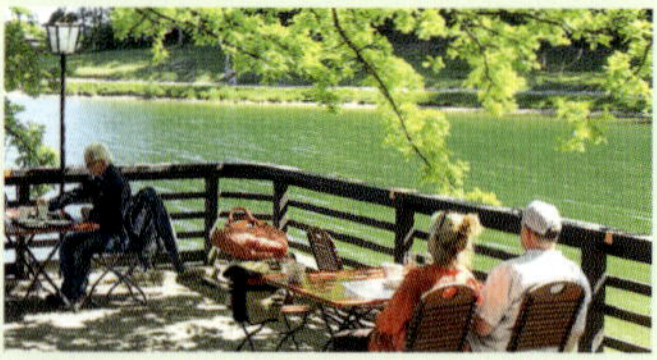

4 KIOSK FREIZEITPARK KRÄWINKLERBRÜCKE
Kräwinklerbrücke 1
42897 Remscheid
Tel. (02191) 933 06 71
www.freizeitpark-kraewi.de
Nur im Sommer, tägl. 10-17 Uhr

KLASSIKER Pommes rot-weiß

ÜBERNACHTUNG

BEVER-TALSPERRE

1 CAMPINGPARK BEVER-TALSPERRE GROSSBERGHAUSEN
Großberghausen 18
42499 Hückeswagen
Tel. (02192) 20 18
www.campingparkbevertalsperre.de
Camping & Blockhütten direkt am See

2 GASTHAUS WIGGER
Egen 3, 51688 Wipperfürth
Tel. (02267) 48 30
www.gasthauswigger.de
Zimmer, FeWo, gutes Essen

WUPPERTALSPERRE

3 HOTEL KNIEP
Bahnhofstraße 5
42499 Hückeswagen
Tel. (02192) 91 50
www.hotel-kniep.com

4 ROHLOFF'S FERIENPARK
Kräwinkel 4a
42477 Radevormwald
Tel. 0172-290 84 45
www.camping-radevormwald.de

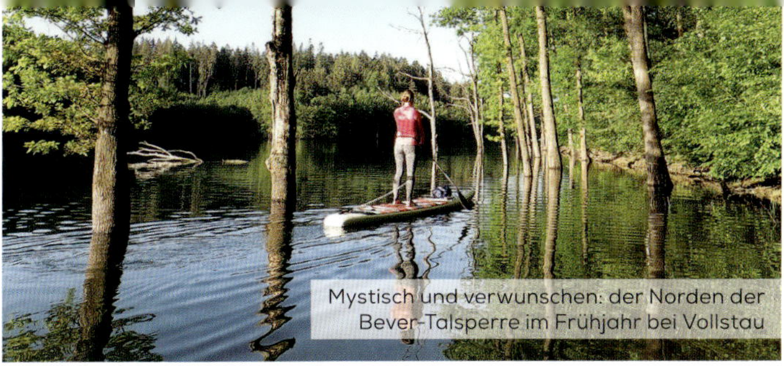

Mystisch und verwunschen: der Norden der Bever-Talsperre im Frühjahr bei Vollstau

1 GROSSE TALSPERRENRUNDE

Die Bever-Talsperre, die älteste Brauchwassertalsperre im Wuppergebiet, wurde in den Jahren 1896 bis 1898 erbaut und lieferte Wasser für die Wuppertaler Industrie. 1938 wurde sie erweitert und dient seitdem in erster Linie dem Hochwasserschutz der Wupper. Was so trocken klingt, ist ein beliebtes Ziel bei Wassersportlern und Badenixen.

An der **BADESTELLE** neben der **AUSFLUGSGASTSTÄTTE „ZORNIGE ARMEISE"** 1 gehen wir aufs Wasser. Früh morgens sind wir hier noch alleine und das Wasser ist spiegelglatt. Es ist Frühjahr und der Speicherfüllstand der Talsperre recht hoch. Rechts von uns liegt die Staumauer und links erstrecken sich die drei Arme der Bever-Talsperre in die bewaldete Landschaft. Auch wenn die Bever-Talsperre im Bergischen Land liegt, säumen nur sanfte Hügel das Ufer. Es ist nicht die Topographie, die der Region ihren Namen gab, sondern die Grafen und späteren Herzöge von Berg, die im 11. Jahrhundert hier einwanderten.

Wir lassen die Staumauer rechts liegen und überqueren die offene Wasserfläche. Bei Wind tummeln sich hier viele Segler, aber dafür ist es heute noch zu früh. Den äußeren östlichen Arm, der sowieso gerade mal 650 Meter misst, lassen wir ebenfalls rechts liegen. Stattdessen schwenken wir in den mittleren und längsten Arm ein. Gut vier Kilometer misst der **STOOTER ARM** von der Staumauer bis zum hintersten Zipfel. Das hinter dem Segelverein liegende historische Gebäude von 1890 am linken Ufer ist das **TAGUNGSHAUS DER EUROPÄISCHEN AKADEMIE**. Typisch für diese Region ist die grau-schwarze Schieferfassade, die das darunterliegende Fachwerk vor Wind und Wetter schützt. Je nach Wohlstand der Hausbesitzer wurde entweder nur die windzugewandte Seite mit Schiefer verkleidet oder alle vier Seiten des Hauses. Ebenfalls typisch für die Bergischen Häuser sind die grünen Schlagläden und weißen Tür- und Fensterrahmen. Es ist deshalb nicht verwunderlich, dass die Farbenkombination Grün-Weiß-Schiefergrau auch "Bergischer Dreiklang" genannt wird.

Gegenüber vom Tagungshaus zweigt ein gut einen Kilometer langer Seitenarm ab. Wir halten uns rechts und paddeln am bewaldeten Ufer entlang in den Seitenarm hinein. An seinem Nordufer erhebt sich eine saftig grüne Wiese, die im Sommer bei FKKlern sehr beliebt ist. Ein paar Paddelschläge weiter erreichen wir unsere Lieblingsecke. So wie jetzt, im Frühjahr bei Vollstau, stehen viele Bäume am bewaldeten Ufer im Wasser. Eine unglaubliche Atmosphäre - mystisch und verwunschen. Wir können nicht widerstehen und zirkeln uns im seichten Wasser zwischen den Bäumen hindurch. Dabei sind wir immer auf der Hut, nicht mit der Finne an den Wurzeln hängen zu bleiben.

Wir paddeln wieder zurück auf das schöne Schieferhaus zu und biegen rechts in den Hauptarm ab. Bis zum Ende begleitet uns dicht bewaldetes Ufer mit kleineren Buchten, die zu einer Pause einladen. Auf dem Rückweg geht es einmal um den **CAMPINGPLATZ KÄFERNBERG** herum in den westlichsten Arm der Bever-Talsperre. Am Ufer entlang kommen wir am **CAMPINGPLATZ GROSSBERGHAUSEN** 1 und der **SUP-SCHULE KAIAO** 1 vorbei, bevor wir wieder die **AUSFLUGSGASTSTÄTTE „ZORNIGE ARMEISE"** 1 erreichen.

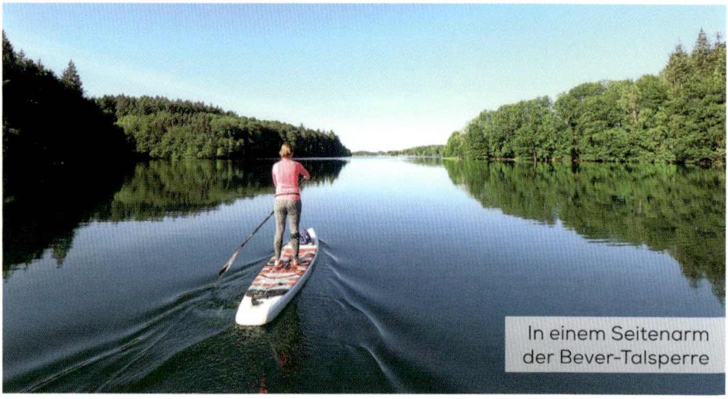

In einem Seitenarm der Bever-Talsperre

2 IN SCHLANGENLINIEN DURCHS BERGISCHE LAND

Im Bergischen Heimatlied heißt es, "Wo die Wupper wild woget". Ab Hückeswagen ist der zentrale Fluss des Bergischen Landes aber gezähmt. Um Hochwasser zu vermeiden und die Wupper in wasserarmen Monaten aufzufüllen, wurde sie hier in den 1980er Jahren aufgestaut. Ein langgezogener Stausee durch einsame und hügelige Landschaften entstand.

Startpunkt für unsere Tour ist die Stadt **HÜCKESWAGEN**. Über Jahrhunderte hat sie sich den Charme einer Bergischen Kleinstadt bewahrt. Das auf einem Hügel erbaute Schloss der Grafen von Hückeswagen ist eingerahmt von verschieferten Fachwerkhäusern und sieht aus wie aus dem Bilderbuch. Unweit der Altstadt, am Fuße des Hügels, beginnt die Wupper-Vortalsperre. Über eine **SCHMALE TREPPE** geht es für uns aufs Wasser und links unter der Fußgängerbrücke hindurch. Anfangs verlaufen noch Rad- und Wanderwege dicht am Ufer entlang. Aber mit jedem Paddelschlag wird das Ufer unberührter und waldiger.

Nach noch nicht mal zwei Kilometern taucht hinter einer Biegung die Staumauer der Vortalsperre auf. Bojen zeigen an, dass es hier nicht weitergeht. Auf der linken Uferseite verlassen wir das Wasser und tragen unsere Boards gut 400 Meter über die **STAUMAUER** bis zur eigentlichen **WUPPERTALSPERRE**.

Ist die Talsperre gut gefüllt, reicht das Wasser bis an den Waldrand. Aber oft säumt ein braun-grüner Streifen die Uferböschung. Achtung: Bei niedrigem Speicherfüllstand gibt es in diesem Bereich nur ein Rinnsal, das nicht SUPbar ist. Kaum breiter als das Vorstaubecken schlängelt sich die Wuppertalsperre in engen Windungen weiter durch die hügelige, einsame Landschaft. Immer wieder tauchen steile Felswände aus dem Wasser auf. Wir haben das Gefühl meilenweit von der nächsten Zivilisation entfernt zu sein. Noch ist die Fichte der vorherrschende Baum im Bergischen Land. Mit den immer trockener werdenden Sommern werden kurz über lang wieder heimische Laubholzarten Oberhand gewinnen.

Nach zwei Kilometern auf der Talsperre erreichen wir auf der linken Seite das leerstehende **HAUS HAMMERSTEIN**. Seine Blüte erlebte es als Hotel in den 1950er bis 60er Jahren mit solch illustren Gästen wie Gustaf Gründgens, Inge Meysel, Konrad Adenauer oder Ludwig Erhard. Bisher ist uns auf dem Wasser kein Mensch begegnet, aber hinter der nächsten Biegung tauchen vereinzelt Tretbootfahrer auf. Ein Stückchen weiter, kurz vor der ersten Brücke, befindet sich auf der linken Uferseite das **FREIZEITZENTRUM KRÄWI** 4 (**EINSETZSTELLE DER ROUTE 3**). Der Duft von Pommes liegt in der Luft. Im Sommer ist der Ort mit Badegästen, Tauchern und Paddlern bevölkert.

An der nächsten Biegung wird es schon wieder ruhig. Unter uns liegt der versunkene Ort **KRÄWINKEL**, aber während wir übers Wasser gleiten, bekommen wir von den bei Tauchern beliebten Ruinen und Brückenbögen nichts mit. Die Wuppertalsperre windet sich weiter durch die zusehends offener werdende Landschaft. Nach der nächsten Brücke taucht die **STAUMAUER** auf. Wir paddeln eine letzte große Linkskehre und kurz bevor es nicht mehr weitergeht, führt auf der rechten Uferseite eine steile **SCHOTTERRAMPE** an Land.

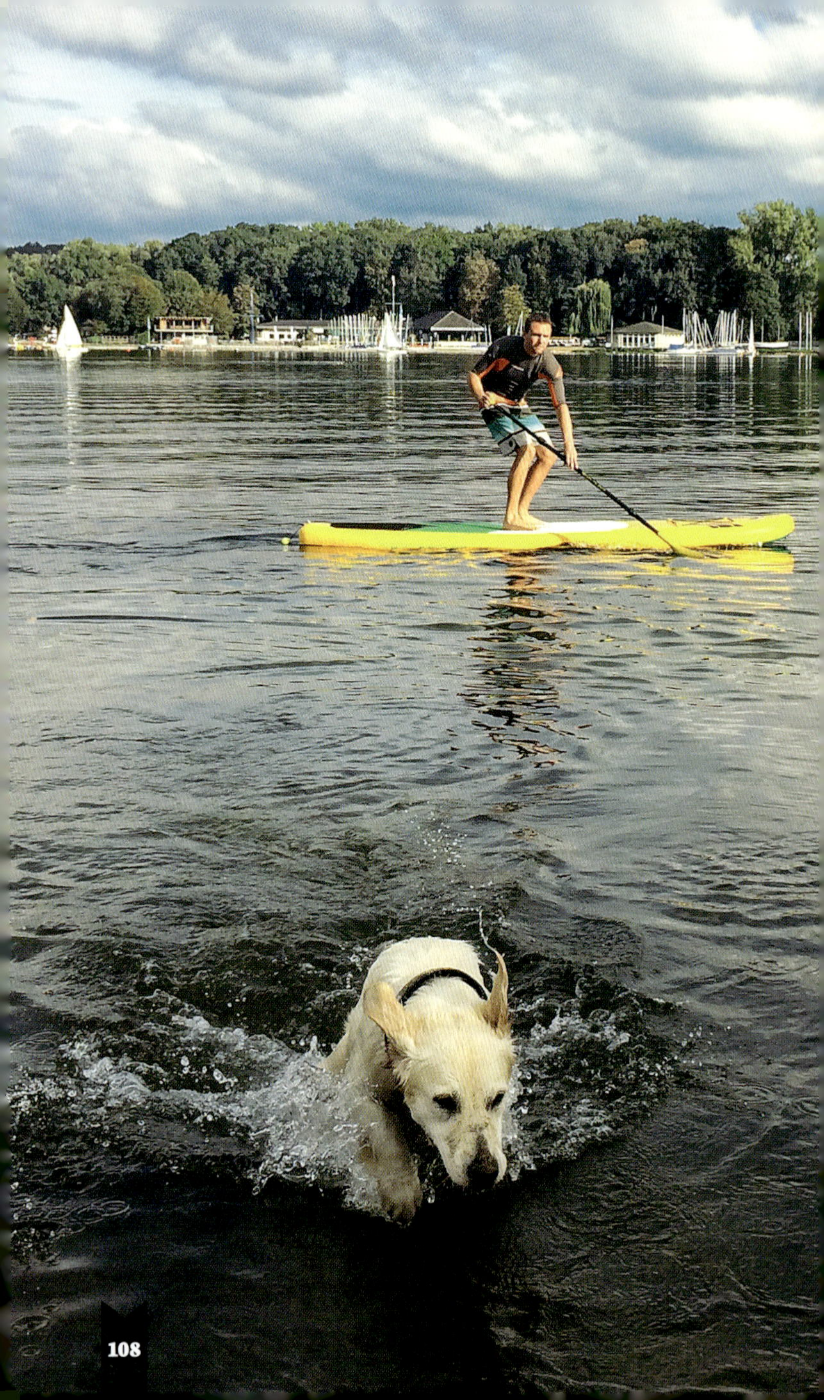

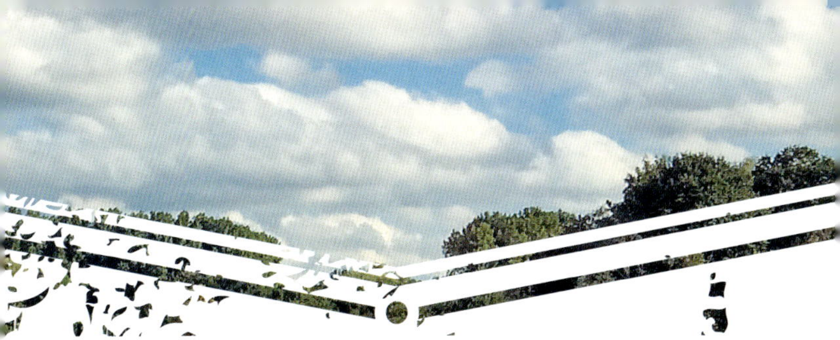

UNTERBACHER SEE

ANSPRUCH | EINKEHR

Kompakt TOUR

Anfängertipp! – Nur 20 Minuten von der **Düsseldorfer** Innenstadt entfernt ist der Unterbacher See ein beliebtes Ausflugsziel der Großstädter. Der feine Sandstrand und die entspannte Atmosphäre lassen einen schnell das städtische Treiben vergessen und Urlaubsfeeling aufkommen.

Gespeist wird der Baggersee ausschließlich über Grundwasser. Trotz seiner starken freizeitlichen Nutzung mit Freibädern, Marinas und Einkehrmöglichkeiten, wirkt er gerade im östlichen Teil recht naturbelassen. Es gibt einige kleinere Inseln zum Umrunden und zahlreiche Wasservögel zu beobachten. Im Spätsommer reichen die Wasserpflanzen bis fast an die Wasseroberfläche und man hat das Gefühl über einen verwunschenen Wald zu gleiten. Ein perfekter Ort für blutige Anfänger oder eine entspannte Feierabendrunde.

Umgeben ist der See von einem Naturschutzgebiet mit lockerem Mischwald, durchzogen von zahlreichen Wander- und Radwegen. Im Winter ist der Unterbacher See für Wassersportler gesperrt, da er ein wichtiger Zwischenstopp für Zugvögel ist.

KLEINE SEEUMRUNDUNG – Von Surf'n' Kite in Ufernähe um den See. | **LÄNGE** 5 km | **DAUER** 1,5-2 h | **EIN- & AUSSTIEG** Kleiner Sandstrand am Wassersportcenter Surf'n'Kite. GPS: 51.195109, 6.883303

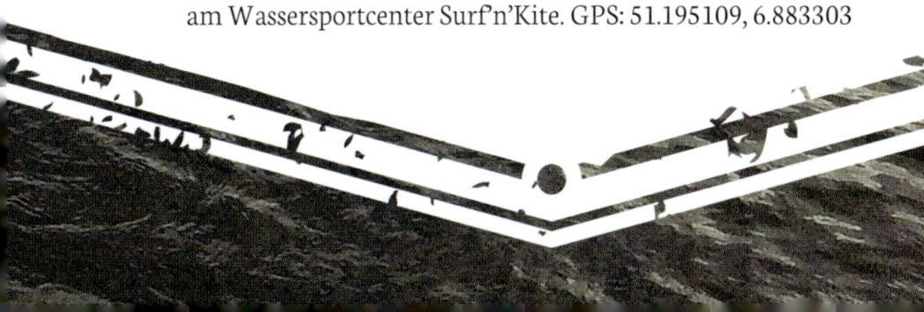

WIND & WETTER

Durch die kleinen Inseln und Buchten findet man eigentlich immer eine etwas windgeschütztere Ecke. Die vorherrschende Windrichtung ist West bis Südwest.

Der See wird von einem Aussichtsturm und der Wasserwacht überwacht. Durch Lichtsignale und Sirenen wird vor Unwettern gewarnt.

BEFAHRUNGSREGELN

» Der Bereich vor dem Wassersportcenter ist für Windsurfer und Segler reserviert und durch gelbe Bojen gekennzeichnet. Als SUPer kann man entweder nach links oder rechts an dem Bereich vorbeipaddeln.

» Der See darf nur von Sonnenauf- bis Sonnenuntergang befahren werden.

» Die Ufer dürfen mit Ausnahme der Anlegestellen nicht betreten werden. Bitte ausreichend Abstand zu den Inseln halten.

» Segelschiffe und Windsurfer haben Vorfahrt.

» Bei schönem Sommerwetter kann es recht voll werden.

» Der See ist im Winter (ca. Anfang Oktober bis Mitte April, genaue Daten gibt es bei Surf'n'Kite) für die Wassernutzung gesperrt.

GEBÜHRENPFLICHT

Die Nutzung des Sees ist **gebührenpflichtig**.

Die Zulassungen können beim Wassersportcenter Surf'n'Kite gekauft werden. **Tageszulassung 10 €, 10er Karte 70 €**.

ANFAHRT MIT DEM PKW

A46 bis Ausfahrt 27 (Erkrath/Düsseldorf-Unterbach), dann den Schildern Richtung Unterbacher See Südstrand folgen.

PARKEN

Parkplatz Strandbad Süd (2€/Tag), Am Kleinforst 270 (bzw. 250), Unterbacher See Südstrand in Düsseldorf.
GPS: 51.19189, 6.88106

AN- & ABFAHRT ÖPNV

Von Düsseldorf Hbf mit S1 bis Düsseldorf-Eller oder U75 bis Vennhauser Allee. Jeweils weiter mit Bus 891 (nur Mai-Sep) bis Strandbad Süd. 300 m zum Wassersportcenter Surf'n'Kite 1.

BADEN

- Der **Unterbacher See** ist der beliebteste Badesee von Düsseldorf. Es gibt zwei Strandbäder mit feinem Sandstrand.
- **Nordstrand** am Nordufer.
- **Strandbad Süd** am Südufer. Am Südstrand gibt es zusätzlich einen separaten FKK-Strand. Weitere Infos unter www.unterbachersee.de/baden
- **Vabali Spa** am **Elbsee,** s. Extra-Tipps.

SUP-VERMIETUNG

1 SURF'N'KITE SURFSCHULE & SUP-VERMIETUNG

(auch Kurse, SUP-Yoga, Touren, Shop für Bade- & Wassersportbekleidung)
Unterbacher See, Südstrand
Am Kleinforst 270, 40627 Düsseldorf
Tel. (0211) 13 72 25 23
www.surfandkite-duesseldorf.de

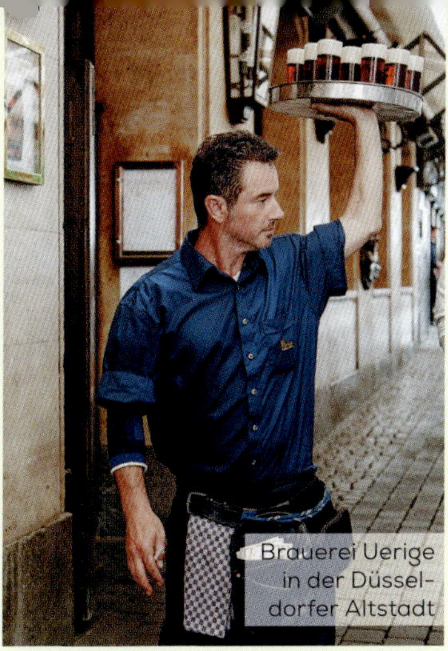

Brauerei Uerige in der Düsseldorfer Altstadt

©Düsseldorf Tourismus, Foto: Sabrina Weniger

EXTRA-TIPPS

» Über 300 Kneipen, Restaurants und Clubs in der **Düsseldorfer Altstadt** haben ihr den Namen „Längste Theke der Welt" eingebracht. Ein Besuch der **Obergärigen Hausbrauerei „Uerige"** (Berger Str. 1, www.uerige.de) und ein Killepitsch (Kräuterlikör) in der kleinen, urigen Probierstube **„Et Kabüffke"** (Flinger Str. 1) sind Pflicht. Im **Japanischen Viertel** zwischen Hauptbahnhof und Stadtmitte bieten zahlreiche Restaurants authentische japanische Küche und hervorragendes Sushi.

» Rund 8 Kilometer östlich des Unterbacher Sees befindet sich das **Neandertal**, der Fundort des berühmten Urzeitmenschen aus dem Pleistozän, dem Neander taler. Im **Neanderthal Museum** kann man sich über die Ur- und Frühgeschichte der Menschheit informieren (Di-So, Talstr. 300, Mettmann, www.neanderthal.de).

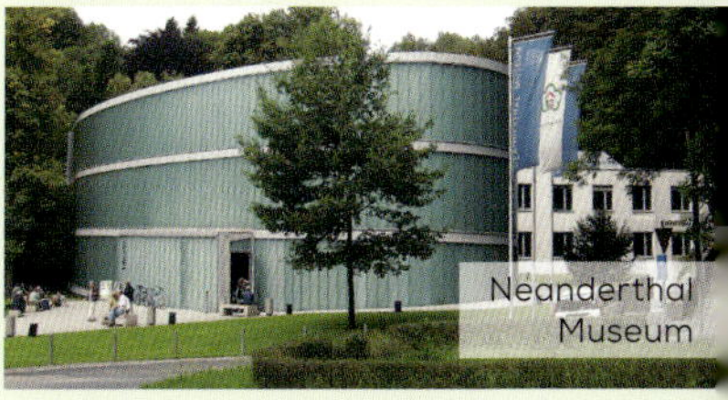

Neanderthal Museum

» Das **Vabali Spa Düsseldorf** am benachbarten **Elbsee** ist ein traumhafter Ort zum Entspannen und Genießen. Die schön gestaltete Sauna- und Poollandschaft im balinesischen Stil mit Wellness und kulinarischen Köstlichkeiten liegt inmitten unberührter Natur (ab 22,50 €, Schalbruch 210, Düsseldorf, www.vabali.de).

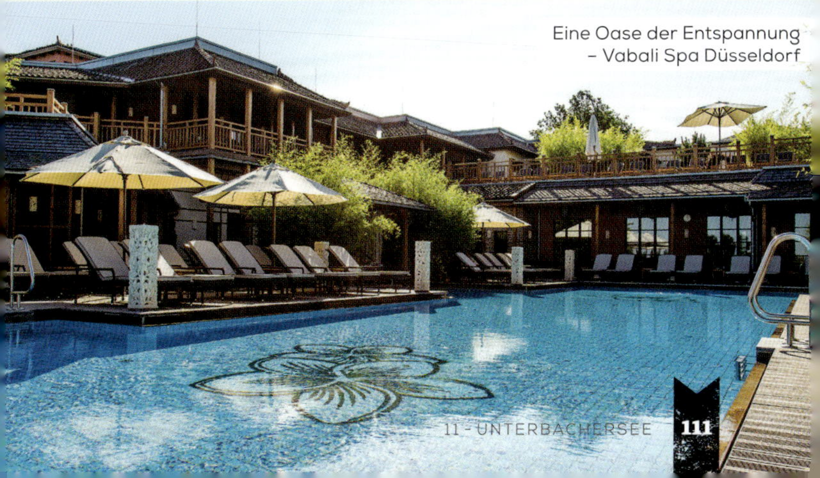

Eine Oase der Entspannung – Vabali Spa Düsseldorf

EINKEHR

1 STRANDCAFÉ PONTON

am Südstrand, Am Kleinforst 280
40627 Düsseldorf
Tel. (0211) 15 78 87 92
www.gastronomie-unterbachersee.de
Mär-Okt, tägl. 12-20 Uhr
(wetterabhängig)

KLASSIKER Kaffee und Kuchen

Wer nach der Tour lecker und günstig essen will, dem empfehlen wir folgendes Restaurant mit Klassikern der polnischen Küche, 1 km vom See in Unterbach:

2 NOSTALGIA ZUR DELLE

Gerresheimer Landstraße 99
40627 Düsseldorf OT Unterbach
Tel. (0211) 929 22 82
www.nostalgia-delle.de
Mo-Sa ab 17, So ab 12 Uhr, Di Ruhetag

KLASSIKER Leckere Piroggen (polnische Maultaschen)

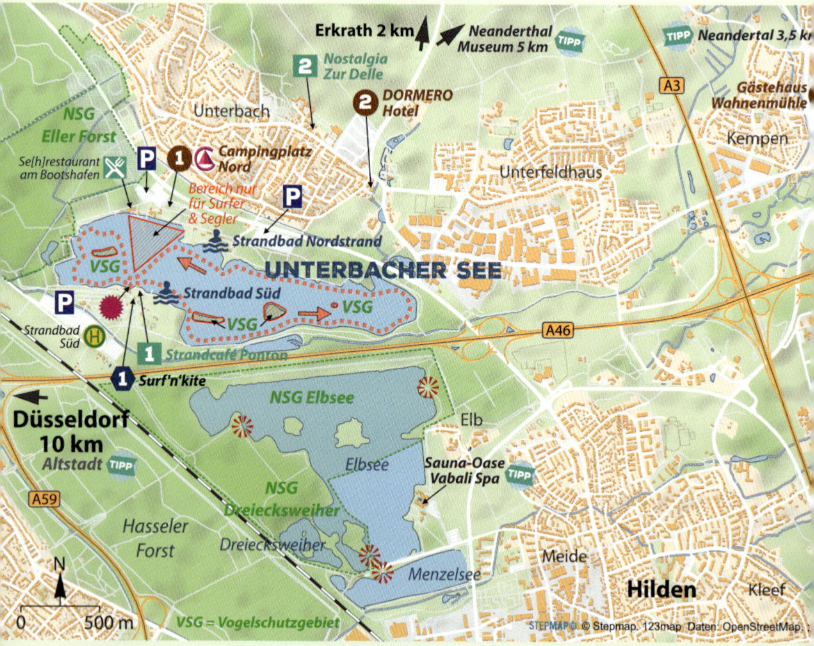

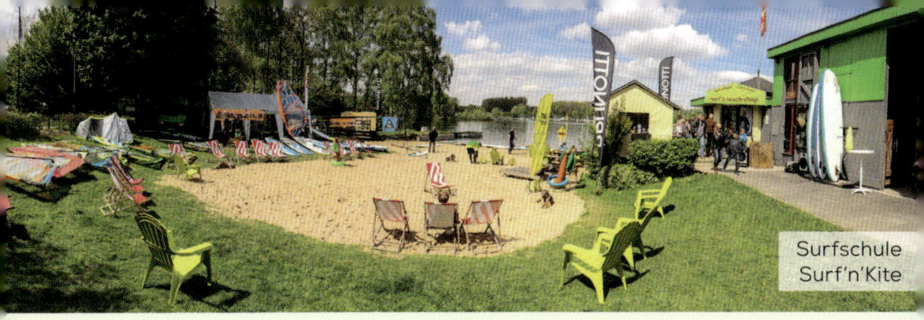

ÜBERNACHTUNG

1 CAMPINGPLATZ NORD
Am Kleinforst 250
40627 Düsseldorf OT Unterbach
Tel. (0211) 899 20 38
www.unterbachersee.de/camping.html

1 ÜBERNACHTEN IM HAUSBOOT CAMPINGPLATZ NORD
Am Kleinforst 250
40627 Düsseldorf OT Unterbach
Tel. (0211) 899 20 38
www.unterbachersee.de/camping.html
(auch für eine Nacht, bis 4 Personen)

2 DORMERO HOTEL
Gerresheimer Landstraße 40
40627 Düsseldorf OT Unterbach
Tel. (0211) 209 40
www.dormero.de/hotel-duesseldorf

3 GÄSTEHAUS WAHNENMÜHLE
Wahnenmühle 1
40699 Erkrath
Tel. (0210) 41 39 93 32
www.wahnenmuehle.de
Etwas Besonderes – idyllische Fachwerk-Leinölmühle aus dem 18. Jh.

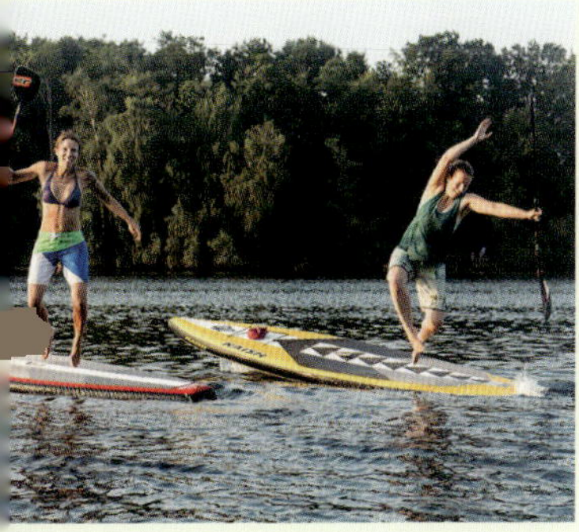

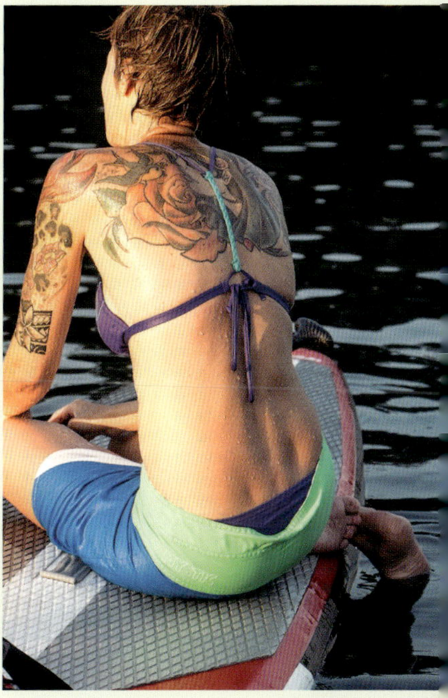

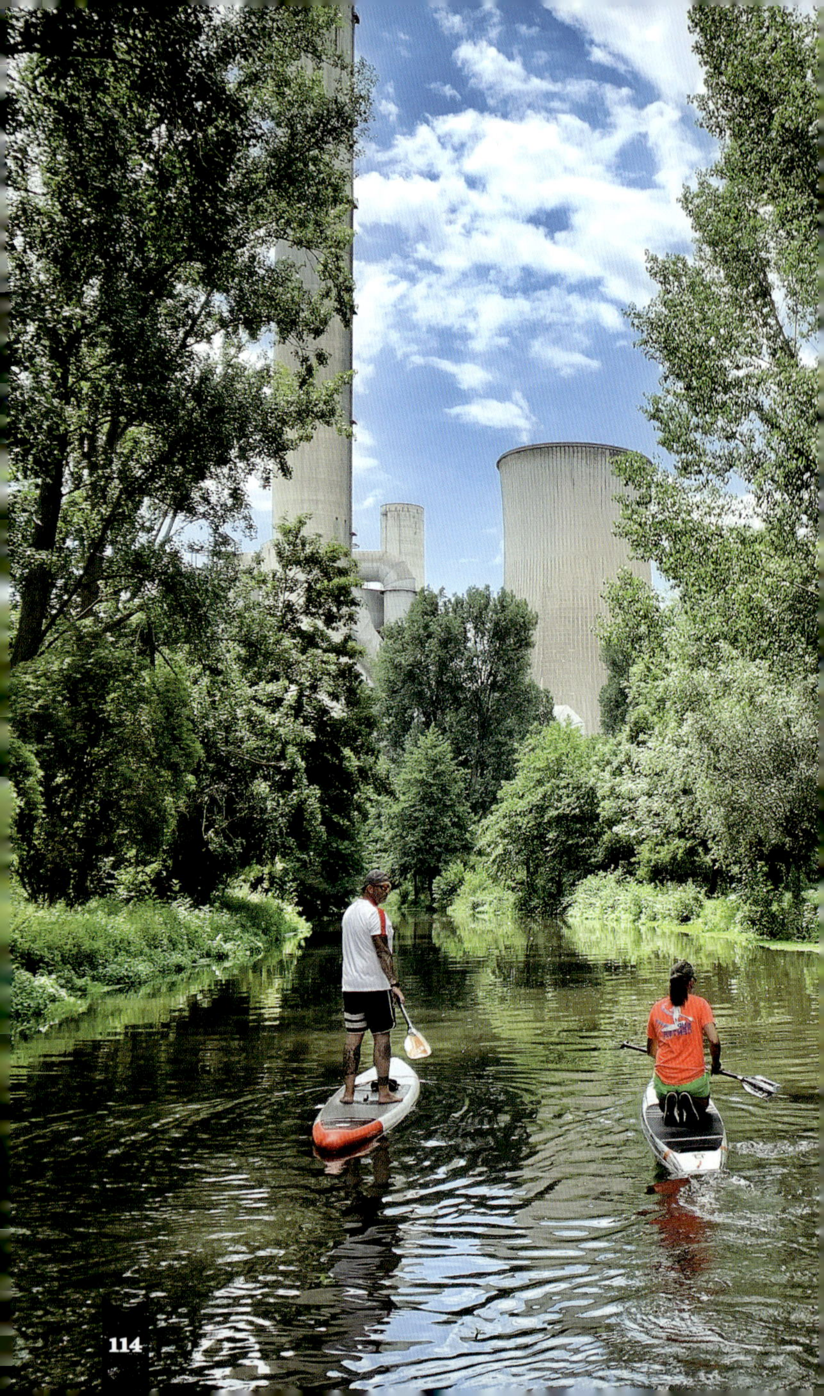

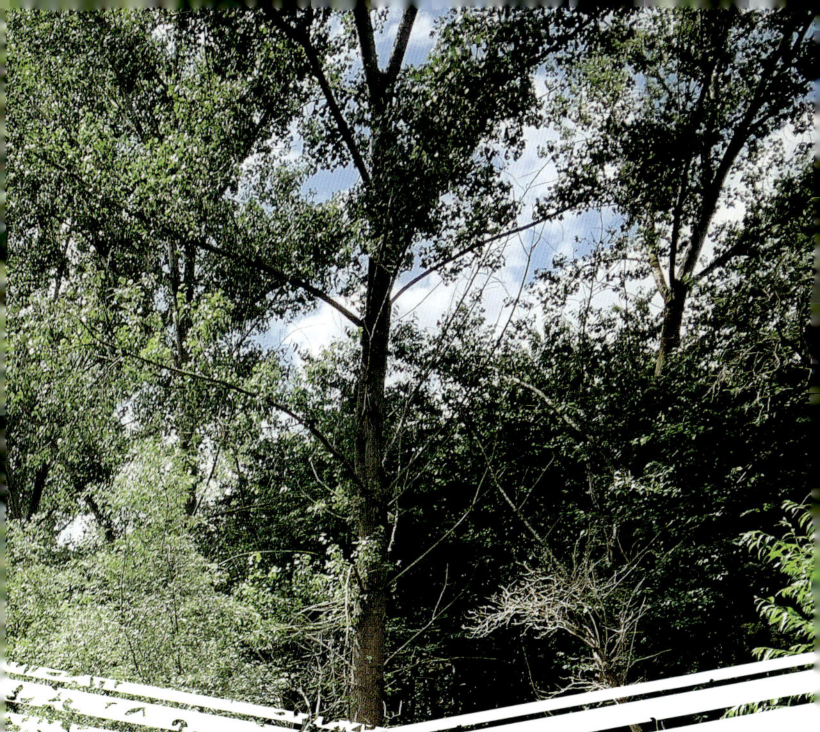

ERFT

ANSPRUCH

EINKEHR

In einer Landschaft die vom Braunkohletagebau und rauchenden Kraftwerken geprägt ist, erwartet uns ein verwunschener Fluss. Einsame Natur und Industriecharme, spritzige Stromschnellen und ruhigere Abschnitte wechseln sich ab. Da kommt keine Langeweile auf.

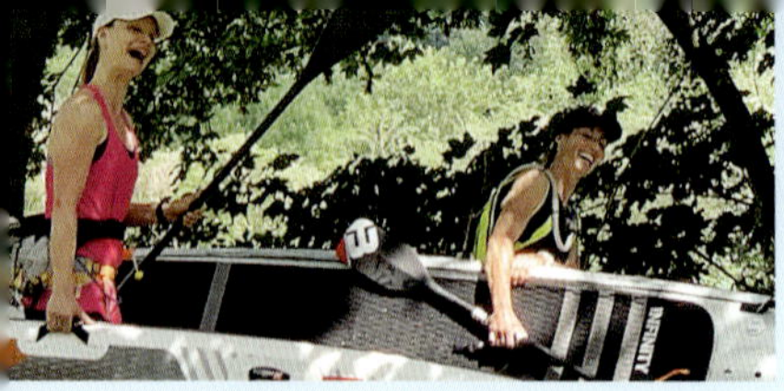

WIND & WETTER

Die Erft liegt umgeben von dichter Vegetation relativ windgeschützt. Nur bei Wind aus Norden, also genau von vorne, kann es anstrengend werden. Die vorherrschende Windrichtung ist West.

BEFAHRUNGSREGELN & SCHWIERIGKEITEN

» Vom Wehr Bergheim / Zieverich bis zum Wehr in Bedburg / Broich gibt es ein **Kontingent für die Befahrung** der Erft. In der Zeit vom 1.4.-31.8. muss man sich daher einige Tage vorher beim Kanuklub Bergheim **anmelden**: www.kanuklubbergheimerft.de

» Durch Renaturierungsmaßnahmen sind Stromschnellen entstanden.

» Seegras, Äste und umgestürzte Bäume unter der Wasseroberfläche können Hindernisse darstellen.

» Kurz hinter dem Wehr in Bedburg gibt es eine kurze Schwallstrecke.

» In den Sommerferien täglich, sonst an Wochenenden / Feiertagen, starten um 11 Uhr an der Ziavericher Mühle Kajaktouren. Dann kann es voll werden auf dem Wasser.

» Von Grevenbroich bis zur Rheinmündung ist die Erft für SUPer nicht mehr zu empfehlen.

Empfohlene Ausrüstung: Leash mit Panikauslöser, Schwimmweste, Wasserschuhe für die Umtragungen und eine kurze Finne.

WEHRE

» **Wehr Paffendorf** (km 36) - Das ehemalige Wehr kann im rechten der beiden Schotten mittig kniend befahren werden. Vorsicht vor Treibgut.

» **Wehr Bedburg** (km 31,1) - Am rechten Ufer 100 m umtragen, Einstieg am linken Arm. Ein- und Ausstieg über Kanuanleger.

» **Wehr Broich** (km 30,1) - Am rechten Ufer 100 m umtragen. Ausstieg über Kanuanleger, Einstieg über Betonstufen am Fuße einer steilen Wiesenböschung.

» **Wehr Gustorfer Mühle** (km 22,2) - Am rechten Ufer knapp 150 m umtragen. Ausstieg über Kanuanleger. Einstieg wenig komfortabel über die Uferböschung auf der anderen Seite der Straße „Zur Wassermühle".

PEGEL

Bezugspegel: Erft/Glesch

» mittl. höchster Wasserstand 182 cm

» Mittelwasserstand 118 cm

» mittl. niedrigster Wasserstand 94 cm

Mobil: RiverApp oder Meine Pegel

Online: www.erftverband.de/hochwasser-aktuelle-messwerte

Da der Wasserstand maßgeblich von dem durch den Tagebau eingeleiteten „Sümpfungswasser" abhängt, ist der Pegel eigentlich immer ausreichend. Bei Hochwasser, ab etwa bei 13,0 m^3/s gemessen am Pegel Glesch, sollte die Erft wegen der Wehranlagen nicht mehr befahren werden.

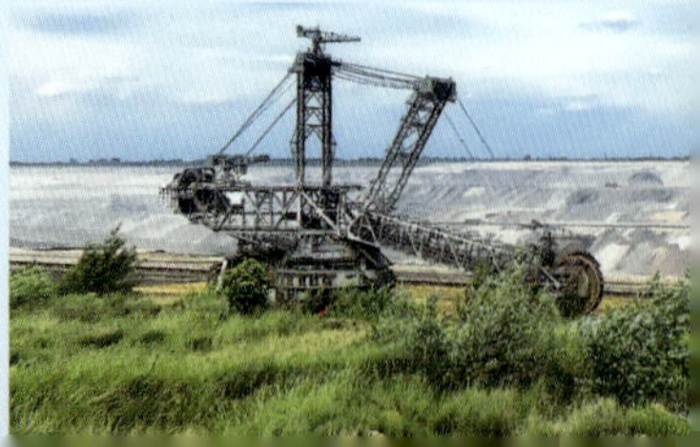

ANFAHRT PKW

A61 bis Abfahrt 18 (Bergheim), auf B477 in Richtung Bergheim, dann zweimal links abbiegen in Richtung Zieverich. Im Ort Zieverich der Beschilderung zum Parkplatz vom Angelpark Zievericher Mühle folgen.

PARKEN

EINSTIEG

Parkplatz vom Angelpark Zievericher Mühle 6 in Bergheim. GPS: 50.956909, 6.625085

AUSSTIEG

Parken an der Schloßstraße oder Am Flutgraben in Grevenbroich, ca. 450 m vom Ausstieg. GPS: 51.0853225, 6.5859701

AN-/ABFAHRT ÖPNV

EINSTIEG

Von Köln Hbf mit S19 Richtung Düren bis Horrem, dann RB38 Richtung Bedburg bis Zieverich. Zu Fuß 1,2 km zum Einstieg.

AUSSTIEG

Zu Fuß 1,6 km (oder mit dem Bus) zum Bf Grevenbroich. Nach Köln Hbf: Mit RB27 Richtung Koblenz Hbf bis Köln-Ehrenfeld, mit S19 nach Köln Hbf.

BADEN

Aufgrund der mikrobiellen Belastung des Wassers sollte man in der Erft nicht baden.

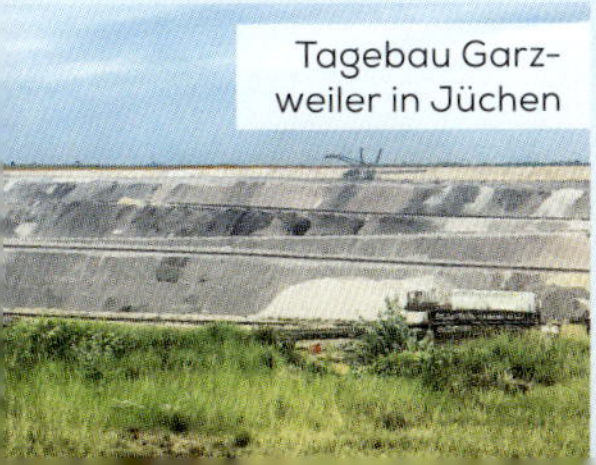

Tagebau Garzweiler in Jüchen

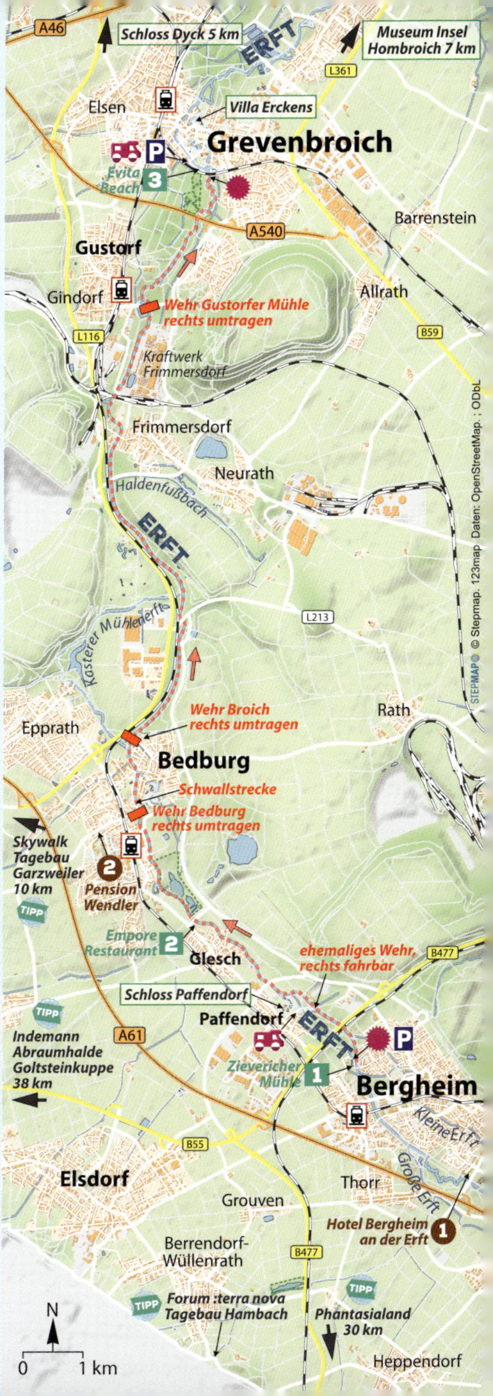

SEHENSWERTES

» Das kleine, liebevoll gestaltete **Museum der Niederrheinischen Seele** über Alltag, Kultur und Mentalität der Region „Niederrhein" in der **Villa Erckens** im Stadtpark. (Mi-So, Am Stadtpark, Grevenbroich, www.museum-villa-erckens.de).

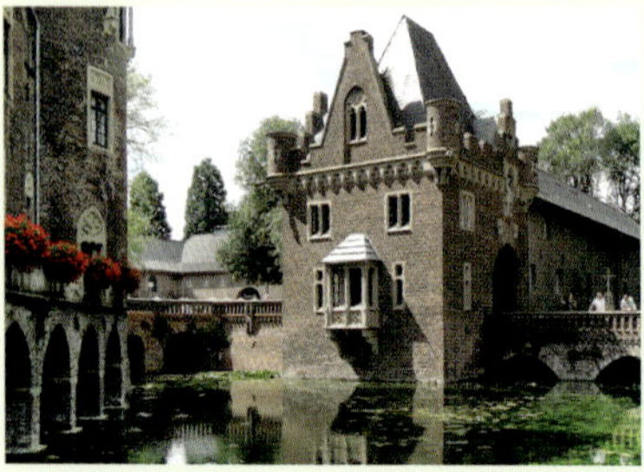

» Das im 16. Jh. erbaut **Schloss Paffendorf** zeigt im 1. Stock eine Dauerausstellung über die rheinische Braunkohlenindustrie. Der acht Hektar große **Schlosspark** mit altem Baumbestand lädt zu Spaziergängen ein, danach locken vielseitige Köstlichkeiten in der **Brasserie** (Apr-Okt tägl., Burggasse, Bergheim, www.schlosspaffendorf.de).

» **Schloss Dyck**, eines der bedeutendsten und hübschesten Wasserschlösser im Rheinland, liegt inmitten einer wunderschönen historischen **Parkanlage**, die vor allem im Mai mit ausladenden Rhododendren farbenprächtig leuchtet (Besichtigung Apr-Okt Di-So, Dycker Str., Jüchen, www.stiftung-schloss-dyck.de). Highlights sind das alljährlich stattfindende **Oldtimer Festival „Classic Days"** im August (www.classic-days.de) und das **„Lichtfestival"** im September.

» Zwischen altem Baumbestand, der Auenlandschaft der Erft, einer klassizistischen Villa und einer ehemaligen „Raketenstation" der NATO finden Skulpturen und Kunstwerke Platz im **Museum Insel Hombroich** (Minkel 2, Neuss, www.inselhombroich.de).

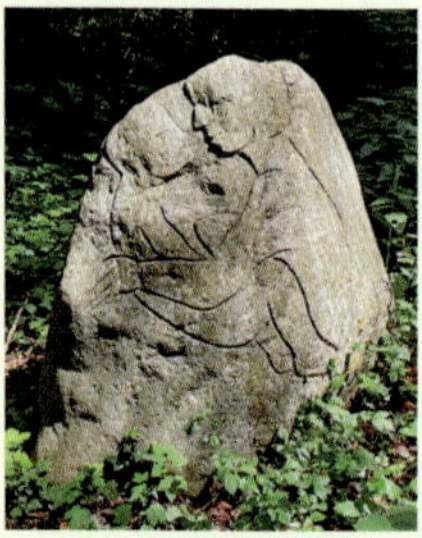

TIPP EXTRA-TIPPS

» Der Braunkohletagebau hat die Landschaft westlich von Köln nachhaltig geprägt und verändert. Eine Vorstellung des Ausmaßes erhält man vom **Aussichtspunkt Terra-Nova** am **Tagebau Hambach** (Kerpener Str / Nordrandweg, Elsdorf), vom **Skywalk** am **Tagebau Garzweiler** in Jüchen (GPS: 51.045660, 6.463205) oder dem **Aussichtsturm Indemann** auf die **Abraumhalde Goltsteinkuppe** im Kreis Düren (Zum Indemann, Inden).

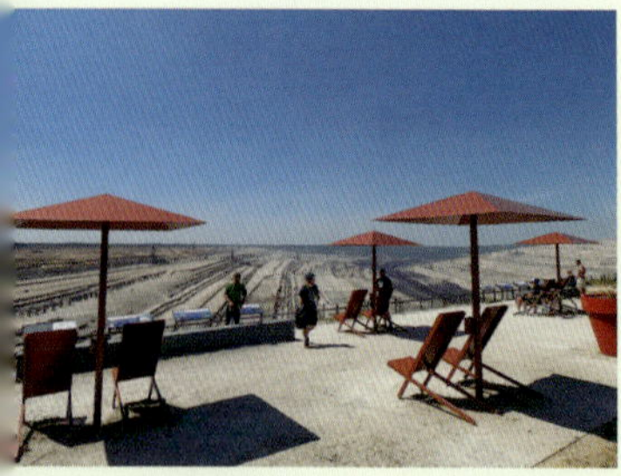

» Die Achterbahnen Taron und Black Mamba, die Wasserbahn Chiapas, der Freifallturm Tikal und andere Attraktionen sorgen im **Phantasialand** für Adrenalinschübe und jede Menge Spaß (Berggeiststr. 31-41, Brühl, www.phantasialand.de).

TOUREN

1 VON BERGHEIM BIS GREVENBROICH

Eine Flusstour voller Überraschungen zwischen Natur und Kohlekraftwerken. Drei der Stauwehre sind nicht befahrbar und lebensgefährlich! Sie müssen umtragen werden.

➔ | **LÄNGE** 18 km | **DAUER** 5-6 h

TIPP: Nach gut 7 km bietet die 2. Umtragestelle am Wehr Broich (mit Parkmöglichkeit, Pappelallee in Bedburg, GPS· 51.003152, 6.573555) die Möglich keit die Tour zu verkürzen.

EIN- & AUSSTIEG

EINSTIEG über eine Holzbohle direkt am Parkplatz vom Angelpark „Zievericher Mühle" in Zieverich (Bergheim). GPS: 50.9569702, 6.6253423

AUSSTIEG Über die befestigte Uferböschung unter der Eisenbahnbrücke kurz vor dem Wehr in Grevenbroich. GPS: 51.0830822, 6.5907532

ZURÜCK ZUM EINSTIEG Mit 2. PKW, vorab am Ausstieg geparkt. Oder zu Fuß (1,6 km) / mit dem Bus zum Bf Grevenbroich und über Bedburg (Erft) nach Zieverich. 1,2 km zu Fuß zum Einstieg.

KEINE SUP-VERMIETUNG

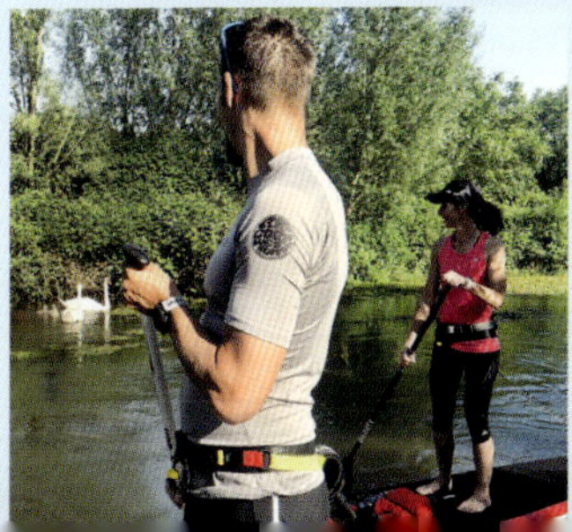

EINKEHR

1 ZIEVERICHER MÜHLE

Zievericher Mühle 6, 50126 Bergheim
Tel. (02271) 431 43, www.angelpark-bergheim.de, Mi-So 10-22 Uhr

KLASSIKER Würzige Grillforelle

2 EMPORE RESTAURANT

Bedburger Str. 72a, 50126 Bergheim
Tel. (02272) 978 72 36
www.empore-restaurant.de
Di-Fr ab 16 Uhr, Sa+So ab 9 Uhr

KLASSIKER Leckere Lammgerichte aus der türkischen Küche

3 EVITA BEACH

Am Flutgraben, 41515 Grevenbroich (hinter der Spielspinne)
www.evita-beach.de
Apr-Aug Do+Fr ab 17.30, Sa+So ab 14 Uhr (wetterabhängig)

KLASSIKER Ein kühles Bier nach der Tour mit den Füßen im Sand

ÜBERNACHTUNG

WOMO-STELLPLÄTZE in Bergheim-Pfaffendorf und Grevenbroich

1 HOTEL BERGHEIM AN DER ERFT

Zum Biotop 7, 50127 Bergheim
Tel. (02271) 98 95 30
www.hotelbergheim.com

2 PENSION WENDLER

Sauerbruchstraße 21, 50181 Bedburg
Tel. 0178-183 39 48, www.mwendler.com
FeWo und Zimmer

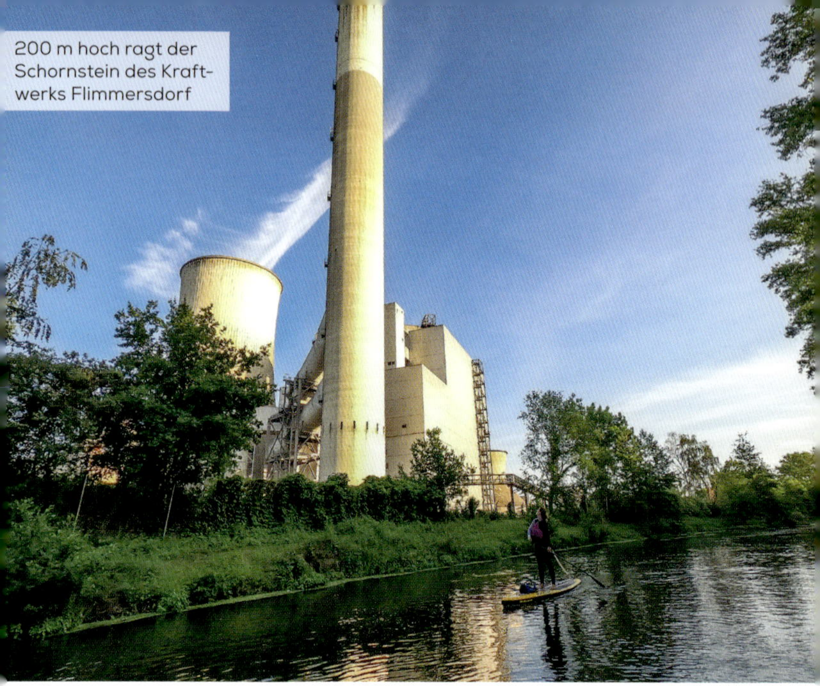

200 m hoch ragt der Schornstein des Kraftwerks Flimmersdorf

1 ERSTAUNLICH GRÜN! – ZWISCHEN NATUR & KOHLEKRAFT

Zugegeben – die Landschaft im Rhein-Erft-Kreis ist geprägt vom Braunkohletagebau. Schon bei der Anfahrt nach **BERGHEIM** fallen uns die riesigen Kraftwerke, die dampfenden Kühltürme und Hochspannungsleitungen auf. Dass uns aber trotzdem gleich ein wilder, verwunschener Fluss erwartet, hätten wir nicht vermutet.

Die Erft entspringt am Rand der Eifel und fließt von da aus in nördliche Richtung bis zur Mündung in den Rhein. Im Laufe der Jahrhunderte war ihr Lauf stetem Wandel unterworfen. Im Mittelalter stauten Mühlenbetriebe den Fluss auf, was eine flächenhafte Versumpfung der Erftaue zur Folge hatte. Im Zuge der Industrialisierung wurde die Erft begradigt und kanalartig ausgebaut. Später, mit dem Vordringen des Tagebaus, wurde sie mehrfach verlegt. Mit Ende der Kohleförderung im Jahre 2045 werden die im Tagebau entstehenden Sümpfungswasser ausbleiben, wodurch sich der Wasserstand auf ein Viertel reduziert. Ob sich der Fluss im Zuge der Renaturierungsmaßnahmen dann noch zum Paddeln eignet, ist fraglich.

Der **EINSTIEG** ist direkt am Parkplatz des **ANGELPARKS „ZIEVERICHER MÜHLE“** **1** (Erft-km 37,0). Über eine Holzbohle gelangen wir bequem aufs Wasser. Die Pflanzen wiegen sich sanft im Rhythmus der Strömung und im Hintergrund geben Frösche ein ohrenbetäubendes Konzert. Vom Sog des Wassers werden wir sofort mitgetragen, hinein in einen dichten Wald. Zumindest wirkt es vom Wasser aus so. In Wirklichkeit ist es nur ein schmaler Grünstreifen auf beiden Seiten der Erft. Die Äste der sich weit übers Wasser neigenden Bäume hängen tief herab, sodass wir, tief gebückt, im Slalom durchs Dickicht paddeln müssen. Schon die ersten Meter dieser Tour haben uns verzaubert.

Nach nur 400 Metern unterfahren wir die erste von gut 30 Brücken auf dem Weg nach Grevenbroich. Die meisten davon sind hoch genug, aber bei einigen werden wir die Köpfe einziehen müssen. Wir unterqueren eine Eisenbahnbrücke und die B477 bevor ein **EHEMALIGES WEHR** (Erft-km 36,0) erreicht ist. Das rechte der beiden Schotten kann mittig kniend befahren werden. Aber Obacht vor Treibgut, das sich verfangen haben könnte. Hinter dem Wehr fließt schlammiges Pumpenwasser aus der nahegelegenen Kiesgrube in die Erft.

Immer wieder reichen Wasserpflanzen bis an die Oberfläche und wir versuchen gekonnt auszuweichen, um mit der Finne nicht hängen zu bleiben. Links mündet die Kleine Erft hinzu und direkt dahinter liegt der sehenswerte **SCHLOSSPARK PAFFENDORF**.

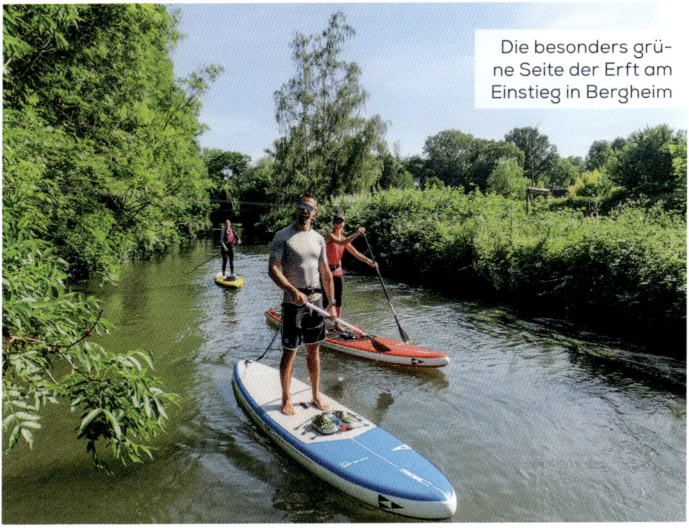

Die besonders grüne Seite der Erft am Einstieg in Bergheim

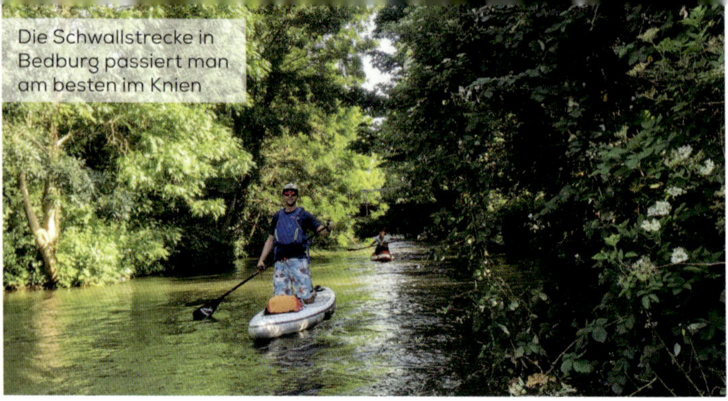

Die Schwallstrecke in Bedburg passiert man am besten im Knien

Der Fluss wird nun etwas breiter und offener und die Strömung lässt ein wenig nach. Bald erreichen wir **BEDBURG** und damit die hübsche **SCHLOSSANLAGE BEDBURG** (Erft-km 31,3), eine der ältesten Adelssitze der Erftniederung und eines der ältesten Backsteinbauten des Rheinlandes. Das **WEHR** kann bequem umtragen werden. Gut 100 Meter vor dem Ausstieg am rechten Ufer hängt ein Stahlseil mit Hinweisschild zum Ausstieg tief über dem Wasser. Wir tragen unsere Boards über die Brücke der „Alten Erft", die hier nach rechts abzweigt, zum Einstieg.

Direkt hinter dem Wehr folgen zwei Brücken und dahinter eine **KLEINE SCHWALLSTRECKE**, die nicht umtragen werden kann. Wegen der Äste, die hier über dem Wasser hängen, befahren wir kniend die Schwallstrecke ganz links am Ufer entlang. Die Bedburger Häuser reichen bis dicht ans Ufer heran; viele Bewohner halten sich bei dem schönen Wetter in ihren Gärten auf und grüßen freundlich zu uns herüber. Nach 600 Metern mündet rechts der alte Erftarm wieder in die Erft.

Schon bald nach dem ersten Wehr taucht im Stadtteil **BROICH** das zweite **WEHR** (Erft-km 30,1) vor uns auf. Wieder hängt ein Stahlseil mit Hinweis knapp über dem Wasser, sodass wir uns fast aufs Board legen müssen, um darunter durchzukommen. Und wieder müssen wir umtragen. Über eine steile Wiesenböschung und ein paar Stufen gelangen wir hinter dem Wehr zurück aufs Wasser. Wenn man nicht ab und zu eine Straße hören würde, könnte man meinen, man wäre inmitten des dichten Bewuchses weit ab von jeder Zivilisation. Immer wieder begegnen uns Schwäne mit ihrem süßen Nachwuchs, von dem wir gebührenden Abstand halten. Wir wollen uns ja nicht mit den Eltern anlegen.

Hinter der Brücke der L213 folgt ein sehr reizvoller renaturierter Abschnitt. Steinerne Buhnen, die in den Fluss ragen, und abgetragene Uferstreifen, wo das Wasser in kleinen Schnellen rasant vorbeiströmt, sorgen dafür, dass langsam ein neuer, natürlicher Flusslauf entsteht.

Danach endet die Idylle und es folgt das Kontrastprogramm. Erst spannen sich Hochspannungsleitungen tief über unsere Köpfe, man spürt förmlich das Knistern in der Luft. Das **KOHLEKRAFTWERK FRIMMERSDORF** begleitet uns auf dem nächsten Kilometer mit seinen Rohrleitungen, Brücken für die Transportbänder und den riesigen Kühltürmen. Anfang der 1970er Jahre war das Kraftwerk das größte Wärmekraftwerk der Welt. Von den 16 Blöcken sind mittlerweile nur noch zwei in Betrieb und diese sollen 2021 ebenfalls stillgelegt werden. In den Jahren, als das Kraftwerk voll in Betrieb war, wurden jährlich circa 22 Millionen Tonnen Braunkohle aus dem benachbarten Tagebau Garzweiler verfeuert, um daraus 17 Milliarden Kilowattstunden Strom zu erzeugen.

Kaum haben wir das Kraftwerk hinter uns gelassen, erreichen wir an der ehemaligen Wassermühle **GUSTORFER MÜHLE** (Erft-km 22,2) das dritte **WEHR**, das wir rechts umtragen. Direkt dahinter freuen wir uns über die etwas stärkere Strömung, die aber leider bald wieder nachlässt. Träge fließt die Erft dahin. Wanderwege und alte Bäume säumen die Ufer. Kurz werden wir aus dem Naturidyll gerissen, als die Autos auf der A540 knapp über unseren Köpfen hinwegrasen.

Den letzten Kilometer windet sich die Erft in engen Kurven durch das Waldgebiet **GREVENBROICHER BEND** mit seinem Wildfreigehege auf der linken Uferseite. Unter der Eisenbahnbrücke (Erft-km 19,4) verlassen wir über die befestigte **BÖSCHUNG** am linken Ufer das Wasser. Vorbei an der chilligen **STRANDBAR EVITA BEACH** 3, die mitten in **GREVENBROICH** mit Karibik-Sommer-Feeling und einem kühlen Bier lockt, tragen wir die SUPs rund 500 Meter zu unserem zuvor hier geparkten Auto.

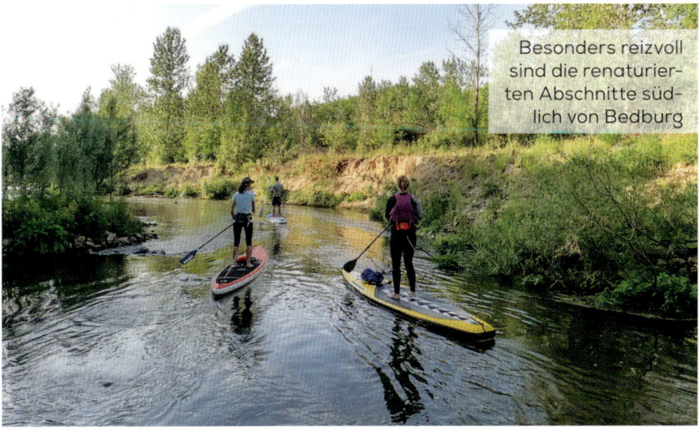

Besonders reizvoll sind die renaturierten Abschnitte südlich von Bedburg

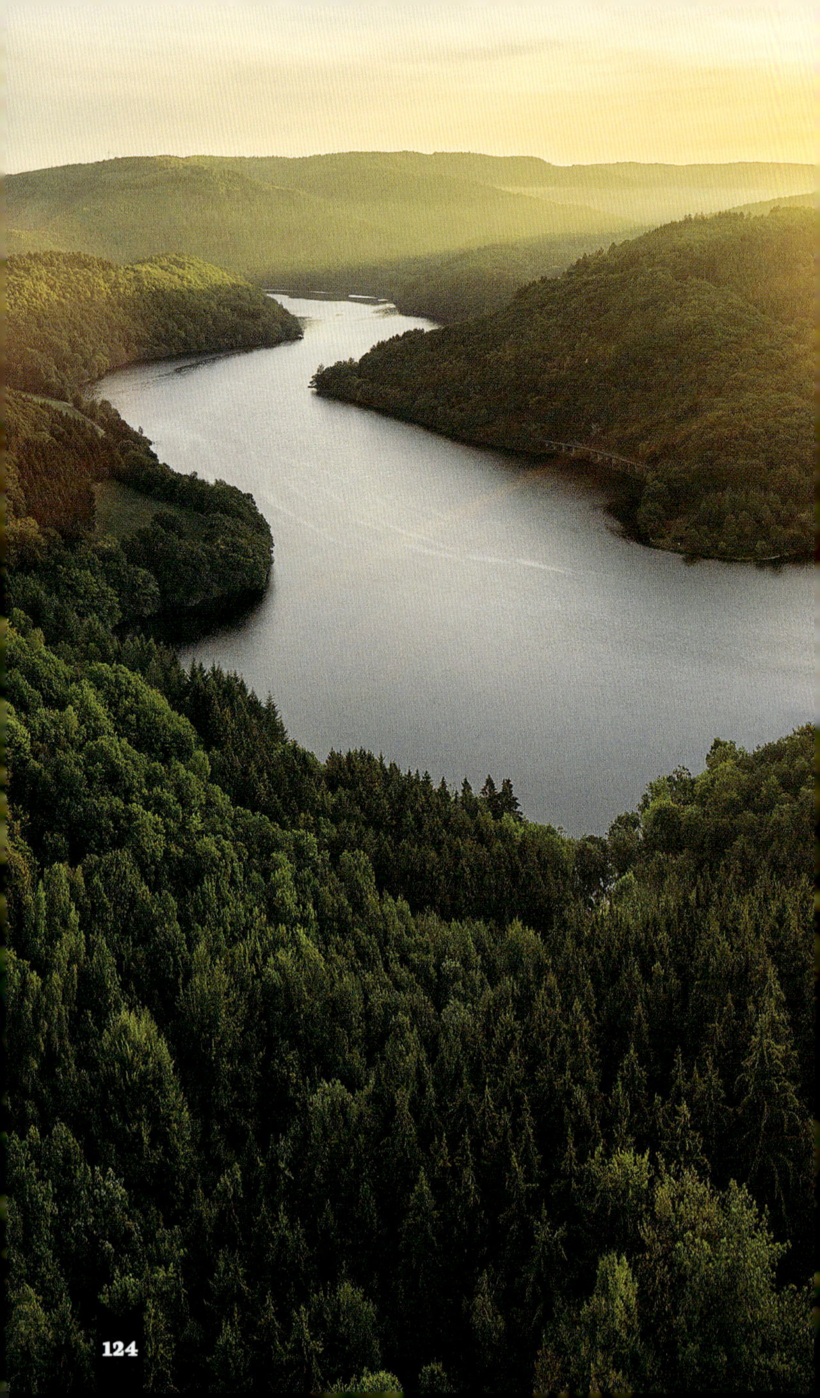

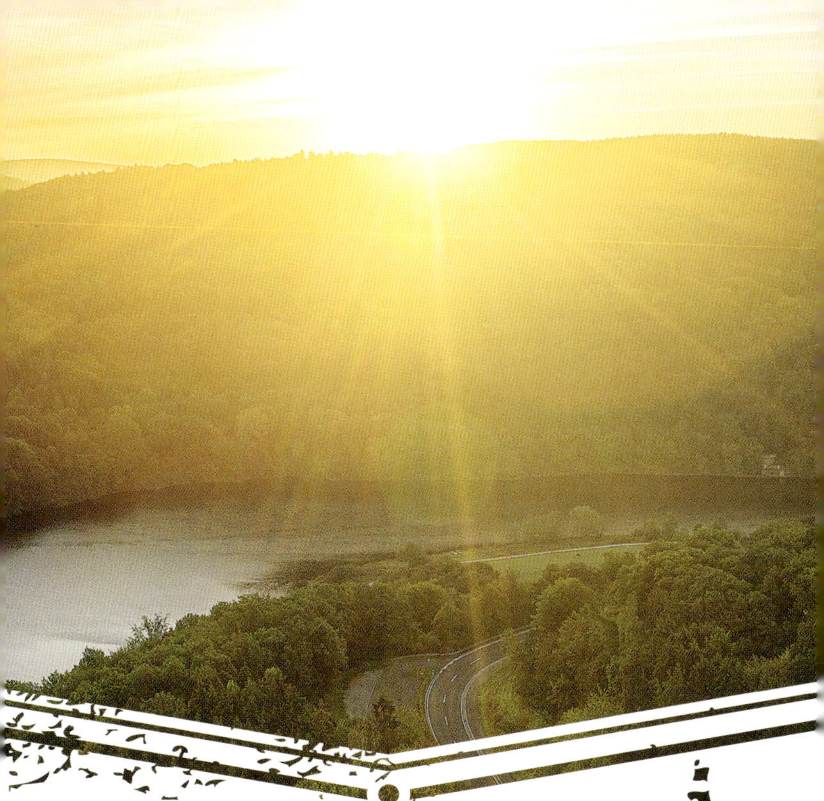

RURSEE

ANSPRUCH	EINKEHR

Am Rande des Nationalparks Eifel erwartet uns ein echtes Naturparadies. Wildromantische Wälder säumen sein Ufer während sich der See in vielen Windungen durch die ursprüngliche Natur schlängelt. Stille Buchten, offene Wasserfläche und urige Ortschaften sorgen für reichlich Abwechslung. Und das Beste – es gibt keine Autostraßen entlang der Ufer!

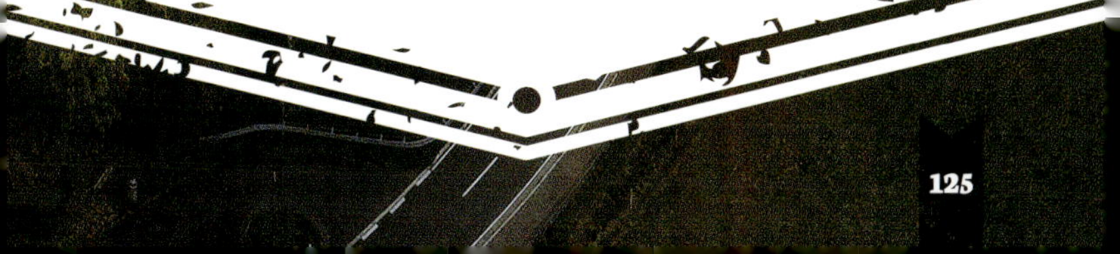

WIND & WETTER

Die vorherrschende Windrichtung ist West bis Südwest. Durch die umliegenden Berge und die zahlreichen Buchten wird der Wind immer wieder abgelenkt und es kommt zu Winddrehern und -verwirbelungen. Auch bei leichtem Wind muss mit Fallböen gerechnet werden.

BEFAHRUNGSREGELN

» Vom 15.11.-31.3. ist die Nutzung der Seefläche ab einer Stauhöhe von 279,00 m ü. NN nicht gestattet.

» Segelboote und Ausflugsschiffe haben Vorfahrt.

» Der Obersee darf nicht befahren werden.

GEBÜHRENPFLICHT

Die Seenutzung ist **gebührenpflichtig**. Die Erlaubniskarte des WVER (Wasserverband Eifel-Rur, www.wver.de) kann an verschiedenen Stellen am See gekauft werden, unter anderem beim Nationalparktor Rurberg (Seeufer 3 in Rurberg), Camping Rursee (Seerandweg 26 in Rurberg), Nationalparktor im Bahnhof Heimbach. **Wochenplakette 3 €, Jahresplakette** (1.4.-14.11.) **15 €**.

PEGEL

Messstelle: Rurtalsperre Hauptsee OW-Pegel. Vollstau 281,5 m ü. NN

Online: https://wver.de/service

ANFAHRT MIT DEM PKW

A1 bis Abfahrt 111 (Wißkirchen), auf B266 über Kommern und Gmünd bis Einruhr. Hinter Einruhr in einer Kehre rechts auf L128 Richtung Rurberg. Nach 2,7 km rechts auf die Straße Seeufer abbiegen zur Stauanlage Eiserbach oder weiter auf L128 bis Woffelsbach (4,5 km).

PARKEN

RURBERG Gr. Parkplatz am Rursee-Touristik Büro, Seeufer 3 (1,50 € / Std., Tagesticket 6 €). Hier kann auch die erforderliche Erlaubniskarte / Plakette gekauft werden. GPS: 50.60651, 6.38153

WOFFELSBACH Gebührenpfl. Parkplatz im Ort (1 € / 4 €). Erlaubniskarten beim Yacht Club Rursee, Im Steinchen 4.

AN- & ABFAHRT ÖPNV

RURBERG & WOFFELSBACHER BUCHT Ab Aachen Hbf mit Bus SB63 Richtung Simmerath bis Simmerath Bushof, weiter mit Bus 68 Richtung Rurberg bis Woffelsbach oder Rurberg Seeufer.

SCHWAMMENAUEL Von Aachen Hbf nach Düren, weiter mit der Rurtalbahn bis Bahnhof Heimbach (Eifel). Mit Bus 231 bis zur Staumauer Schwammenauel.

BADEN

- **Naturfreibad Eiserbachsee** - Der Eiserbachsee ist ein kleines Vorbecken vom Rurstausee in Rurberg mit Sandstrand, frei zugänglich.
- **Woffelsbacher Bucht** - In Woffelsbach wurde ein Teil des Rursees mit Bojen als Badebereich abgegrenzt, frei zugänglich.
- **Naturerlebnisbad Einruhr** - familienfreundlich, Kiosk, Eintritt (www.naturerlebnisbad-einruhr.de).
- **Sonnenstrand Eschauel** im nördlichen Seeteil, Halbinsel Eschauel beim Ort Schmidt. Beach Bar, SUP-Vermietung **SUNNY BEACH RURSEE** (www.sunnybeach-rursee.de).

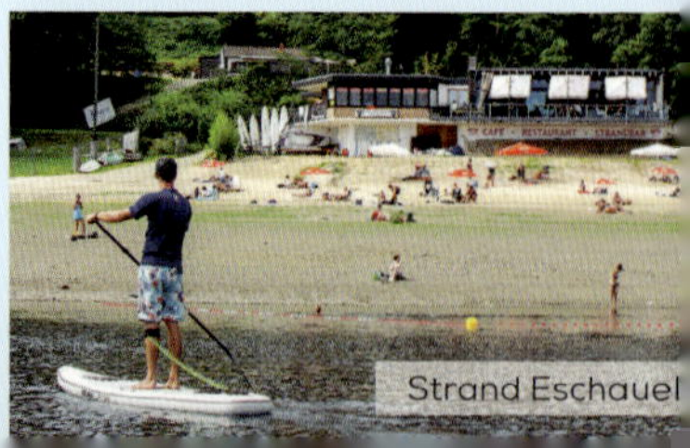

Strand Eschauel

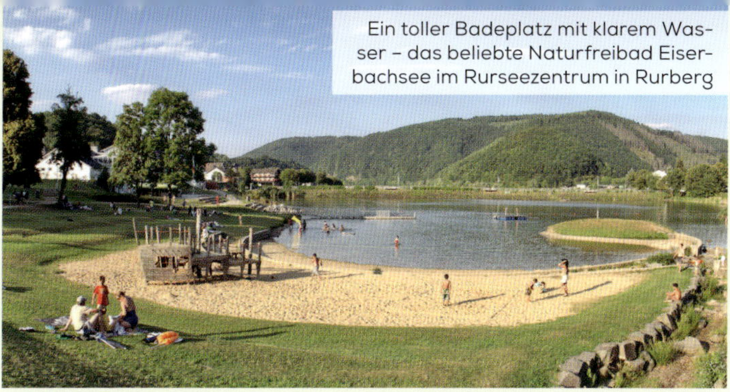

Ein toller Badeplatz mit klarem Wasser – das beliebte Naturfreibad Eiserbachsee im Rurseezentrum in Rurberg

EXTRA-TIPPS

» Im Herzen des **Nationalparks Eifel**, im Gebäude der ehemaligen NS-Ordensburg, befindet sich das **Forum Vogelsang IP**. Zwei spannende Dauerausstellungen informieren über sehr unterschiedliche Themen: 1. Die Nationalpark-Philosophie "Natur Natur sein lassen" ist das Thema der **Ausstellung "Wildnis(t)räume".** 2. Die **Ausstellung "Bestimmung: Herrenmensch"** widmet sich einer kleinen Gruppe von jungen Männern, die hier zur zukünftigen Führungselite der NS-Herrschaft ausgebildet wurden (Vogelsang IP, Schleiden, www.vogelsang-ip.de).

» Der **Nationalpark Eifel** und der umliegende **Naturpark Hohes Venn-Eifel** sind ein Paradies für Wanderer. Hier hat man mit dem 300 Kilometer langen **Eifelsteig** (www.eifelsteig.de), dem 85 Kilometer langen **Wildnistrail** und den 94 **Eifel-Schleifen** (www.eifelschleifen.de) die Qual der Wahl.

» Mit Rucksack und Zelt mitten in die Natur wandern. Im **Naturpark Hohes Venn-Eifel** wurden abgeschiedene Naturlagerplätze angelegt, wo man ganz legal sein Zelt aufschlagen kann. (Mehr Infos zum **Eifel-Trekking:** www.trekking-eifel.de).

» Kostenlos und ohne Anmeldung kann man sich mehrmals die Woche einer geführten **Rangertour** durch den **Nationalpark Eifel** anschließen (www.nationalpark-eifel.de).

» Bummel durch die romantischen Altstadtgassen in **Monschau**. Nicht verpassen sollte man die **historische Senfmühle** (Restaurant, Senfverkauf, www.senfmuehle.de) und das **Museum Rotes Haus**, das 1752 errichtete luxuriöse Haus eines wohlhabenden Tuchfabrikanten (www.rotes-haus-monschau.lvr.de).

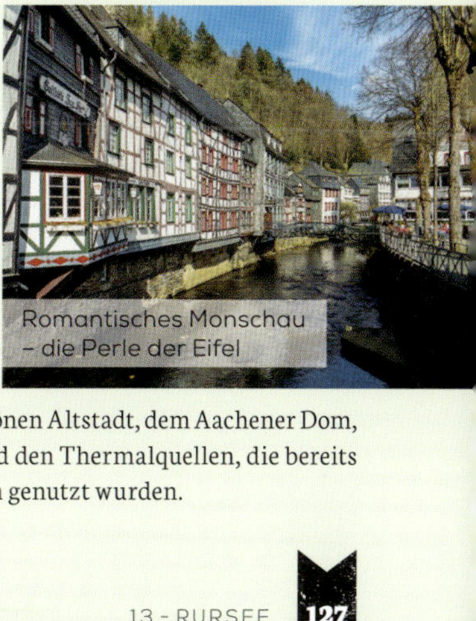

Romantisches Monschau – die Perle der Eifel

» **Besuch** der **Kaiserstadt Aachen** mit seiner schönen Altstadt, dem Aachener Dom, der seit 1978 UNESCO-Weltkulturerbe ist, und den Thermalquellen, die bereits seit der römischen Besiedlung zu Heilzwecken genutzt wurden.

TOUREN

1 GROSSE TALSPERRENRUNDE

Von Rurberg im Süden bis zur Staumauer in Norden und zurück.

| **LÄNGE** 23 km | **DAUER** 6–7,5 h

ONE-WAY-TIPP: Mit dem iSUP kann man die Tour an der Staumauer Schwammenauel (Bootsrampe) beenden und mit dem Ausflugsschiff (Ostern-Okt, www.rursee-schifffahrt.de) zurück zum Einstieg oder mit Bus & Bahn nach Hause fahren.

2 SÜDLICHER RURSEE

Seerunde Rurberg – Woffelsbach.

| **LÄNGE** 9 km | **DAUER** 2,5–3 h

EIN- & AUSSTIEGE

RURBERG Bootsrampe an der Stauanlage Eiserbach, GPS: 50.60706, 6.38359

WOFFELSBACHER BUCHT Bootsrampen in der Woffelsbacher Bucht, GPS: 50.627827, 6.387556

SCHWAMMENAUEL NUR ROUTE 1 Staumauer Schwammenauel (Heimbach-Hasenfeld), gebührenpfl. Parkplatz 300 m, GPS: 50.638849, 6.440439

SUP-VERMIETUNG

1 SUPSAFETY

(auch Kurse, SUP-Polo, Touren)
Camping Rursee, Seerandweg 26
52152 Simmerath-Rurberg
Tel. 0177-331 14 01, www.SUPsafety.de

www.fahrrad-kanuverleih-rursee.de

www.sunnybeach-rursee.de

EINKEHR

1 SEEPAVILLION

Uferstraße 7, 52152 Simmerath-Woffelsbach (gegenüber Anlegestelle Rurseeschifffahrt)
Tel. 0174-176 67 26
www.seepavillon-woffelsbach.jimdofree.com
Ostern-Okt, Fr-Mo ab 11 Uhr

Imbiss und Biergarten mit tollem Blick auf den See

KLASSIKER Currywurst mit hausgemachter Soße

2 YACHT CLUB RURSEE

Im Steinchen 4, 52152 Simmerath-Woffelsbach, Tel. (02473) 93 71 61
www.yacht-club-rursee.de
Mo 17-22, Di-Mi + Fr-So 17-23 Uhr

KLASSIKER Leckere Fischgerichte (nur Fr-So) oder Flammkuchen

3 RESTAURANT-CAFÉ ZUR POST

Rurstraße 1, 52152 Simmerath-Einruhr, Tel. (02485) 350
www.cafe-zur-post.de
Mi-So 11-19 Uhr

KLASSIKER Wildgerichte

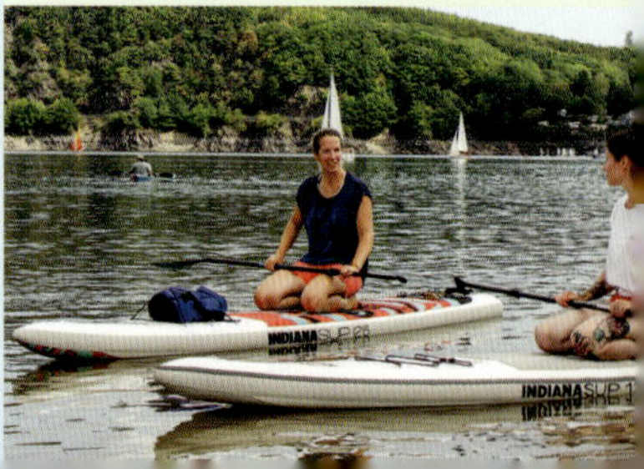

4 KLOSTER-GASTSTÄTTE

Abtei Mariawald, Mariawalder Straße
52396 Heimbach, Tel. (02446) 950 60
www.kloster-mariawald.de
Mi-So 10-18 Uhr

KLASSIKER Klosterküche, Klosterbier, Likörfabrik, Klosterladen

ÜBERNACHTUNG

WOMO-STELLPLATZ

in Simmerrath-Rurberg

1 HOTEL „ZUR ALTEN FRISCHE"

Wendelinusstraße 5
52152 Simmerath-Woffelsbach
Tel. (02473) 23 15, www.altefrische.de
Gute Deutsche Küche (nur Sa+So)

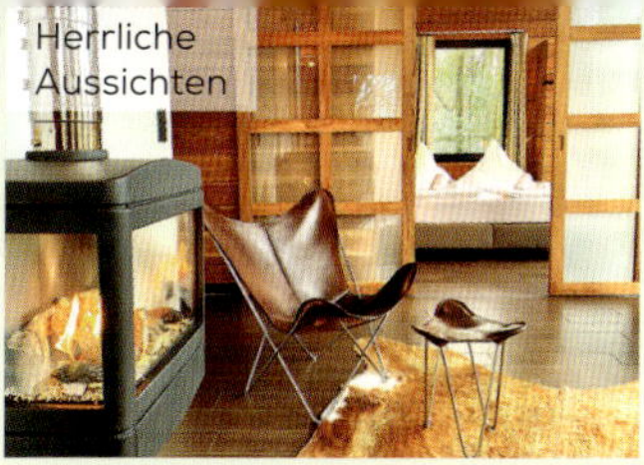
Herrliche Aussichten

2 CAMPING RURSEE

Seerandweg 26, 52152 Simmerath-Rurberg, Tel. (02473) 23 65
www.camping-rursee.de
Übernachten im urigen Campingfass

3 HERRLICHE AUSSICHTEN

Langerscheidt 31, 52396 Heimbach
Tel. (02446) 805 98 53
www.herrliche-aussichten.de
Tolle Natur-Chalets (mind. 3 Nächte) mit Privatsauna und Kaminofen

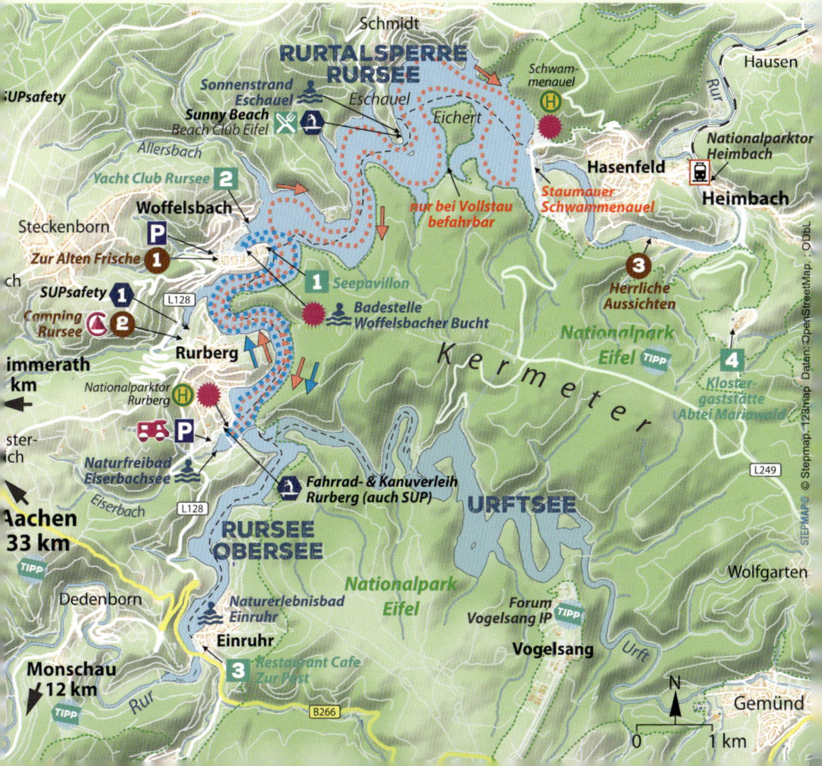

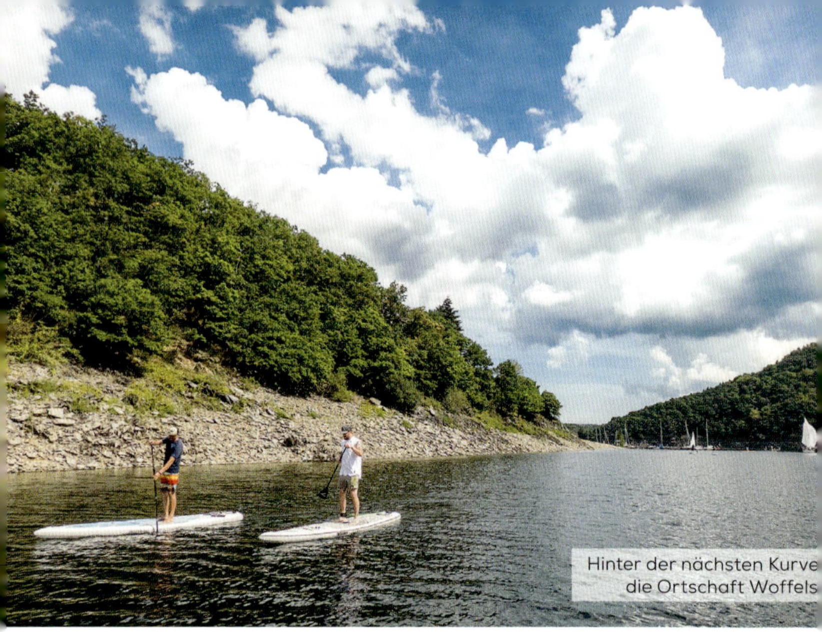

Hinter der nächsten Kurve die Ortschaft Woffels

1 GROSSE TALSPERRENRUNDE

Zusammen mit dem **OBERSEE** und dem **URFTSEE** bildet der **RURSEE** die **EIFELER SEENPLATTE**. Allerdings darf nur der Rursee wassersportlich genutzt werden. Gründe für den Bau der Talsperren gab es viele. Die im Hohen Venn entspringende Rur sorgte mal für Überschwemmungen, dann wieder einen Mangel in der Wasserversorgung der Dürener und Jülicher Industrie. Das änderte sich erst 1938 mit dem Bau der Rurtalsperre. Schon sechs Jahre später wurde sie vom US-Militär stark unter Beschuss genommen, hielt aber allen Bombenangriffen stand. Bis die Wehrmacht selber in der Nacht vom 9. auf den 10. Februar 1945 die Verschlüsse der Grundablassstollen zerstörte. Die Rur verwandelte sich dadurch in einen bis zu 200 Meter breiten Fluss, einem erheblichen Hindernis für die vorrückenden Alliierten in Richtung Rhein. Wenn man jetzt seinen Blick über die ruhige Wasserfläche und die idyllischen, bewaldeten Ufer schweifen lässt, lassen sich die Dramen, die sich hier einst abspielten, kaum mehr vorstellen.

Unsere Tour startet neben der **STAUANLAGE EISERBACH**, an der **BOOTSRAMPE IN RURBERG** ●. Rechts von uns liegt das **INFO-HAUS NATIONALPARKTOR RURBERG**, wo wir die Erlaubniskarte zur Wassernutzung erstanden haben. Vor uns erhebt sich der **PAULUSHOFDAMM**, der die Rur und die Urft aufstaut und so Obersee und Urftsee bildet. Nach links wird uns der Rursee nach vielen Windungen bis zur Staumauer in Schwammenauel bringen.

An das östliche Ufer des Rursees grenzt der erst 2004 gegründete **NATIONALPARK EIFEL**. Noch gilt er als "Entwicklungs-Nationalpark", denn erst wenn mindestens dreiviertel seiner Fläche sich selbst überlassen ist, erfüllt er die internationalen Kriterien. Sein "Herz" bildet der **KERMETER**, ein dicht bewaldeter Höhenzug, den Karl der Große gerne für seine Jagd nutzte und über den im Römischen Reich die Straße führte, die Köln mit Reims verband. Als Napoleon das Rheinland eroberte, war dieser Bergrücken fast abgeholzt.

Am westlichen Ufer umrunden wir die Ortschaft **RURBERG**. Ein kleiner Seitenarm führt zum **CAMPING RURSEE** 2 und zur SUP-Vermietung **SUP-SAFETY** 1. Eine Kurve weiter, auf einem vom See umfluteten Bergrücken, liegt **WOFFELSBACH**. Das alte Woffelsbach ist weitgehend im Stausee untergegangen und so entstand, wie bei den meisten Orten am Ufer, eine neue, auf Tourismus ausgerichtete Ortschaft.

Im nördlichen Teil des Rursees passieren wir die **HALBINSEL ESCHAUEL** (am Ostufer Schiffsanleger, Segel-Clubs, **STRANDBAD** mit Beach Club und **SUP-VERMIETUNG** 1), vor deren Spitze ein rund 100 Meter langes Eiland (bei Vollstau gemessen) zum Picknicken einlädt. Nur 500 Meter weiter ragt die bewaldete **INSEL EICHERT** aus dem Wasser auf. Bei Vollstau kann man rechts an ihr vorbei SUPen. Oft aber ist der Weg durch eine schmale Landzunge versperrt. Dann geht es nur links vorbei zur dahinterliegenden **STAUMAUER SCHWAMMENAUEL**. Von hier paddeln wir den gleichen Weg zurück nach **RURBERG**.

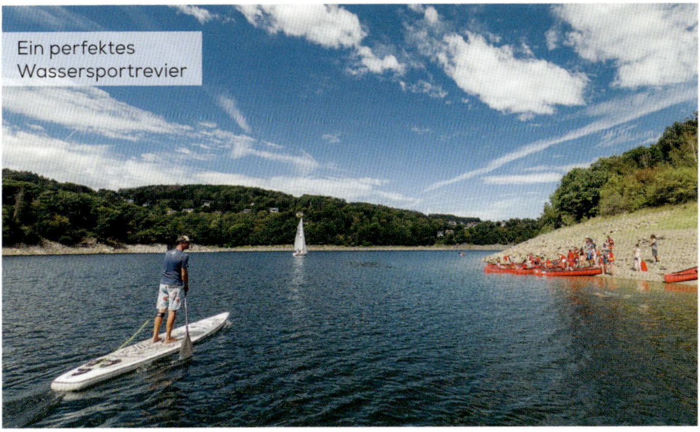
Ein perfektes Wassersportrevier

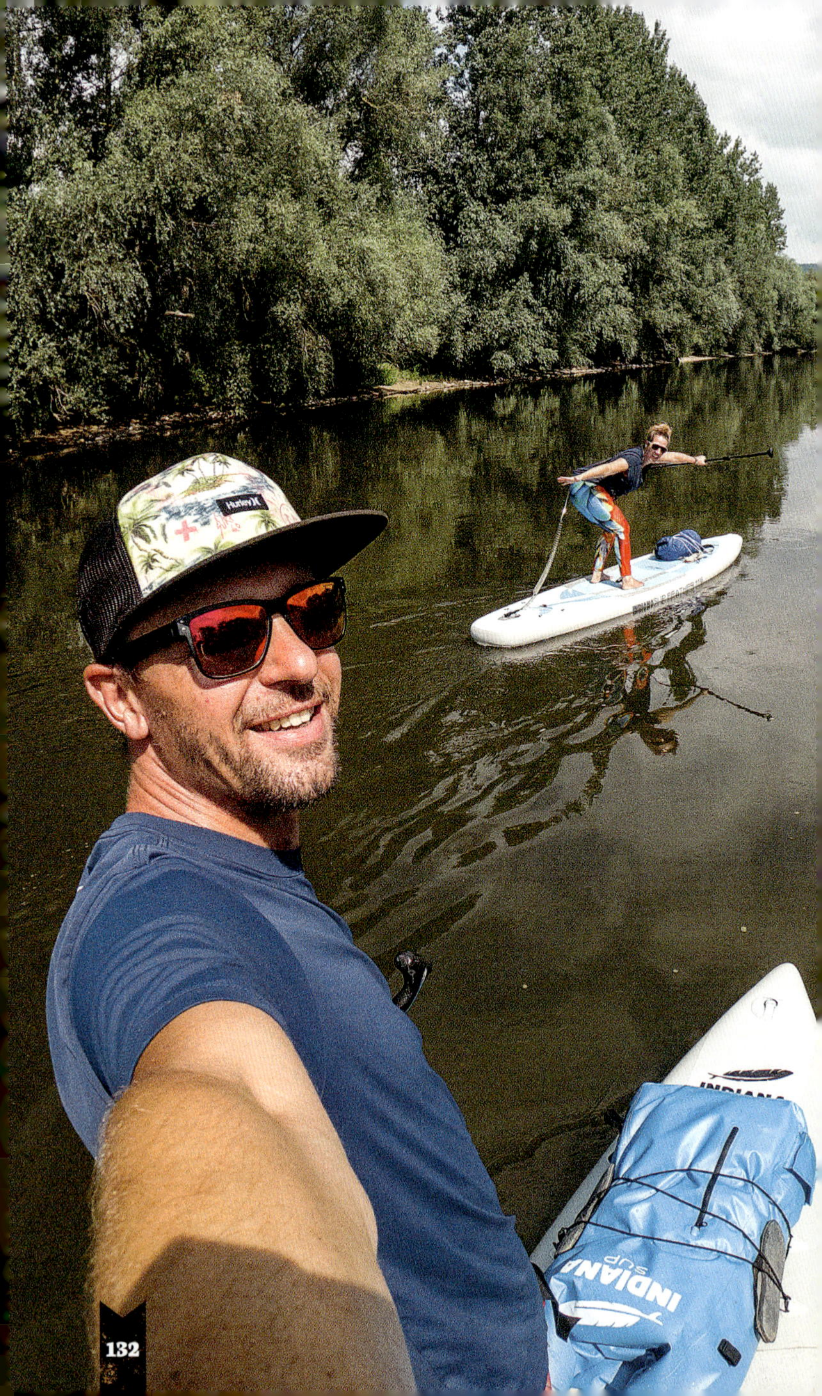

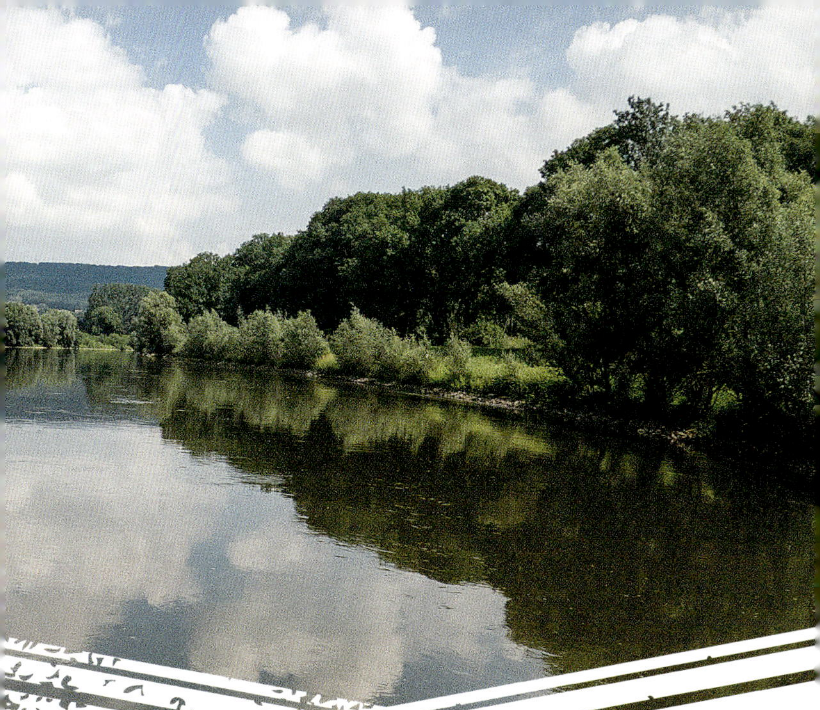

WESER & WERRE

ANSPRUCH: 1–3 (Paddel-Symbole)

EINKEHR: 3 (Bierkrug-Symbole)

Flott unterwegs ist man auf der Weser, dem einzigen Strom Deutschlands mit ausschließlich inländischem Einzugsgebiet. In großen Kehren geht es durch die einsamen und breiten Talauen zwischen Rinteln und Vlotho. Von dort aus treibt man weiter durch die Westfälische Pforte vom Weserbergland in die Norddeutsche Tiefebene.

Deutlich ruhiger, aber nicht weniger schön, ist die Werre zwischen Löhne und Bad Oeynhausen.

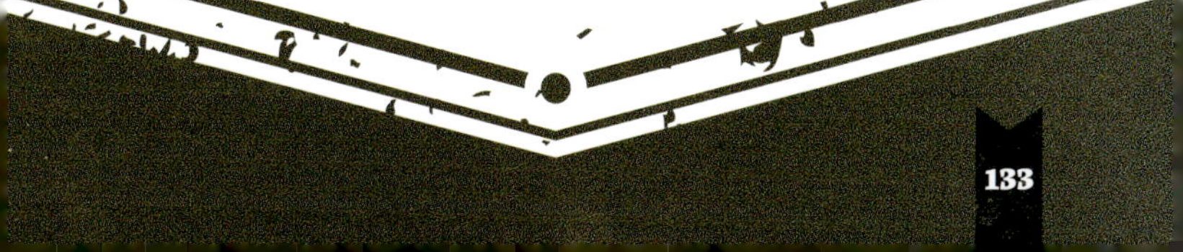

WIND & WETTER

Vorherrschende Windrichtung Südwest.

SCHWIERIGKEITEN Weser

- Die Weser ist Binnenschifffahrtsstraße (s. S. 9) und aufgrund der Strömung nicht für Anfänger geeignet.
- Vor allem am Wochenende und bei schönem Wetter sind Freizeitboote, Jet-Skis und Wasserskifahrer (Wasserskistrecken bei km 178 & km 185) unterwegs, die ordentlich Wellen machen. Mit großen Frachtschiffen muss man auf diesem Abschnitt der Weser kaum rechnen.
- Hochseil-Personen-Fähre bei Varenholz (km 174,1) und freifahrende Personen-Fähre kurz vor der Werremündung (km 189,8).
- Vorsicht vor Steinen in Ufernähe direkt unter der Wasseroberfläche, die im trüben Wasser nicht zu sehen sind. Teilweise reichen Weidezäune bis ins Wasser hinein.

Empfohlene Ausrüstung: Leash mit Notfallauslöser und Schwimmweste.

PEGEL

Weser – Bezugspegel: Weser/Vlotho

- mittl. höchster Wasserstand 559 cm
- Mittelwasserstand 220 cm
- mittl. niedrigster Wasserstand 121 cm

Mobil: RiverApp oder Meine Pegel

Online: www.wasserstaende.de/gast/stammdaten?pegelnr=45900208

Ab einem Pegel von 221 cm nimmt die Strömung der Weser merklich zu. Ab 320 cm sollte man aus Sicherheitsgründen nicht mehr aufs Wasser.

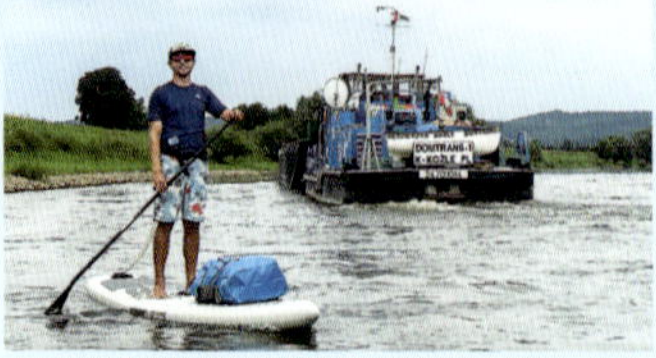

Werre – Bezugspegel: Werre/Löhne

- mittl. höchster Wasserstand 385 cm
- Mittelwasserstand 105 cm
- mittl. niedrigster Wasserstand 65 cm

Mobil: RiverApp oder Meine Pegel

Online: http://luadb.lds.nrw.de/LUA/hygon/pegel.php

Unter einem Pegel von 80 cm wird es am Einstieg am Wehr in Löhne etwas flach. Man kann aber gut über den sandigen Boden laufen und das Board ein paar Meter treideln.

ANFAHRT MIT DEM PKW

WESER/RINTELN, EINSTIEG ROUTE 1

A2 bis Ausfahrt 35 (Bad Eilsen), dann B83 in Richtung Rinteln fahren. Rechts abbiegen auf Rintelner Straße/B238 bis Ausfahrt Hameln/Rinteln-Nord. Links abbiegen auf Konrad-Adenauer-Straße, im Kreisverkehr die 3. Ausfahrt, links abbiegen auf Bahnhofstraße und dann rechts abbiegen auf Dankerser Straße. Der Parkplatz liegt links.

WESER/VLOTHO, EINSTIEG ROUTE 2

A2 bis Ausfahrt 32 (Bad Oeynhausen), dann auf B514 in Richtung Vlotho. Nach knapp 5 Kilometern scharf links auf Herforderstraße abbiegen.

WERRE/LÖHNE, EINSTIEG ROUTE 3

A30 bis Ausfahrt 30 (Löhne), dann rechts ab auf Lübbecker Straße. Rechts abbiegen, um auf Lübbecker Str. zu bleiben, später Bahnhofstraße. Im Kreisverkehr die 3. Ausfahrt nehmen. Der Parkplatz liegt vor dem Wehr rechts.

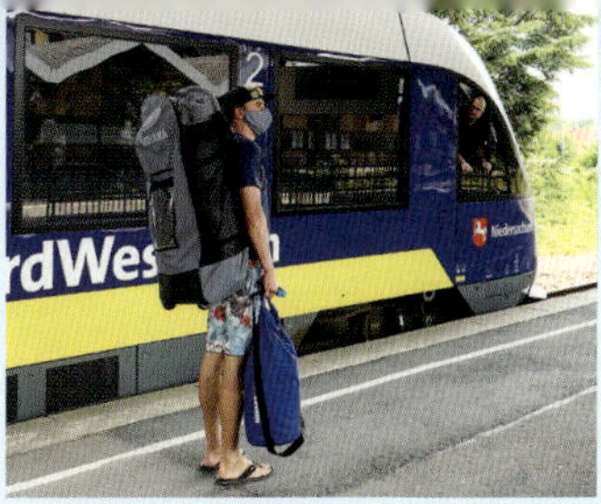

PARKEN ROUTE 1 – WESER

EINSTIEG Gr. Parkplatz, Am Weseranger 3 in Rinteln. GPS: 52.191, 9.08092

AUSSTIEG Parkmöglichkeit am Weserhafen, Herforderstraße in Vlotho. GPS: 52.16791, 8.8687

PARKEN ROUTE 2 – WESER

EINSTIEG Parkmöglichkeit am Weserhafen, Herforderstraße in Vlotho. GPS: 52.16791, 8.8687

AUSSTIEG Großer Parkplatz am Festplatz Kanzlers Weide, Uferstraße in Minden. GPS: 52.28574, 8.92472

PARKEN ROUTE 3 – WERRE

EINSTIEG Öffentlicher Parkplatz, Schützenstraße am Wehr in Löhne. GPS: 52.19846, 8.70857

AUSSTIEG Großer Parkplatz vom Siel-Palais, Am Kokturkanal in Bad Oeynhausen. GPS: 52.20869, 8.77914

AN-/AB MIT ÖPNV WESER

RINTELN, EINSTIEG ROUTE 1
Von Bf Löhne (Westf) mit der Weserbahn RB77 Richtung Hildesheim bis Bf Rinteln. Zu Fuß 1 km zum Einstieg.

VLOTHO, AUSSTIEG ROUTE 1
Zu Fuß 650 m zum Bf Vlotho (Historischer Bahnhof 1875). Von dort mit der Nordwestbahn weiter Richtung Hildesheim / Löhne / Bünde oder über Bf Rinteln zurück zum Einstieg.

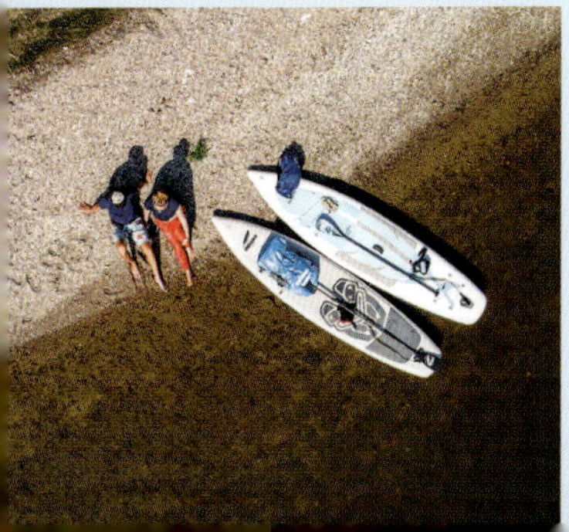

VLOTHO, EINSTIEG ROUTE 2
Von Bf Löhne (Westf) mit der Weserbahn RB77 Richtung Hildesheim bis Bf Vlotho. Zu Fuß 700 m zum Einstieg.

MINDEN, AUSSTIEG ROUTE 2
Zu Fuß 1 km zum Bf Minden (Westf), von dort in weiter (IC, RE, S-Bahn) in viele Richtungen. Oder über Bf Löhne (Westf) zurück zum Einstieg.

AN-/AB MIT ÖPNV WERRE

LÖHNE, EINSTIEG ROUTE 3
Von Bielefeld Hbf mit dem Regionalexpress bis Bf Löhne (Westf). Zu Fuß 500 m zum Einstieg.

BAD OEYNHAUSEN, AUSSTIEG ROUTE 3 Zu Fuß 1,5 km zum Bf Bad Oeynhausen, Anschluss an IC, RE, WestfalenBahn in verschiedene Richtungen. Oder Richtung Minden (Westf) bis Bf Löhne (Westf) zurück zum Einstieg.

BADEN

- In unmittelbarer Nähe zur Weser in Rinteln liegt der **Badesee Doktorsee** mit Campingplatz und Badebereich (www.doktorsee.de).
- Badesee & CampingPark **Großer Weserbogen** an der Weser in Porta Westfalica (www.grosserweserbogen.de).
- **Bali Therme** Bad Oeynhausen. Therme, Sauna, Wellness im balinesischem Stil (tägl. 9-23, www.balitherme.de).

EXTRA-TIPPS

» Mit der **Fahrrad-Draisine** von **Rinteln** ins **Extertal** (Apr-Okt, Mi-So, Draisinen-Bahnhof: Extertalstr. 35, Rinteln, www.draisinen.de).

» In die geheimnisvolle Welt der ehemaligen Grube Wohlverwahrt im **Bergwerk Kleinenbremen**, wo bis 1957 Eisenerz gefördert wurde, fährt man mit der Grubenbahn (Mär-Okt Di-Do, Sa+So, Rintelner Str. 396, Porta Westfalica, www.bb-mk.de).

» **Schloss Bückeburg**, mit seinen historischen Prunkräumen und der weitläufigen **Parkanlage** sowie dem größten privaten **Mausoleum** der Welt, ist seit vielen Hundert Jahren Stammsitz der Familie „zu Schaumburg-Lippe“ (Museum mit Museums-Shop, Führungen, www.schloss-bueckeburg.de).

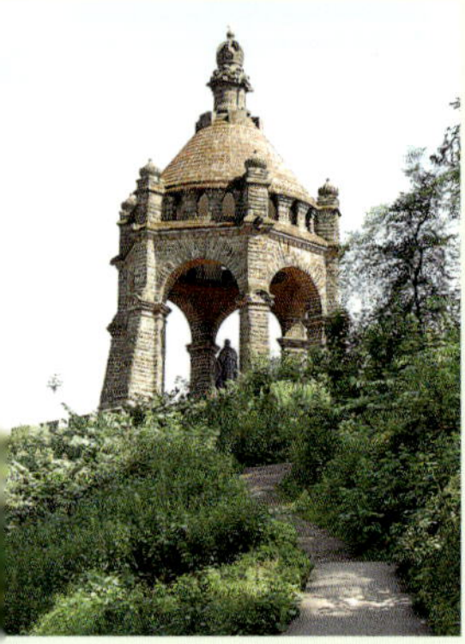

» Die Kunst des Glasmachens ist an der Weser zu Hause. Im **Gernheimer Glasturm** von 1826, einem der letzten beiden erhaltenen Gebäude dieser Art in Deutschland, kann man erleben, wie Glasmacher mit Pfeife, Holzform und Schere aus der glühenden Glasmasse Gefäße herstellen (**LWL-Industriemuseum Glashütte Gernheim:** Di-So, Gernheim 12, Petershagen, www.glashuette-gernheim.lwl.org).

» Wahrzeichen und Sehenswürdigkeit ist das **Kaiser-Wilhelm-Denkmal** (Foto links) an der **Porta Westfalica**. Von den Denkmalterrassen hat man einen tollen Ausblick auf das gegenüberliegende Wesergebirge. Im modernen Besucherzentrum taucht man in die Geschichte von den Römern bis zum Zweiten Weltkrieg (Di-So, Kaiserstr. 15, Porta Westfalica, www.kaiser-wilhelm-denkmal.lwl.org und www.kaiser-wilhelm-porta.de).

» Ein schöner Spaziergang führt vom Kaiser-Wilhelm-Denkmal auf dem **Kammweg** zur **Wallanlage Wittekindsburg** (↔ 3 km), einer Verteidigungsanlage der vorrömischen Eisenzeit, und ein Stück weiter zur **Margarethenkapelle**.

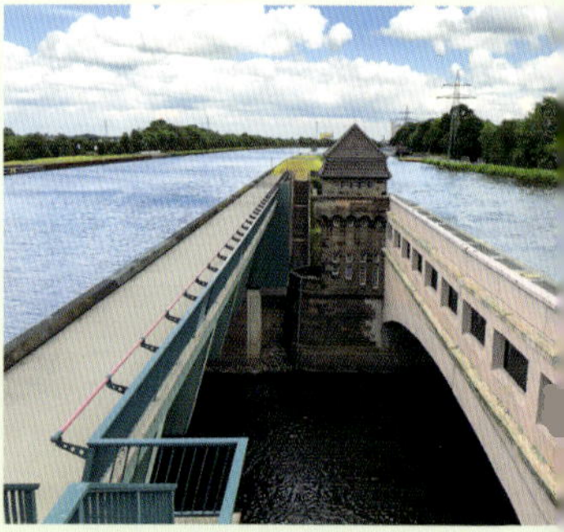

» Das **größte Wasserstraßenkreuz der Welt** findet sich in **Minden**. Seit 1915 wird der Mittellandkanal in einer Trogbrücke über die 13 Meter tiefer liegende Weser geführt. Ein ausgeschilderter 2 km langer **Besucherweg** führt vom Besucherzentrum (Sympherstr. 12, Minden) zur Mitte der Wasserstraßenkreuzung

» **Lutscher selber machen** So 14+15 Uhr (anmelden ab 11 Uhr). **Historische Bonbonkocherei** „Salz & Zuckerland“ mit Shop (Sa+So 11-18, Sielallee 2, 32545 Bad Oeynhausen, Tel. (05731) 10 55 88, www.salzundzuckerland.de).

TOUREN

1 AUF DER WESER VON RINTELN BIS VLOTHO

Mit flotter Strömung in großen Kehren durch die einsamen und breiten Talauen der Weser. **Achtung:** Drahtseil bei der Seilfähre Varenholz - Veltheim.

Nicht für Anfänger geeignet!

| **LÄNGE** 20 km | **DAUER** 3-4 h

2 AUF DER WESER VON VLOTHO BIS MINDEN

Flotte Tour durch die Porta Westfalica, wo die Weser zwischen Wiehen- und Wesergebirge das Weserbergland verlässt und Richtung Norden in die Norddeutsche Tiefebene fließt.

Nicht für Anfänger geeignet!

| **LÄNGE** 20 km | **DAUER** 3-4 h

3 DIE WERRE ZWISCHEN LÖHNE & BAD OEYNHAUSEN

Entspannte Tour zwischen unverbauten Ufern, einer futuristischen Autobahnbrücke und kleinen Städten.

| **LÄNGE** 5,5 km | **DAUER** 1,5-2 h

TIPP: Da strömungslos, kann man bequem von Bad Oeynhausen auch flussauf und wieder zurück SUPen.

SUP-VERMIETUNG

Siehe im Buch: Tourenplanung - „mobile SUP-Vermieter" Seite 7.

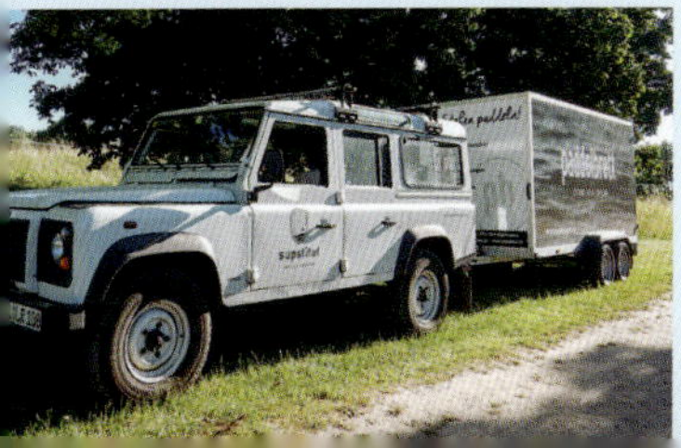

EIN- & AUSSTIEGE

EINSTIEG ROUTE 1 Schwimmsteg oder flacher Sandstrand (neben Bodega Beach Club) am Weserstrand in Rinteln. GPS: 52.19072, 9.07981

AUSSTIEG ROUTE 1 Kanusteg am Hafen in Vlotho. GPS: 52.16789, 8.86902

ZURÜCK ZUM EINSTIEG Am besten mit 2. PKW (vorab am Ausstieg geparkt). Oder 650 m zum Bf Vlotho, mit der Weserbahn RB77 Richtung Hildesheim bis Rinteln und 1 km zu Fuß zum Einstieg.

EINSTIEG ROUTE 2 Kanusteg am Hafen in Vlotho. GPS: 52.16789, 8.86902

AUSSTIEG ROUTE 2 Über die flache Uferböschung am Weserstrand an der Kanzlers Weide in Minden. GPS: 52.28699, 8.92299

ZURÜCK ZUM EINSTIEG Am besten mit 2. PKW (vorab am Ausstieg geparkt). Oder zu Fuß 1 km zum Bf Minden, RE70 Richtung Bielefeld bis Bf Löhne (Westf), weiter mit RB77 Richtung Hildesheim bis Bf Vlotho. 700 m zum Einstieg.

EINSTIEG ROUTE 3
Unter der Brücke am Wehr in Löhne. GPS: 52.19784, 8.70855

AUSSTIEG ROUTE 3 Uferböschung am rechten Ufer vor dem Wehr in Bad Oeynhausen. GPS: 52.20888, 8.7781

ZURÜCK ZUM EINSTIEG Am besten mit 2. PKW (vorab am Ausstieg geparkt). Oder 1,5 km zu Fuß zum Bf Bad Oeynhausen, mit RE6 oder RE78 Richtung Minden (Westf) bis Bf Löhne (Westf) und zu Fuß 500 m zum Einstieg.

EINKEHR

WESER

1 BODEGA BEACH CLUB

Am Weseranger, 31737 Rinteln
Tel. (05751) 96 82 40
www.bbc-rinteln.de

Öffnungszeiten saison- & wetterabhängig, am Einstieg in Rinteln

KLASSIKER Burger, Beach Pommes

2 WESERHÜTTE

Adam-Opel-Str. 11
32547 Bad Oeynhausen
Tel. (05731) 254 80 08
www.weser-huette.de
Di-Fr ab 14, Sa+So ab 12 Uhr

Öffentlicher Kanuanleger 160 m flussab nach dem Fähranleger

KLASSIKER Burger (auch vegetarisch und vegan)

3 SCHIFFMÜHLE

Weserpromenade 24, 32423 Minden
Tel. (0571) 398 02 80
www.schiffmuehle-gastronomie.de
Apr-Okt Di-So ab 11 Uhr

Ca. 300 m vor Ausstieg in Minden auf der linken Weserseite

KLASSIKER Schnitzel „Weser" mit Schmorzwiebeln

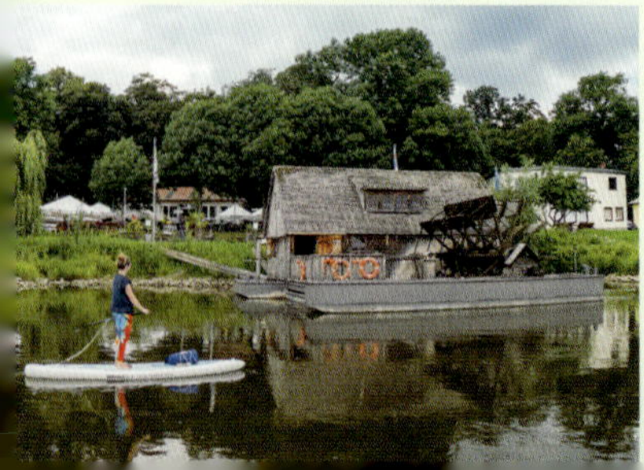

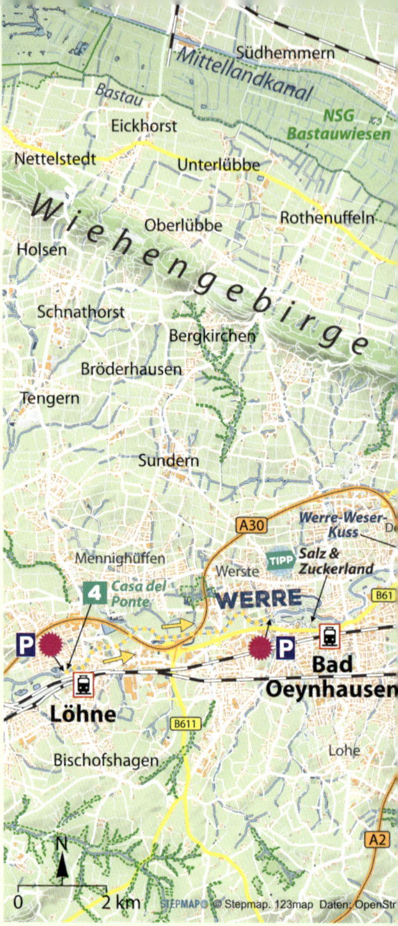

WERRE

4 CASA DEL PONTE

Schützenstr. 17
32584 Löhne
Tel. (05732) 21 69
www.brueckenhaus-loehne.de
Di-So 16-22 Uhr

KLASSIKER Traditionelle Pizza und andere leckere italienische Gerichte

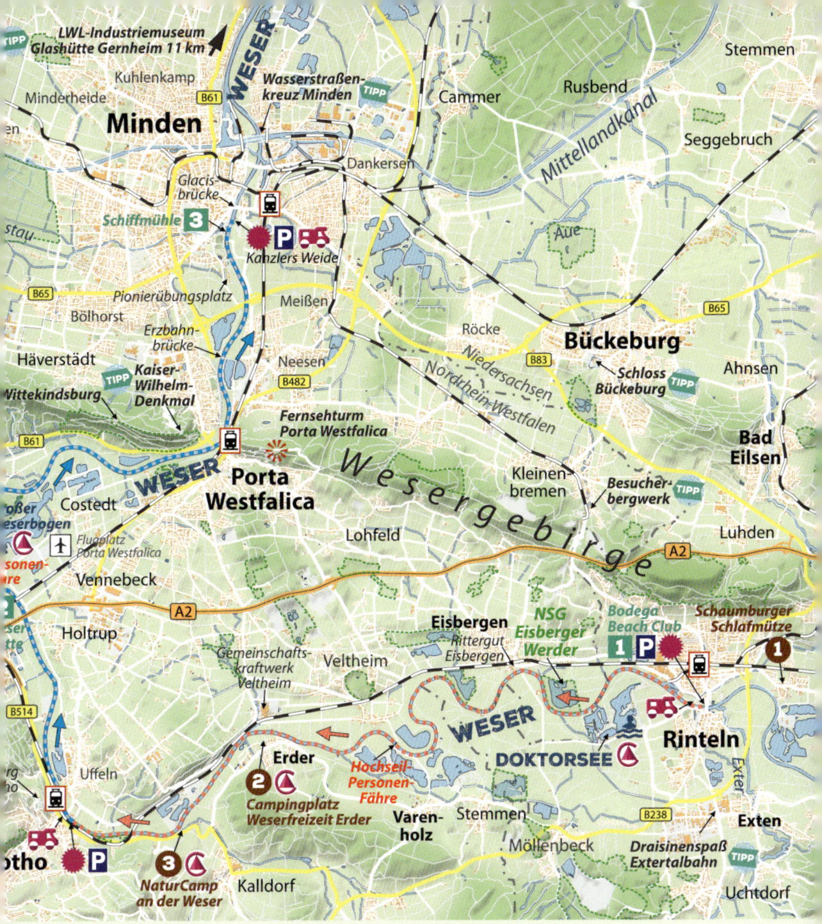

ÜBERNACHTUNG

WOMO-STELLPLÄTZE
in Rinteln, Vlotho, Minden

❶ FERIENWOHNUNG SCHAUMBURGER SCHLAFMÜTZE
Berliner Str. 35, 31737 Rinteln
www.booking.com
Apartments für bis zu vier Personen in liebevoll restauriertem Bauernhaus. Bio-Hofladen nebenan.

❷ CAMPINGPLATZ WESERFREIZEIT ERDER
An der Weser 7a, 32689 Kalletal
Tel. (05765) 930 33
www.weserfreizeit-erder.de

❸ NATURCAMP AN DER WESER
Weserstr. 110, 32602 Vlotho
Tel. (05733) 187 08
www.anderweser.de

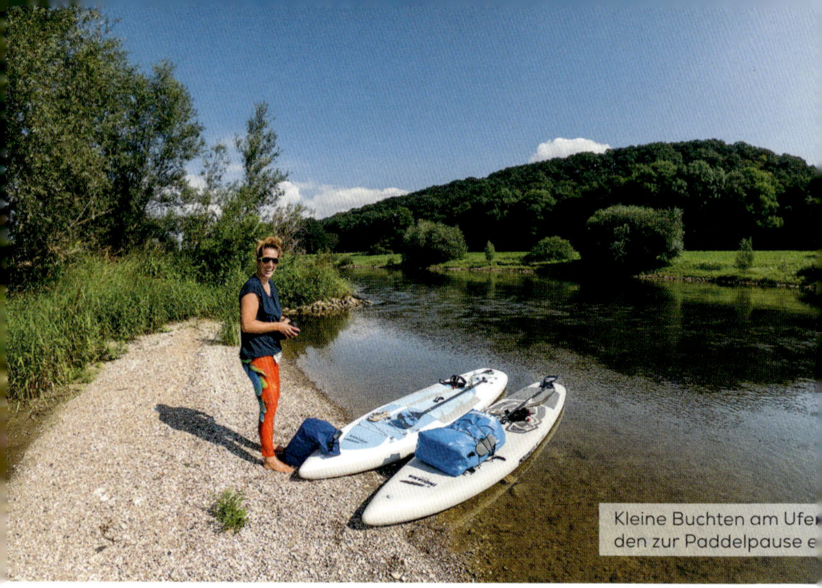

Kleine Buchten am Ufe[r]
den zur Paddelpause e[...]

1 AUF DER WESER VON RINTELN NACH VLOTHO

Unmittelbar vor der flott dahinfließenden Weser haben wir die Nacht am Endpunkt unserer geplanten Tour, dem **WOHNMOBILSTELLPLATZ AM WESERHAFEN** in Vlotho verbracht. Mit unseren SUP-Boards auf dem Rücken laufen wir von hier aus zum nahegelegenen Bahnhof und eine gute halbe Stunde später sind wir in **RINTELN**, dem **STARTPUNKT** (Weser-km 163,4) der Tour. Schnell sind die Boards neben dem **BODEGA BEACH CLUB** 1 aufgebaut und los geht's aufs Wasser.

Sofort trägt uns die Strömung davon, die uns in großen Kehren durch die einsamen und breiten Talauen zwischen den altertümlichen Städten Rinteln und Vlotho treiben wird, immer entlang an der Grenze zwischen Niedersachsen und Nordrhein-Westfalen. Mit Lastschiffen müssen wir hier auf der Oberweser kaum noch rechnen. Gerade mal 30.000 t Güter, hauptsächlich Getreide, werden derzeit noch jährlich mit dem Binnenschiff befördert.

Hinter der Einfahrt in den Rintelner Hafen paddeln wir vorbei an saftigen, baumbestandenen Wiesenböschungen und Steinbuhnen, an deren Spitzen sich kleine Strudel bilden. Links werfen wir einen Blick in die Einfahrt zum **DOKTORSEE** (Weser-km 166,4), einem künstlichen Badesee, der in den 1960er

Jahren durch den Abbau von Kies und Sand entstand – heute ein ausgedehntes Freizeit- und Erholungsgebiet mit Campingplatz und entsprechender Infrastruktur.

Wir sind noch nicht weit gekommen, aber schon jetzt laden immer wieder kleinere Kies- und Sandstrände zum Anlanden und Picknicken ein. Nach fünf Kilometern taucht hinter der zweiten Kurve die Brücke (Weser-km 168,7) auf, die **MÖLLENBECK** (Kloster) und **EISBERGEN** miteinander verbindet. Hinter ihr fällt unser Blick auf das **RITTERGUT EISBERGEN**. Einige der privat genutzten Gebäude stammen noch aus der Zeit um 1747. Dann sind wir wieder umgeben von Wiesen und Feldern. Nördlich der Weser verläuft in der Ferne der Kamm des Wesergebirges, südlich erkennen wir die sanften Hügel des Lipper Berglands. Als wir das **NATURSCHUTZGEBIET EISBERGER WERDER** passieren, entdecken wir am Ufer ein Storchennest, in dem drei prächtige Jungstörche thronen.

Zwischen **VARENHOLZ** (Schloss) und **VELTHEIM** (Weser-km 174,1) müssen wir aufpassen. Wanderer und Radfahrer können hier mit einer historischen **HOCHSEILFÄHRE** (Apr-Okt, Sa+So) die Weser überqueren. Zum Antrieb nutzt sie die Strömung des Flusses. Am rechten Ufer, hinter dem Fähranleger, steht ein Denkmal zur Erinnerung an die 81 Todesopfer, die bei einer Militärübung zwischen den beiden Weltkriegen auf der Weser verunglückten.

Hinter **ERDER** reiht sich dann gefühlt ein Campingplatz an den anderen. Schließlich paddeln wir unter der schönen grauen, genieteten Eisenbahnbrücke hindurch, über die wir ein paar Stunden zuvor mit dem Zug gefahren sind. Nur ein Stückchen weiter, hinter einer Rechtskurve, liegt links der **HAFEN VON VLOTHO**, wo unser Wohnmobil auf uns wartet. Noch vor der Hafenmauer setzen wir an einem schwimmenden **KANUSTEG** ● (Weser-km 183,1) aus.

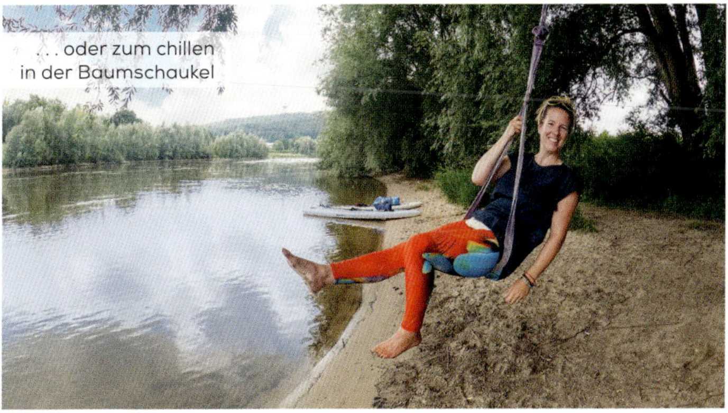

… oder zum chillen in der Baumschaukel

2 AUF DER WESER VON VLOTHO NACH MINDEN

Da, wo wir gestern die Weser verlassen haben, geht es heute am **KANUSTEG** (Weser-km 183,1) weiter. Sofort treiben wir mit der Strömung am **WESERHAFEN VLOTHO** vorbei und unter der ersten Brücke hindurch. Am linken Ufer auf dem **AMTSHAUSBERG**, 100 Meter über dem Pegel der Weser, liegt die **BURG VLOTHO**. Die Burg selber sieht man nicht, aber bei genauem Hinschauen entdeckt man die Burgmauer mit dem Biergarten.

An beiden Ufern bilden Steinbuhnen kleine Buchten. Links von uns liegen die Ausläufer des Lipper Berglands, rechts erstrecken sich Felder, Weiden, ein paar Bauern- und Wohnhäuser. Es herrscht Ruhe und Idylle, bis sich nach fast fünf Kilometern die Autobahnbrücken der A2 und die Brücke der ICE-Strecke Berlin-Köln über die Weser spannt. Instinktiv ducken wir uns, als direkt hinter der Eisenbahnbrücke ein tieffliegendes Sportflugzeug, vom Flugplatz Porta Westfalica kommend, über unsere Köpfe saust.

Kurz bevor die freifahrende **FÄHRE AMANDA** (Weser-km 189,8) die Weser kreuzt, rechts liegen die **BADESEEN** und der **CAMPINGPARK GROSSER WESERBOGEN**, lockt am linken Ufer die **WESERHÜTTE** 2 zur Einkehr. Nur ein paar Paddelschläge weiter erreichen wir den **WERRE-WESER-KUSS**, wo von links die Werre in die Weser mündet (Weser-km 190,2). Das **FLÖSSERDENKMAL** am Ufer gedenkt der Flößerei, die 1962 endgültig aufgegeben werden musste.

Am linken Ufer ziehen die Wohnhäuser von **DEHME**, einem **BAD OEYNHAUSENER** Stadtteil, an uns vorbei und wir tauchen wieder ein in die Ruhe der Natur. Die einzigen Geräusche, die uns begleiten, sind der Wind in den Bäumen, das Zwitschern der Vögel und das Plätschern des Wassers. Die Weser fließt in weiten Bögen und wir lassen uns einfach treiben.

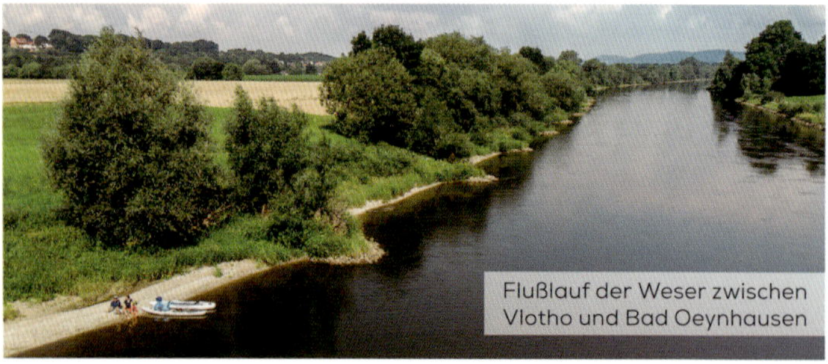

Flußlauf der Weser zwischen Vlotho und Bad Oeynhausen

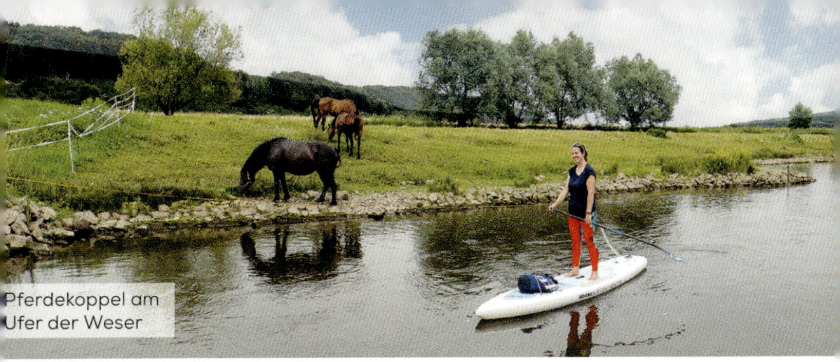

Pferdekoppel am Ufer der Weser

Schließlich erhebt sich vor uns der Bergkamm des **WIEHENGEBIRGES**. Wenn man genau hinschaut, sieht man sogar weit oben die **WITTEKINDSBURG**. Der Gebirgszug zwingt die Weser ihren Lauf nach Osten zu ändern, Richtung **PORTA WESTFALICA**. Die Westfälischer Pforte, das ist da, wo die Weser den Gebirgskamm zwischen Wiehengebirge und Wesergebirge durchbricht, das Weserbergland verlässt und in die Norddeutsche Tiefebene fließt.

Vor uns taucht immer wieder der **FERNSEHTURM** (mit Aussichtsplattform) auf der anderen Seite vom **WESERDURCHBRUCH** auf. Als wir uns Porta Westfalica nähern, können wir links über uns die ersten Teile vom **KAISER-WILHELM-DENKMAL** TIPP erkennen. Die ersten Wohnhäuser tauchen auf und damit auch der Lärm der Zivilisation. Am rechten Ufer kommen wir am Bahnhof von **PORTA WESTFALICA** (Weser-km 198,0) vorbei und am linken Ufer liegt der chillige Strand der **WESER BLUE BAR**. Daran vorbei, werfen wir noch einen Blick über die linke Schulter und erhaschen einen tollen Blick auf das **KAISER-WILHELM-DENKMAL**.

Hinter dem Weserdurchbruch wird die Landschaft flach. Wir passieren eine verrostete **ERZBAHNBRÜCKE** (Weser-km 199,8) und haben schon eine Weile das Gefühl, dass uns auf dem Wasser etwas entgegenkommt, können aber beim besten Willen nicht erkennen, was es ist. Sie sind nur noch wenige Meter von uns entfernt, als wir sechs Amphibienfahrzeuge erkennen, die hier ihre Übung fahren. Am linken Ufer (Weser-km 202,0) liegt ein **PIONIERÜBUNGSPLATZ** der Bundeswehr.

Kurz vor Ende der Tour liegt am linken Ufer die **SCHIFFMÜHLE MINDEN** 3 (Apr-Okt, Di-So 11-18 Uhr). Sie ist der originalgetreue Nachbau einer historischen Schiffmühle aus dem 18. Jahrhundert, wie sie bis ins 19. Jahrhundert auf der Weser in Minden gelegen und gemahlen haben. Mit der **GLACISBRÜCKE** (Weser-km 202,8), einer Fußgängerbrücke, die das Gelände der **KANZLERS WEIDE** und die Innenstadt von **MINDEN** miteinander verbindet, erreichen wir unser **ZIEL**.

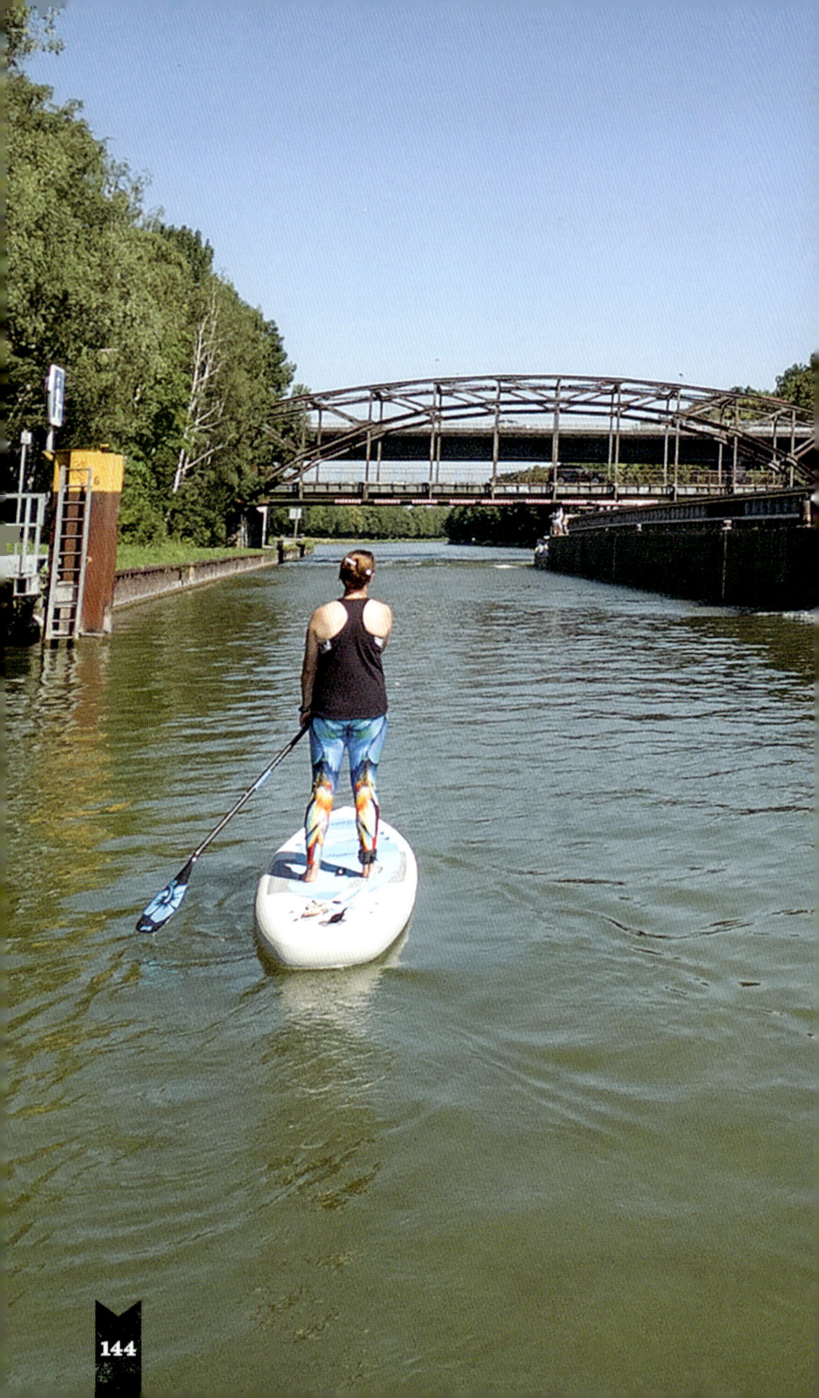

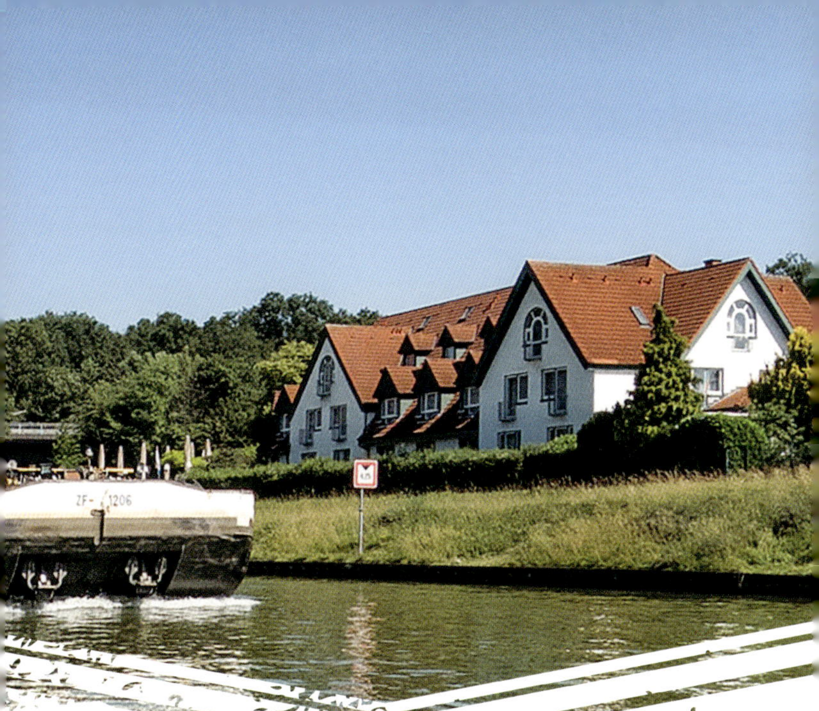

DORTMUND-EMS-KANAL (MÜNSTER)

ANSPRUCH

EINKEHR

Besonders bei paddelbegeisterten Münsteranern ist der Dortmund-Ems-Kanal ein beliebtes SUP-Revier. Vom geschützten Hafenbecken mitten in Münster über den ruhigen Altarm in Hiltrup bis zum stark befahrenen Kanal ist hier für alle Könnerstufen etwas dabei. Eine bunte Mischung aus Natur und städtischem Flair.

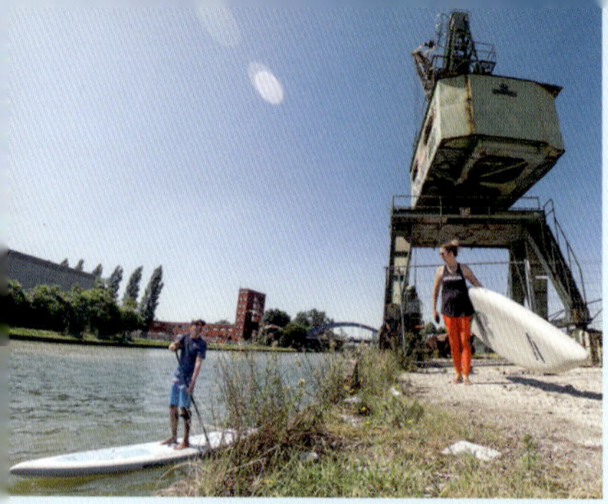

WIND & WETTER

Während man im Stadthafen und der Alten Fahrt in Hiltrup recht windgeschützt ist, ist man auf dem Kanal dem Wind oft schutzlos ausgeliefert. Die vorherrschende Windrichtung ist Südwest.

BEFAHRUNGSREGELN

Der Dortmund-Ems-Kanal ist Binnenschifffahrtsstraße. Die wichtigsten Regeln und Hinweise siehe Seite 9.

ANFAHRT MIT DEM PKW

STADTHAFEN MÜNSTER

ROUTE 1 + ROUTE 3 A1 bis Autobahnkreuz Münster-Süd (78), auf B51 Richtung Münster, dann weiter auf B51 Richtung Münster-Süd bis Ausfahrt Richtung Halle / Münsterland. Links auf Albersloher Weg. Nach 2,4 km rechts auf Hansaring, nach 700 m rechts auf Wolbecker Str. und nach Überfahren des Kanals sofort rechts abbiegen auf August-Schepers-Straße.

HILTRUPER KANALINSEL, ROUTE 2

A1 bis Autobahnkreuz Münster-Süd (78) auf B51 Richtung Münster, weiter B51 Richtung Münster-Süd, dann rechts auf B54 (Hammer Str / Westfalenstr) Richtung Hiltrup. Hinter der Brücke über die „Alte Fahrt" rechts abbiegen.

PARKEN ROUTE 1 + ROUTE 3

Am Straßenrand der August-Schepers-Straße in Münster. GPS: 51.953248, 7.654189

PARKEN ROUTE 2

Kleiner Parkplatz am Hafen Hiltrup (Westfalenstraße) auf der Kanalinsel. GPS: 51.893170, 7.639932

AN- & ABFAHRT ÖPNV

STADTHAFEN MÜNSTER

ROUTE 1 + ROUTE 3 Von Münster Hbf zu Fuß 2 km zum Einstieg.

Oder vom Münster Hbf mit Bus 11 Richtung Tannenhof oder Bus R22 Richtung Everswinkel bis Haltestelle Institut der Feuerwehr. Zu Fuß 450 m zum Einstieg.

OSTTORBRÜCKE AM DEK

ROUTE 2 Ab Münster Hbf mit RE7 Richtung Krefeld Hbf bis Bf Münster Hiltrup. Dann zu Fuß 500 m zum Einstieg nördlich der Osttorbrücke am DEK.

BADEN

Obwohl in den Kanälen das Baden offiziell verboten ist, wird man vor allem um den Münsteraner Stadthafen im Sommer unzählige Badende antreffen.

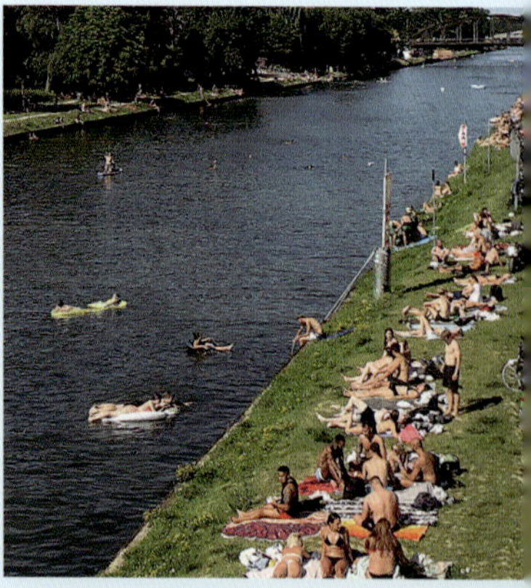

SEHENSWERTES

» Die historische Universitätsstadt vom **Stadtschloss** bis in die **Münsteraner Altstadt**. Herzstück ist der **Prinzipalmarkt** mit Giebelhäusern und romantischen Bogengängen.

» Lohnender Besuch des **Stadthafens Münster**. Die Mischung aus umgebauten Speicherhäusern und moderner Architektur machen den besonderen Reiz aus. In einem der umgebauten Speicherhäuser befindet sich die **Kunsthalle Münster** (Di-So 12-18 Uhr, Eintritt frei, Hafenweg 28, 5. Stock, www.kunsthallemuenster.de).

» Ein Kunstmuseum mit Exponaten vom frühen Mittelalter bis in die Gegenwart ist das **LWL Museum für Kunst und Kultur** in der Münsteraner Innenstadt (Di-So, Domplatz 10, www.lwl-museum-kunst-kultur.de).

» Das **LWL-Museum für Naturkunde** mit Planetarium bietet spannende Sonder- und Dauerausstellungen sowie eine virtuelle Reise ins Weltall (Di-So, Sentruper Str. 285, www.lwl-naturkundemuseum-muenster.de).

TIPP EXTRA-TIPPS

» **Krimidinner**, exklusive **Kochkurse** oder **deftige Brotzeit** zum Sonnenuntergang, all das und noch viel mehr bietet die **MS Günther**, das Event-Schiff von „Wer-wird-Millionär"-Gewinner Leon, auf dem Dortmund-Ems-Kanal (www.ms-guenther.de).

» Einer der Höhepunkte ist das jährlich im Juni stattfindende **Hafenfest**.

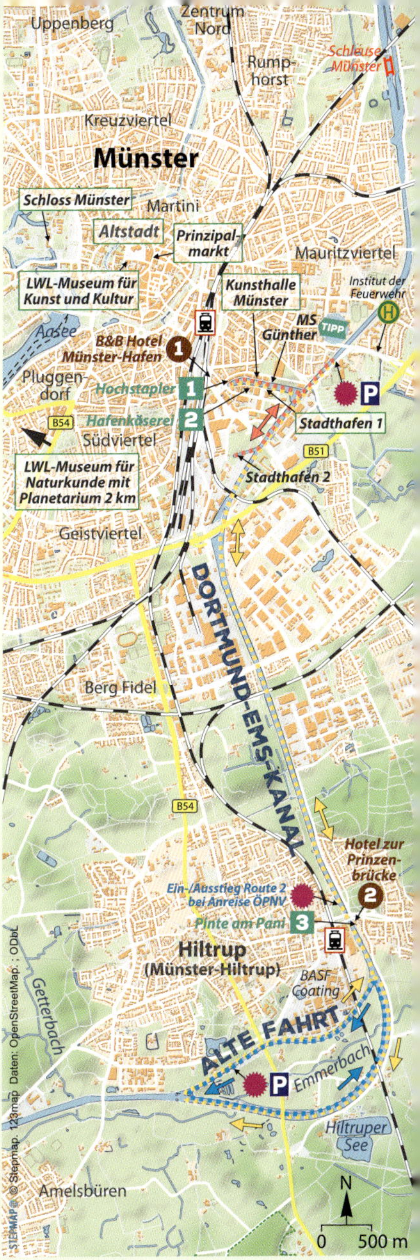

TOUREN

1 RUND UM DEN MÜNSTERANER STADTHAFEN

Stadtflair, buntes Treiben und SUPen im geschützten Hafenbecken. Man sollte auf dem schmalen und gut befahrenen Kanal mit den Bugwellen der Frachtschiffe umgehen können.

| **LÄNGE** 4 km | **DAUER** 1-1,5 h

2 RUND UM DIE KANALINSEL HILTRUP

Über die von Schiffen selten befahrene „Alte Fahrt" gelangt man auf den hier recht breiten DEK und durchs ländliche Münsterland zurück zur Alten Fahrt. Bei Anreise mit ÖPNV +1,6 km

| **LÄNGE** 5,5 km | **DAUER** 1,5-2 h

3 VOM STADTHAFEN NACH HILTRUP & ZURÜCK

Vom Stadthafen Münster über den DEK bis nach Hiltrup, eine Runde um die Kanalinsel und wieder zurück zum Startpunkt. Möchte man nur one-way paddeln, zurück mit ÖPNV oder 2. PKW vorab am Ausstieg deponieren.

| **LÄNGE** 20 km | **DAUER** 5-6,5 h

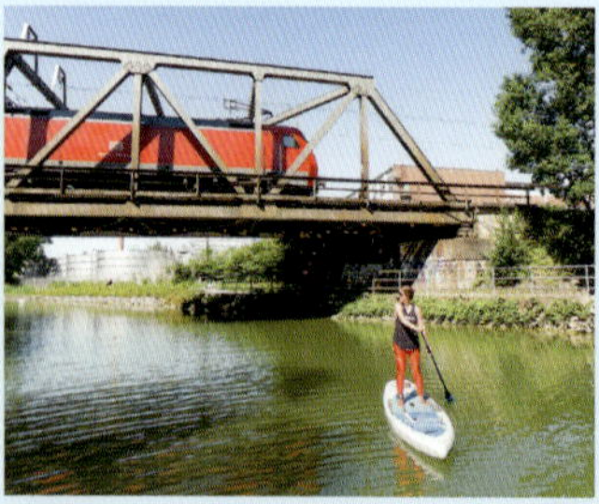

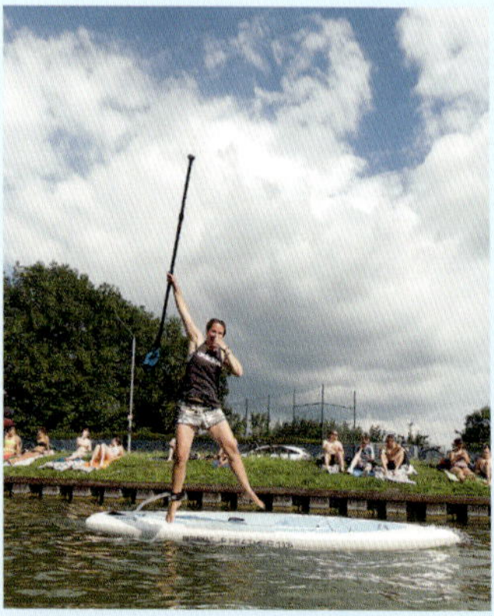

EIN- & AUSSTIEGE

Die Ein- und Ausstiege am DEK sind alle nicht unbedingt komfortabel.

EIN- & AUSSTIEG ROUTE 1
EIN- & AUSSTIEG ROUTE 3

Über die niedrigen Spundwände am Ostufer des Dortmund-Ems-Kanals in der Nähe des Stadthafens Münster. GPS: 51.953331, 7.654067

EIN- & AUSSTIEG ROUTE 2

Über die Uferböschung mit großen losen Steinen.

Bei PKW-Anfahrt: Am Hafen Hiltrup auf der Hiltruper Kanalinsel in die „Alte Fahrt". GPS: 51.893193, 7.639637

Bei ÖPNV-Anfahrt: Ein-/Ausstieg nördlich der Osttorbrücke in den DEK. Die Tour verlängert sich dadurch um 1,6 km. GPS: 51.907118, 7.6548

KEINE SUP-VERMIETUNG

EINKEHR

1 HOCHSTAPLER
Hafenweg 8, 48155 Münster
Tel. (0251) 28 74 65 55
www.hochstapler-burger.de
Di-Sa 17-24, So 15-24 Uhr

KLASSIKER Burger aus regionalen Zutaten (auch vegetarisch und vegan)

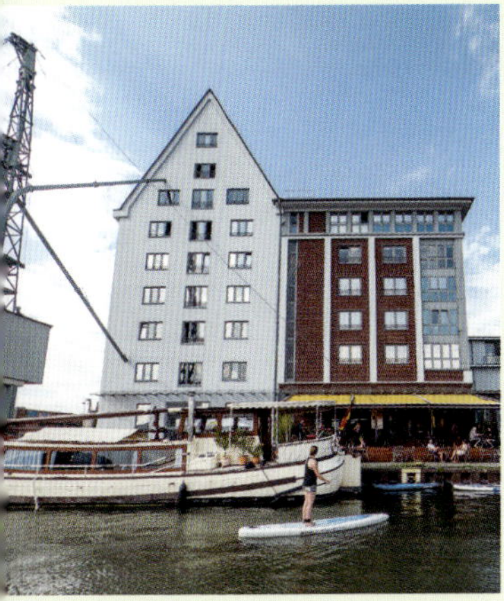

2 HAFENKÄSEREI
Am Mittelhafen 20, 48155 Münster
Tel. (0251) 674 40 00
www.hafenkaeserei.de

Käse, Kaffee & Kuchen: So 14-18

Schaukäserei: Führungen & Events können online gebucht werden.

Bio-Käsetheke: Verkauf auch online.

Werksverkauf: Jede ungerade Kalenderwoche Do ab 15 Uhr (solange Vorrat).

EVENTS Käsefondue-Abend, Oster-Brunch, Frühlingsgrillen uvm.

3 PINTE AM PANI
Osttor 16, 48165 Münster
Tel. (02501) 169 14
www.pinte-am-pani.de
Mo-Sa ab 15 Uhr
Sonnenterrasse direkt am Kanal.

KLASSIKER Münsterländisches Bier

ÜBERNACHTUNG

1 B&B HOTEL MÜNSTER HAFEN
Albersloher Weg 7-13
48155 Münster
Tel. (0251) 28 45 10
www.hotel-bb.com/de/hotel/muenster-hafen

Modernes Stadthotel im Zentrum.

2 HOTEL ZUR PRINZENBRÜCKE
Osttor 16, 48165 Münster
Tel. (02501) 449 70
www.hotel-zur-prinzenbruecke.de

Drei-Sterne-Hotel direkt am Kanal.

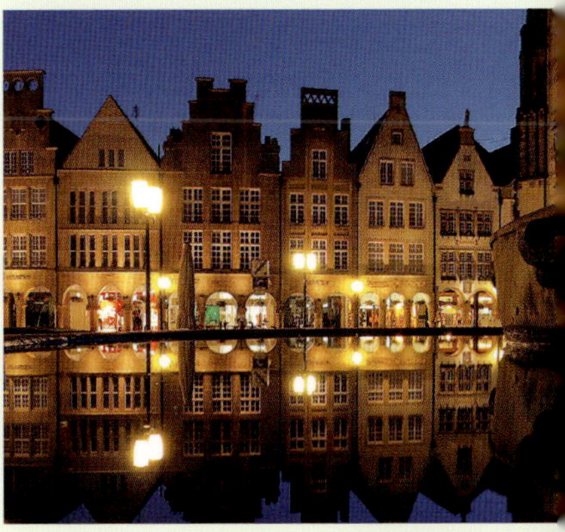

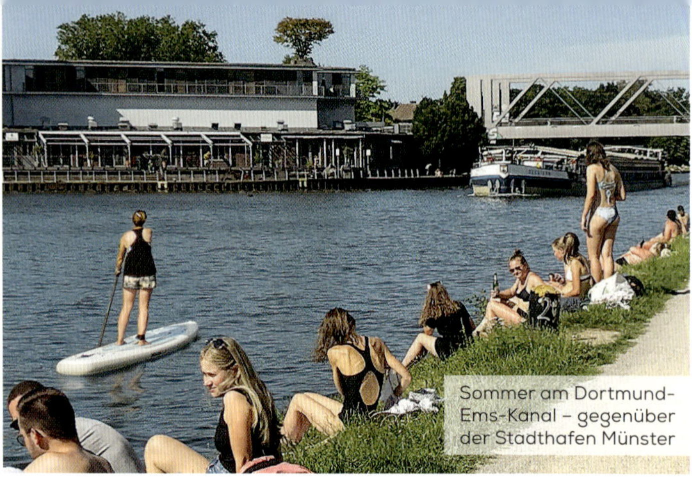

Sommer am Dortmund-Ems-Kanal – gegenüber der Stadthafen Münster

3 VOM STADTHAFEN NACH HILTRUP UND ZURÜCK

Der Dortmund-Ems-Kanal verbindet das Ruhrgebiet mit Ostfriesland und der Nordsee. Nach nur siebenjähriger Bauzeit wurde der über 200 Kilometer lange Kanal 1899 als erster der großen Binnenschifffahrtskanäle durch Kaiser Wilhelm II. eröffnet. Neben seiner Funktion als Binnenschifffahrtsstraße ist er ein beliebtes Freizeitziel für die Münsteraner. An heißen Sommertagen sind die Ufer in der Stadt gesäumt mit lernenden Studenten, spielenden Kindern und chillenden Jugendlichen.

Wir sind froh, zwischen den vielen Fahrrädern einen Parkplatz an der **AUGUST-SCHEPERS-STRASSE** gefunden zu haben und das nur fünf Meter vom Kanal entfernt. Die Spundwand ist hier auch nicht zu hoch, sodass man ganz gut aufs Wasser gelangt. Richtung Norden würden wir nach ungefähr zweieinhalb Kilometern die **SCHLEUSE MÜNSTER** (DEK-km 71,400) erreichen. Aber für uns geht es Richtung Süden. Nach nur wenigen Paddelschlägen liegt rechts der als Stichhafen angelegte **STADTHAFEN MÜNSTER**. Als Warenumschlagplatz ist er heute eigentlich bedeutungslos. Stattdessen hat sich das Nordufer zum sogenannten Kreativ-Kai entwickelt. Umgebaute Speicherhäuser und moderne Architektur wechseln sich ab und bieten Raum für Büros, die **KUNSTHALLE MÜNSTER** sowie Restaurants (z.B. **HOCHSTAPLER** 1), Cafés und Szeneclubs.

Das Südufer versprüht einen noch etwas maroderen Charme. Im Flechtheim- und Rhenusspeicher, beides ehemalige Getreidespeicher, befindet sich heute das **WOLFGANG-BORCHERT-THEATER**. Daneben steht ein aus dem Jahre

1962 stammender Verladekran, das Wahrzeichen des Münsteraner Hafens. Die bisher einzige Gastronomie am Südufer ist die gläserne Manufaktur der **HAFENKÄSEREI** 2, eine Bio-Schaukäserei (So 14-18 Käse, Kaffee und Kuchen).

Nach der entspannten Runde durchs Hafenbecken geht es zurück auf den doch recht stark befahrenen Kanal. Auf unserem Weg Richtung Süden werfen wir immer mal wieder einen Blick über die Schulter, um nicht von einem Frachtschiff überrascht zu werden. Am rechten Ufer kommen wir noch an zwei kleineren Stichhäfen, dem **HAFEN HERIBERT BÜSCHER** und dem **HAFEN MÜNSTER RCG**, vorbei. Nach einer langgezogenen Linkskurve bringt uns der Kanal schnurgerade Richtung Hiltrup. Wir lassen die Industriebauten hinter uns, die bald abgelöst werden von herrlicher Natur.

In **HILTRUP** paddeln wir unter der **OSTTORBRÜCKE** (● **EIN- & AUSSTIEG ROUTE 2 BEI ÖPNV-ANREISE**) und direkt danach unter der **PRINZENBRÜCKE** (DEK-km 62,405) hindurch. Am linken Ufer liegt das **HOTEL ZUR PRINZENBRÜCKE** 2 und die schöne Sonnenterrasse von **PINTE AM PANI** 3. Am rechten Ufer ragt der weiße Schornstein des 2002 stillgelegten Rockwool-Werkes über uns auf. Keine 600 Meter weiter teilt sich der Kanal. Schon 1927 wurde, in Anlehnung an die auf dem Rhein übliche Größe, eine Regelschiffsgröße von 1.500 Tonnen Tragfähigkeit festgelegt. Das hatte zur Folge, dass der bis dahin zu schmale DEK aufwändig ausgebaut werden musste. Da wo das aufgrund von Kanalbrücken nicht ging, wurde eine "Zweite Fahrt" gebaut. So auch in Hiltrup. Wir lassen die **„ALTE FAHRT“** erstmal rechts liegen und paddeln in einem weiten Rechtsbogen den Hauptkanal entlang. Mitten im typischen Münsteraner Flachland fällt unser Blick auf Windräder, Felder und Bauernhäuser aus rotem Backstein. Eine Eisenbahn- und eine Straßenbrücke später, biegen wir vor der Firma Vernhold rechts in die „Alte Fahrt“ ab. Der Altarm wird nur von Kleinfahrzeugen befahren. Sein Ufer ist dicht bewachsen und wir genießen die Ruhe und die Natur. Am rechten Ufer passieren wir die Kaimauer vom **HAFEN HILTRUP** (● **EINSTIEG ROUTE 2 BEI PKW-ANREISE**)

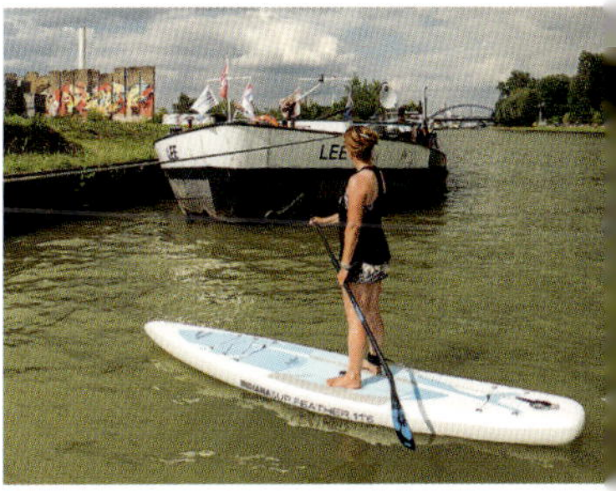

Hinter der Straßenbrücke der B54 können wir das riesige Firmengelände der BASF Coating am linken Ufer zwischen den Bäumen nur erahnen. Nachdem wir die Eisenbahnbrücke hinter uns gelassen haben, treffen wir wieder auf den Hauptkanal. Hier geht es nach links wieder zurück zum **STARTPUNKT** ●.

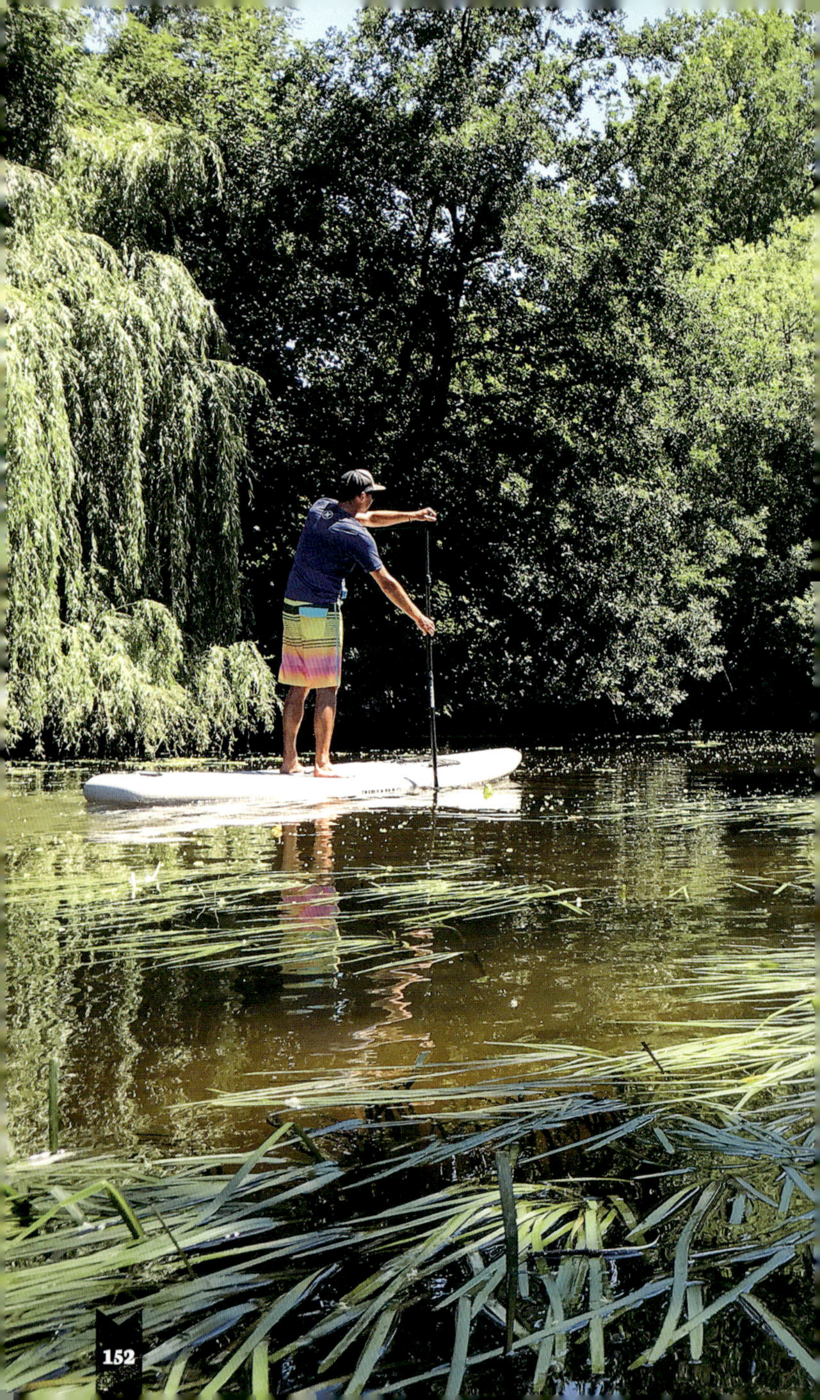

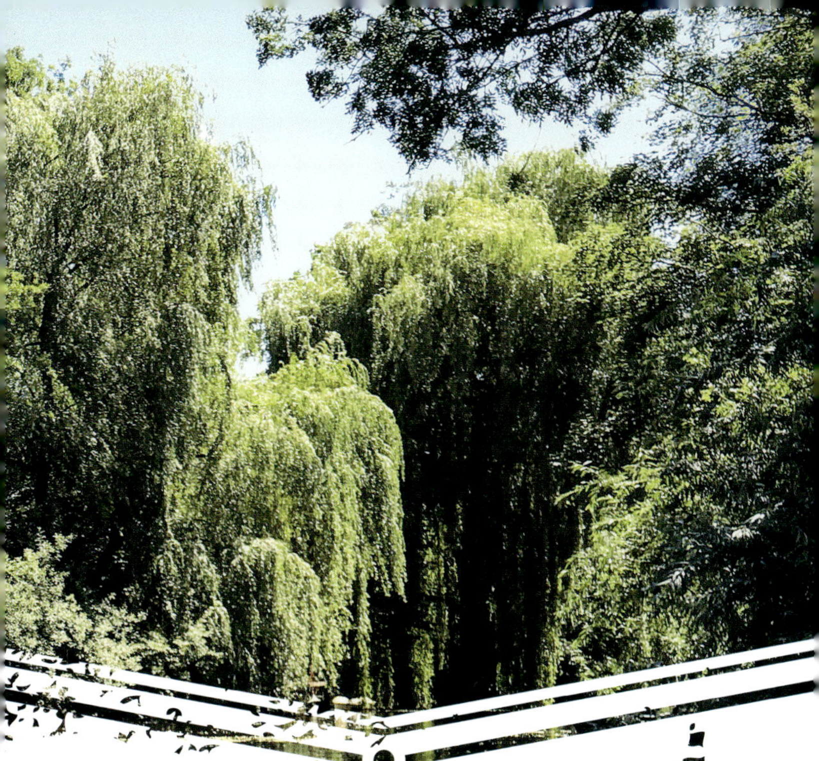

WERSE

ANSPRUCH

EINKEHR

Stadtnah und trotzdem im Grünen ist man auf der Werse unterwegs. Das wildromantische Ufer ist gesäumt von schönen Wochenendhäuschen und alten Mühlen. Zwischen knorrigen Trauerweiden und schattigen Wäldern windet sich der schmale Nebenfluss der Ems durchs flache Münsterland.
Dank der gemächlichen Fließgeschwindigkeit ist er sowohl für Anfänger als auch für Fortgeschrittene SUPer geeignet.

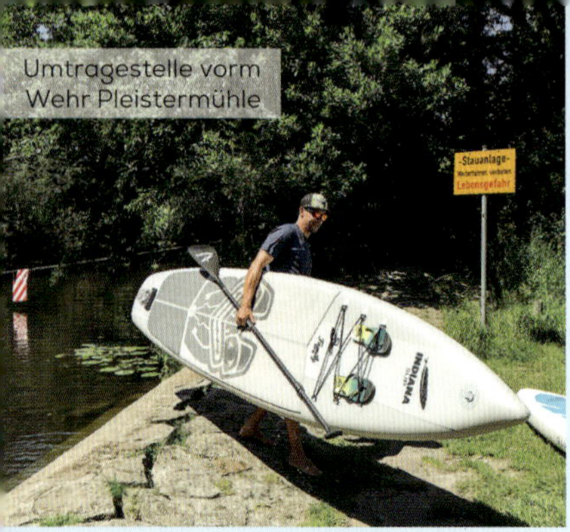

Umtragestelle vorm Wehr Pleistermühle

WIND & WETTER

In den meisten Teilen ist die Werse relativ windgeschützt. Die vorherrschende Windrichtung ist Südwest.

BESTE SUP-ZEIT

Die Werse ist ein beliebtes Naherholungsgebiet - an Sommerwochenenden kann es voll werden. Dann teilt man sie sich mit diversen Mietkanus und Freizeitpaddlern. Vor allem ab der Pleistermühle. Am entspanntesten ist es im Frühjahr und Herbst.

SCHWIERIGKEITEN

» Vorsicht vor Baumstämmen und Ästen unter der Wasseroberfläche.

» **Achtung:** Einige Eichen am Ufer sind vom **Eichenprozessionsspinner** befallen. Die Brennhaare der Raupe (Mai-Juli) können zu Hautausschlag, Bindehautentzündung und Atembeschwerden führen.

» Die Ufer sind in der Regel Privatgrundstücke. Bitte keine Gärten oder private Stege betreten, nur die öffentlichen Anlegestellen nutzen.

Empfohlene Ausrüstung: Wasserschuhe für die Umtragung, eine kurze Finne.

WEHRE

» **Wehr Pleistermühle** - Am rechten Ufer 200 m umtragen. Ausstieg über rutschige Betonstufen. Einstieg über schlammige, flache Uferböschung.

» **Sudmühlenwehr** - Am rechten Ufer 150 m umtragen. Ausstieg über steile Uferböschung. Einstieg über eine breite Treppe ins flache Wasser.

ANFAHRT MIT DEM PKW

A1 oder A43 bis Kreuz Münster-Süd, auf B51 Richtung Münster. Rechts halten um auf B51 Richtung MS-Süd zu bleiben, rechts auf Wolbecker Straße abbiegen, hinter der Brücke über die Werse links abbiegen auf Laerer Werseufer.

PARKEN

EINSTIEG Großer Parkplatz am Freibad Stapelskotten, Laerer Werseufer in Münster. GPS: 51.9463, 7.69046

AUSSTIEG Großer Parkplatz am Sportpark Sudmühle und der Gaststätte „Schöne Aussicht", Dyckburgstr. 468 in Münster. GPS: 51.999838, 7.698246

AN- & ABFAHRT ÖPNV

EINSTIEG Von Münster Hbf mit Bus R22 Richtung Everswinkel bis Freibad Stapelskotten. Zu Fuß 400 m bis zum Einstieg.

AUSSTIEG 600 m zur Bushaltestelle Sudmühle Freibad. Mit Taxibus T4 zum Münster Hbf (vorherige telef. Anmeldung notwendig: (0251) 694 50 00).

BADEN AM EIN- & AUSSTIEG

- **Freibad Stapelskotten** an der Werse
- **Freibad Sudmühle**, WersePark

EXTRA-TIPP

» Der 125 km lange **Werse-Radweg** folgt dem Fluss von der Quelle in Beckum bis zur Mündung in die Ems bei Münster. Zwischen Feldern, Wiesen und Bauernhöfen, manchmal direkt am Wasser, manchmal weiter abseits, führt er durch das südliche Münsterland (www.parklandschaft-warendorf.de/radfahren/werseradweg).

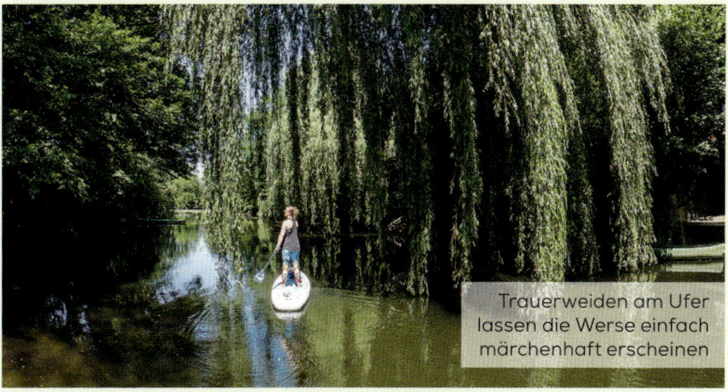

Trauerweiden am Ufer lassen die Werse einfach märchenhaft erscheinen

TOUREN

1 STAPELSKOTTEN BIS SUDMÜHLE

Wilde, verwunschene und erholsame Tour, solange man die sommerlichen Wochenenden meidet. Zwei Wehre zu umtragen. Wegen der geringen Strömung kann man die Tour auch in beide Richtungen paddeln.

➔ | **LÄNGE** 10 km | **DAUER** 2,5–3,5 h

EIN- & AUSSTIEG

EINSTIEG öffentliche Steganlage zwischen Freibad Stapelskotten und Kanu Club. GPS: 51.94821, 7.69259

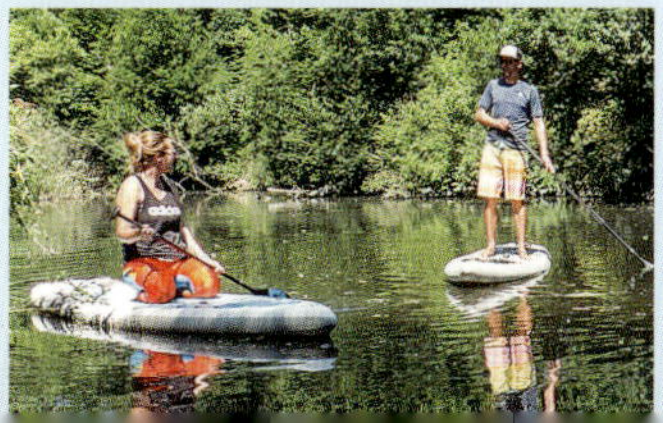

AUSSTIEG Über Treppenstufen an Gaststätte „Schöne Aussichten" neben dem Sportpark Sudmühle. GPS: 51.999764, 7.699427

ZURÜCK ZUM EINSTIEG Am besten mit 2. PKW (vorab am Ausstieg geparkt). Wer mit dem Taxibus (siehe ÖPNV) zurückfährt, kann schon am Sudmühlen-Wehr aussteigen.

SUP-VERMIETUNG

1 KANUSTATION PLEISTERMÜHLE

Pleistermühlenweg 196
48157 Münster, Tel. (02571) 982 73
www.kanuverleih-pleistermuehle.de

EINKEHR

1 LANDGASTHOF PLEISTER MÜHLE
Pleistermühlenweg 196
48157 Münster, Tel. (0251) 13 67 60
www.pleistermuehle.de
Mo, Do+Fr 17-22.30, Sa+So 12-21.30
Biergarten saison- und wetterabhängig

KLASSIKER
Pastrami-Sandwich im Biergarten

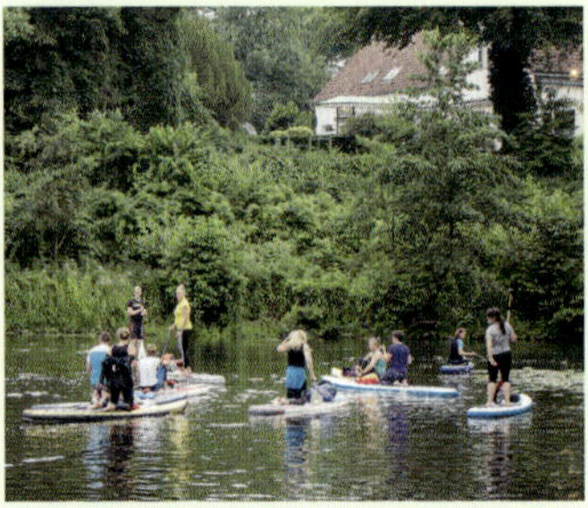

2 CAFÉ NOBIS
Warendorfer Straße 512
48157 Münster, Tel. 0172-251 87 88
www.cafe-nobis.com Sa+So 14-18 Uhr

KLASSIKER Hausgemachter Kuchen

3 SCHÖNE AUSSICHTEN
im WersePark Sudmühle
Dyckburgstraße 468, 48157 Münster
Tel. (0251) 32 42 40
www.schoene-aussichten-muenster.de
Mai-Sep tägl. 11-22 Uhr

KLASSIKER
Feurig marinierte Spare-Ribs

ÜBERNACHTUNG

1 CAMPINGPLATZ MÜNSTER
Laerer Werseufer 7, 48157 Münster
Tel. (0251) 31 19 82
www.campingplatz-muenster.de

2 LANDGASTHOF PLEISTER MÜHLE siehe Einkehr 1

3 HOF ZUR LINDE
Handorfer Werseufer 1
48157 Münster, Tel. (0251) 327 50
www.hof-zur-linde.de
Übernachten im romantischen Fischerhaus direkt am Fluss

4 HOTEL & CAFÉ NOBIS
Warendorfer Str. 512, 48157 Münster
Tel. 0172-251 87 88
www.cafe-nobis.com
Kleines Hotel mit einfachen Zimmern und Gemeinschaftsbad

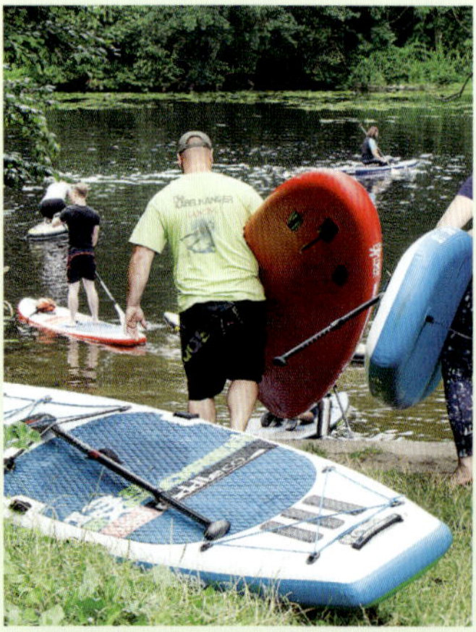

1 EINE WILDROMANTISCHE FLUSSTOUR

Hinter dem **FREIBAD STAPELSKOTTEN** gelangen wir über einen hölzernen **KANUANLEGER** bequem aufs Wasser. Da die Werse durch Wehre reguliert wird, gibt es so gut wie keine Strömung.

Bevor wir nach gut zwei Kilometern flussabwärts das erste Wehr erreichen, tauchen wir ein in dichtes Grün. Das Ufer ist gesäumt von alten, hohen Bäumen und knorrigen Weiden. Romantisch und verwunschen hängen die Äste weit über den Fluss. Umgestürzte Bäume sorgen für Urwald-Feeling, die aber schnell auch zu „Stolperfalle" werden können. Wir kommen vorbei an Wochenendhäusern mit idyllischen Gärten und entdecken immer wieder Kanus und auch das ein oder andere SUP-Board an den privaten Anlegern.

Jetzt spannt sich ein Stahlseil mit einem rot-weiß gestreiften Schild übers Wasser. Kurz davor, am rechten Ufer, zeigen uns ein paar Betonstufen die Umtragestelle an der **WEHRANLAGE PLEISTERMÜHLE** an. Zu Fuß geht es schräg über die Wiese. Wir überqueren rechts eine kleine Brücke, um dann links am Bach entlang einem Trampelpfad zu folgen. Die Betonstufen, die eigentlich als Wiedereinstieg dienen, sind viel zu hoch und das Wasser zu niedrig. Ein paar Meter weiter aber können wir die Boards über die flache, wenn auch etwas matschige, Uferböschung wieder

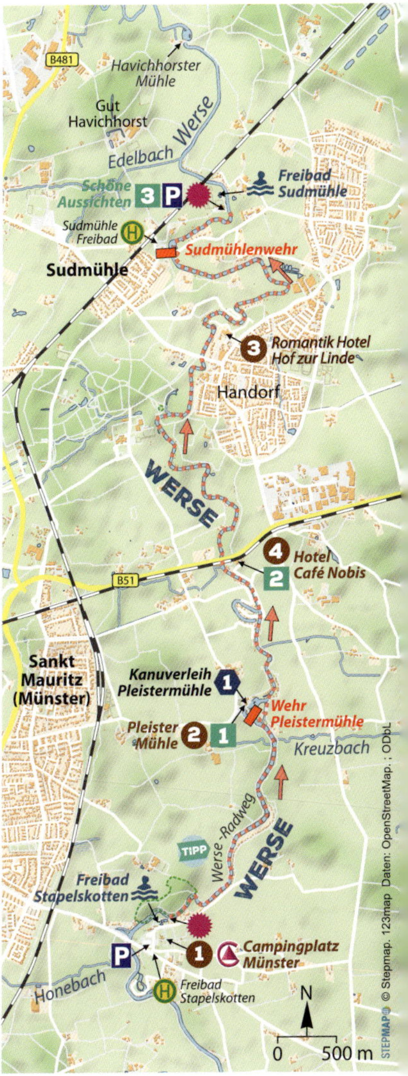

einsetzen. Auf der anderen Seite vom Wehr lockt der schöne Biergarten des **LANDGASTHOFS PLEISTER MÜHLE** 1 2. Da der Steg direkt an der Pleistermühle dem **KANUVERLEIH** 1 vorbehalten ist, erreicht man den Biergarten über die Umtragestelle, indem man anstatt rechts über die kleine Brücke, nach links über das Wehr läuft.

Die Werse schlängelt sich weiter durch die Landschaft. Trauerweiden hängen wie Vorhänge über den Fluss. Verwunschen und unwirklich glitzert die Sonne zwischen den Blättern. Dadurch ist es hier auch im Hochsommer angenehm kühl. Wieder säumen schicke Wochenendhäuser das Ufer. Manche überwuchert und halb verfallen. Manchmal ordentlich und schick und auch mal richtig spießig.

Ein Stück nach der Eisenbahn- und Straßenbrücke passieren wir den Münsteraner Ortsteil **HANDORF**. Aufgrund seiner Lage an der Werse war er schon im 19. Jahrhundert ein beliebtes Ausflugsziel der Münsteraner. Er wurde sogar als "Dorf der großen Kaffeekannen" bezeichnet. Leider haben über die Jahre viele der traditionsreichen Kaffeewirtschaften geschlossen. Dafür sind die zahlreichen Einfamilienhäuser im Grünen vor allem bei Familien mit Kindern beliebt.

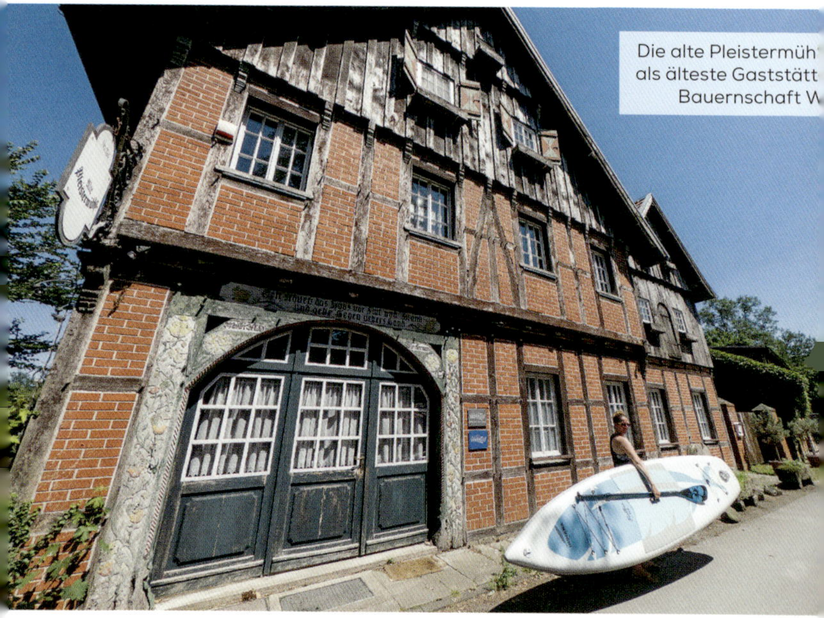

Die alte Pleistermüh
als älteste Gaststätt
Bauernschaft W

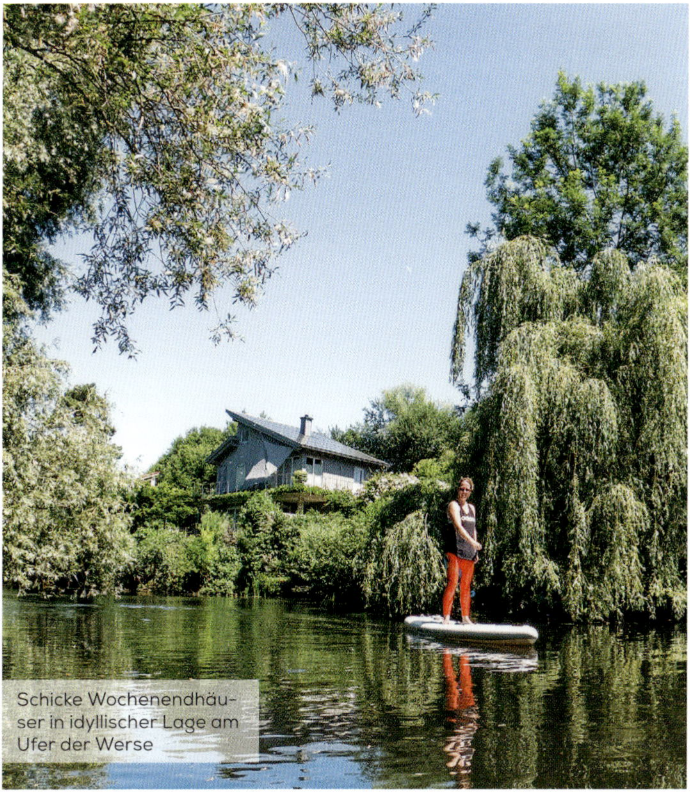

Schicke Wochenendhäuser in idyllischer Lage am Ufer der Werse

Kurz vor Ende der Tour müssen die Boards am **SUDMÜHLENWEHR** (**AUSSTIEG FÜR RÜCKFAHRT MIT TAXIBUS**) im Münsteraner Stadtteil **SUDMÜHLE** nochmal umgetragen werden. Der Ausstieg am rechten Ufer ist etwas sportlich, denn es geht eine kleine, aber steile Böschung hoch. Der Wiedereinstieg führt auf der gleichen Uferseite über eine breite Treppe ins flache Wasser. Nach weiteren gut 600 Metern taucht auf der linken Seite die **GASTSTÄTTE „SCHÖNE AUSSICHTEN"** 3 auf, direkt davor befindet sich die **AUSSTIEGSSTELLE**.

Wem die Tour zu kurz ist, der kann die Gaststätte zunächst links liegen lassen und bis zum nächsten Wehr an der **HAVICHHORSTER MÜHLE** paddeln. Hier muss man dann umdrehen und den gleichen Weg zurück zur Gaststätte „Schönen Aussichten“ nehmen. Die Tour wird dadurch vier Kilometer länger.

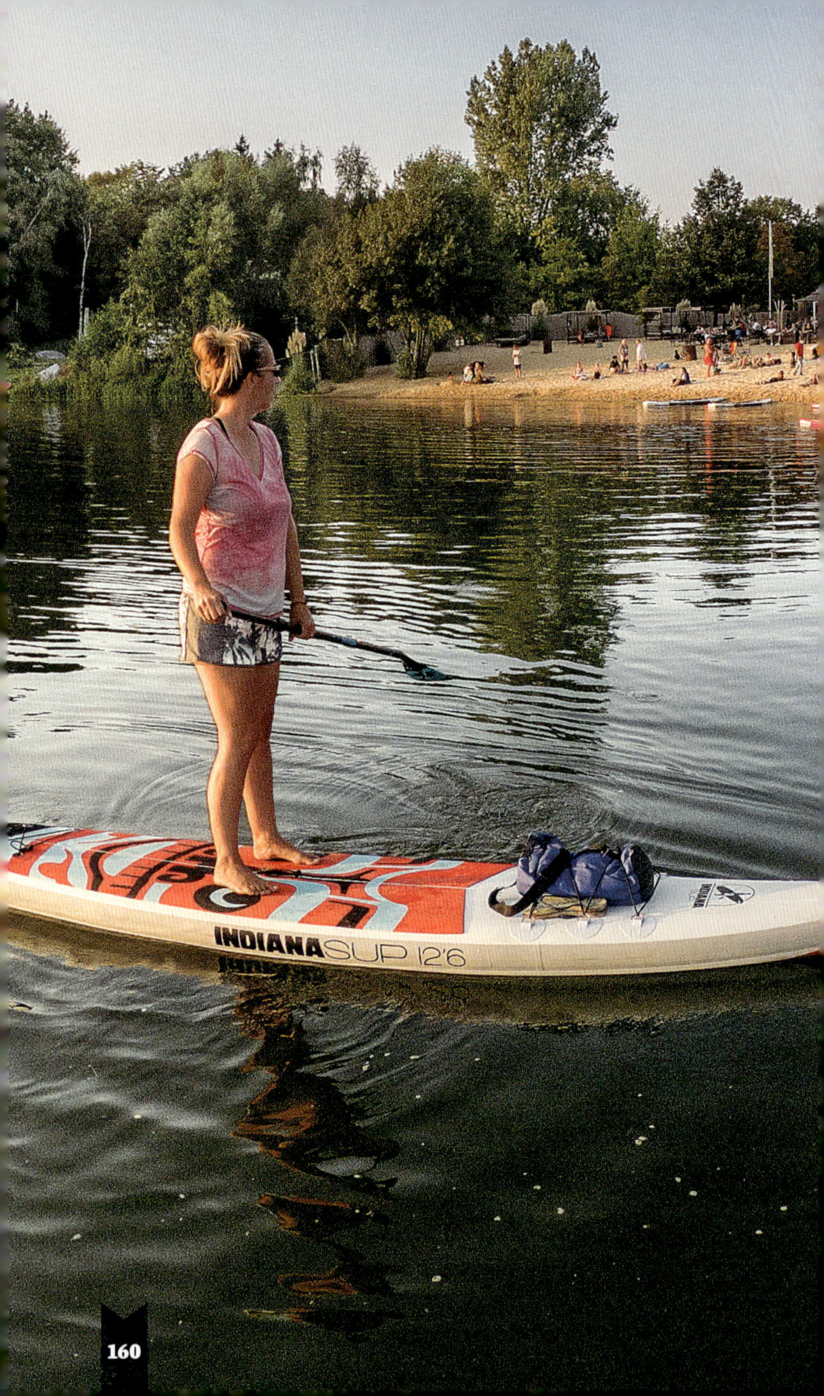
INDIANASUP 12'6

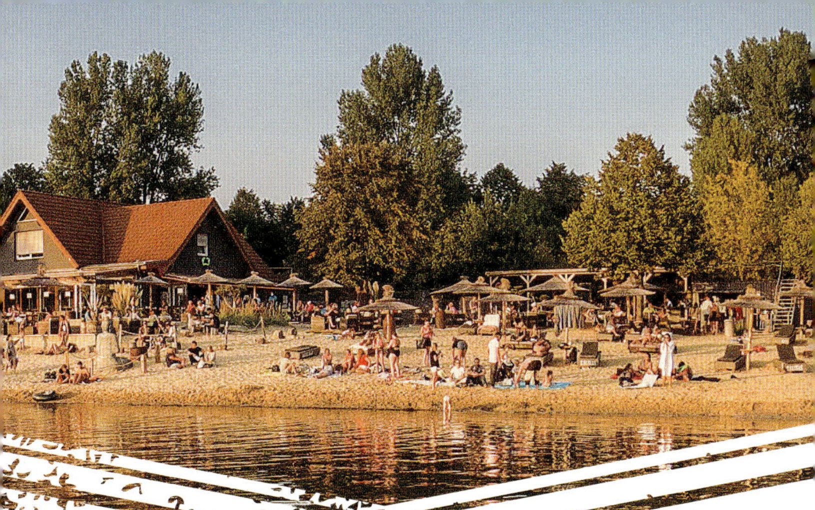

LIPPESEE

ANSPRUCH | EINKEHR

Kompakt TOUR

Anfängertipp! – Der Lippsesee bei **Paderborn** ist ein künstlicher See, der durch Kiesabgrabungen im Bereich der oberen **Lippeauen** entstand. Die Lippe selber, die früher durch den See hindurchfloss, wird seit 2005 am See vorbeigeführt. Angesichts des absehbaren Endes der Rohstoffgewinnung im Lippesee, wandelt sich die hiesige Seenlandschaft immer mehr hin zu einem Erholungs- und Freizeitareal.

Aktuell bietet der See eine spannende Mischung aus Freizeitangeboten, industriellen Überresten des Kiesabbaus und idyllischen Inseln.

KLEINE SEEUMRUNDUNG – Leicht | | **LÄNGE** 6 km | **DAUER** 1,5-2 h

EIN- & AUSSTIEG Seezugang zwischen Paderborner Yachtclub und **EISKLANG** 2 am **SALITOS BEACH** 1 (GPS: 51.76107, 8.680814). Bei Anreise mit ÖPNV kann man den Kanueinstieg am Wehr nutzen (GPS: 51.75675, 8.66185).

WIND & WETTER

Die vorherrschende Windrichtung ist West. Da der See nicht sonderlich groß ist, lässt er sich hier auch bei Wind noch gut SUPen.

BEFAHRUNGSREGELN

» Das Befahren ist von einer Stunde vor Sonnenaufgang bis eine Stunde nach Sonnenuntergang gestattet.

» Die drei Inseln im See sind Naturschutzgebiet, hier gibt es ein Uferbetretungsverbot.

» Viele Abschnitte des Ufers sind in Privatbesitz und dürfen nicht betreten werden.

» Wegen der Strömung nicht zu nah an das Wehr heranpaddeln.

» Segelboote haben Vorfahrt.

GEBÜHRENPFLICHT

Die Seenutzung ist **gebührenpflichtig**. Die Gebühr kann bequem online unter www.lippe-see-freizeitanlagen.de/preise-nutzung gezahlt werden.

Vor Ort kann die Gebühr am Bistro Seemöwe, am Salitos Beach, beim Camping am Lippesee (Hermann-Löns-Str. 165, 33104 Paderborn) und an der BFT Tankstelle Richter (Meßdornstr. 2, 33106 Paderborn-Elsen) gezahlt werden.
Tageskarte 4,- €, Jahreskarte 80,- € (nur online oder an der BFT Tankstelle, Meßdornstr. 2).

ANFAHRT MIT DEM PKW

A33 bis Ausfahrt 25 (Paderborn-Schloß Neuhaus), dann auf B64 Richtung Delbrück. Nach 3 km rechts ab Richtung Sande auf Ostenländer Straße, weiter auf Sennelagerstraße bis zum Parkplatz.

PARKEN

Großer Parkplatz am DLRG, Sennelagerstraße 62, 33106 Paderborn.
GPS: 51.76039, 8.677

AN- & ABFAHRT ÖPNV

Ab Paderborn Hbf Bus 1 Richtung Sennelager bis Haltestelle Schloß Neuhaus, weiter mit Bus 58 Richtung Sande zur Haltestelle Lippesee. Zu Fuß sind es dann noch 150 m zum Einstieg.

BADEN

- **Salitos Beach** am Lippesee - Badestrand mit feinem Sandstrand.
- **Nesthauser See** (Wasserskisee) - Die Wasserskianlage verfügt über einen Badebereich mit Liegewiese (www.wasserski-paderborn.de).

SUP-VERMIETUNG

❶ FARU SUP COACHING & TOURS

(auch Kurse und Touren)
Sennelagerstr. 58a, 33106 Paderborn
Tel. 0176-72 53 04 93
www.farusupcoach.de

❷ SALITOS BEACH

im Freibad, Eintritt kostenpfl. (ab 5 €)
Sennelagerstraße 66
33106 Paderborn
Tel. (05251) 689 96 46 (keine SUP-Board Reservierung, nur Infos)
www.eisklang.de/amsalitosbeach

❸ SUP CLUB PADERBORN

am benachbarten Nesthauser See
(auch Kurse)
Sander Straße 160, 33106 Paderborn
Tel. (05254) 686 60
www.supclubpaderborn.de >SUPtoGo

SEHENSWERTES

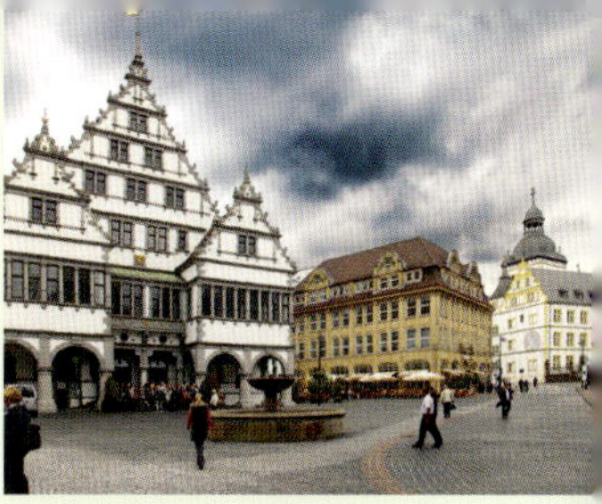

» Die **Altstadt** von **Paderborn** ist auf jeden Fall einen Besuch wert (Foto rechts, www.paderborn.de).

» **Weserrenaissanceschloss Neuhaus** mit prunkvollem Barockgarten (Im Schloßpark 10, 33104 Paderborn, www.schlosspark-paderborn.de).

» Die 5.000 Jahre alte Geschichte der Informations- und Kommunikationstechnik, von der Entstehung der Schrift bis zum Internet und künstlicher Intelligenz, ist das Thema vom **Heinz Nixdorf MuseumsForum** (Di-So, Fürstenallee 7, 33102 Paderborn, www.hnf.de).

» Das Deutsche **Traktoren- und Modellauto-Museum** zeigt über 100 Traktoren, mehr als 10.000 Modellautos, eine rekonstruierte Shell-Tankstelle aus den 20er Jahren und vieles mehr (Fr-So, Karl-Schoppe-Weg 8, 33100 Paderborn, www.deutsches-traktorenmuseum.de).

TIPP EXTRA-TIPP

» Wie gigantische Zacken ragen die rund 40 Meter hohen **Externsteine** aus der Erde. Die fünf Sandstein Riesen, denen magische Kräfte zugesprochen werden, wurden durch die Erosionskraft des Wassers geschaffen und von Menschenhand geprägt. Von der **Aussichtsplattform,** oben auf den Steinen, hat man einen tollen Blick über den Teutoburger Wald. Das schönste Fotomotiv aber bietet sich am Fuße der Felsen, wenn sie sich im benachbarten See spiegeln (Externsteiner Str. 33, 32805 Horn-Bad Meinberg, www.externsteine-info.de).

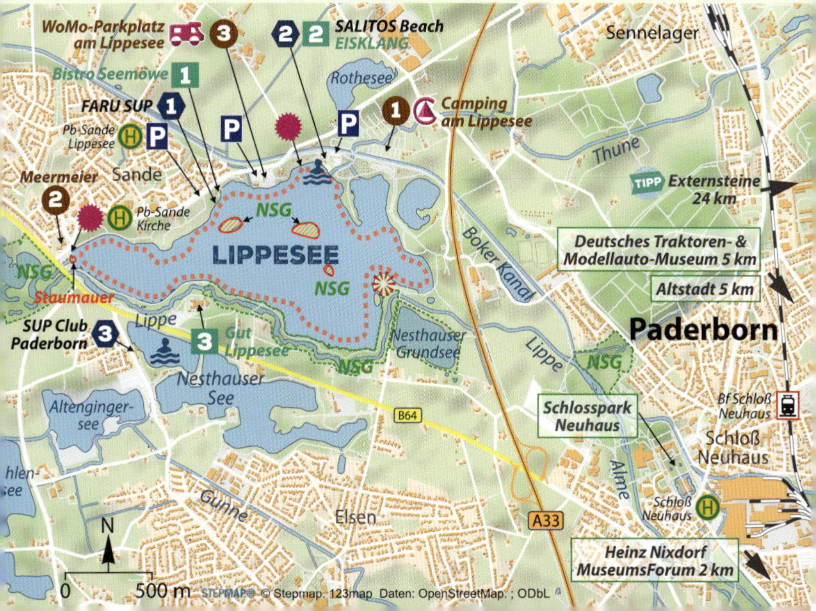

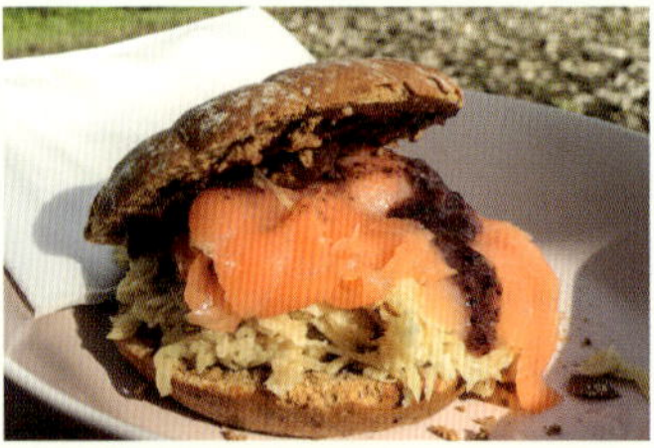

1 BISTRO SEEMÖWE

Sennelagerstraße 58a
33106 Paderborn, Tel. (05254) 80 59 508
www.see-moewe.de
Ostern-Okt Di-So ab 12 Uhr
Jan-Ostern, Sa+So ab 11 Uhr

KLASSIKER Pulled Lachs "Qualle", leckeres Fischbrötchen mit Lachs und Meerrettich-Wasabi-Schmand

2 EISKLANG AM SALITOS BEACH

Sennelagerstr. 66, 33106 Paderborn,
www.eisklang.de/amsalitosbeach
Instagram· @eisklangamsalitosbeach
Sommer tgl. 10-22 Uhr (wetterabhängig), Strand kostenpfl., die Bar nicht

KLASSIKER Hausgemachtes Eis der Eisklang Manufaktur (Paderborn)

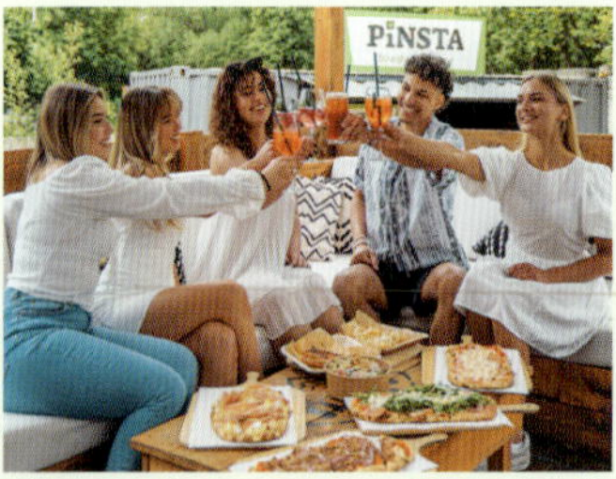

3 GUT LIPPESEE

Münsterstraße 122, 33106 Paderborn
Tel. (05254) 930 43 28
www.gutlippesee.de
Do-Sa ab 14 Uhr, So ab 10 Uhr

KLASSIKER Sonntägliches Brunchbuffet "Frühstück & Lunch"

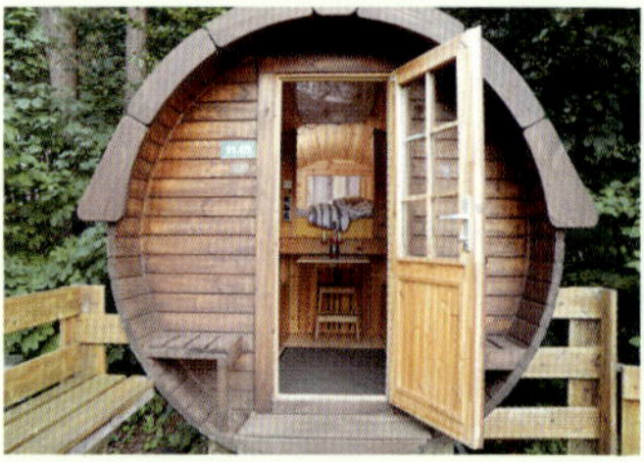

ÜBERNACHTUNG

1 NATURERLEBNIS-CAMPING AM LIPPESEE

Hermann-Löns-Str. 165
33104 Paderborn, Tel. (05254) 106 38
www.lippesee-camping.de
Camping, Tinyhäuser, Wohnfässer

2 HOTEL-RESTAURANT MEERMEIER

Ostenländer Str. 5, 33106 Paderborn
Tel. (05254) 54 23
www.hotel-restaurant-meermeier.de

3 WOMO-PARKPLATZ AM LIPPESEE

Sennelagerstraße 62, 33106 Paderborn
Tel. (05971) 89 92 60
www.paderborn.de/wohnmobile
Ohne Ver- und Entsorgung

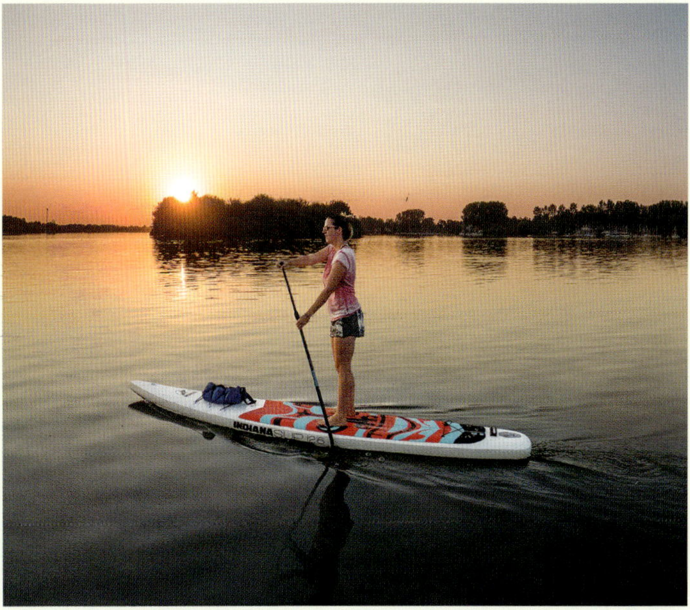

DIE AUTOREN

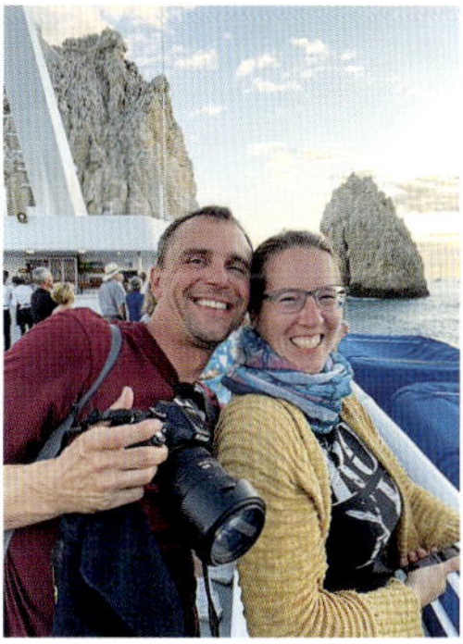

EVA BISANI UND LUKAS KOZMINSKI standen 2014 auf einer Reise in die USA zum ersten Mal auf einem SUP. Zurück in Deutschland waren sie fasziniert davon, durchs SUPen einen Ausgleich zur sitzenden Tätigkeit im Büro gefunden zu haben und gleichzeitig die Ruhe und Freiheit auf dem Wasser genießen zu können.

Durch die Ausbildung zum SUP Instruktor (ACA) wurde für die beiden mehr als nur ein Hobby daraus. Aus der Freude am Schreiben und Fotografieren entstand schließlich die Idee, auch Reiseführer zu schreiben. Hauptberuflich arbeiten die Dipl. Ingenieurin und der Industriemeister inzwischen als Reiseleiter für geführte Wohnmobiltouren.

REGISTER

WEITERE SUP-GUIDES

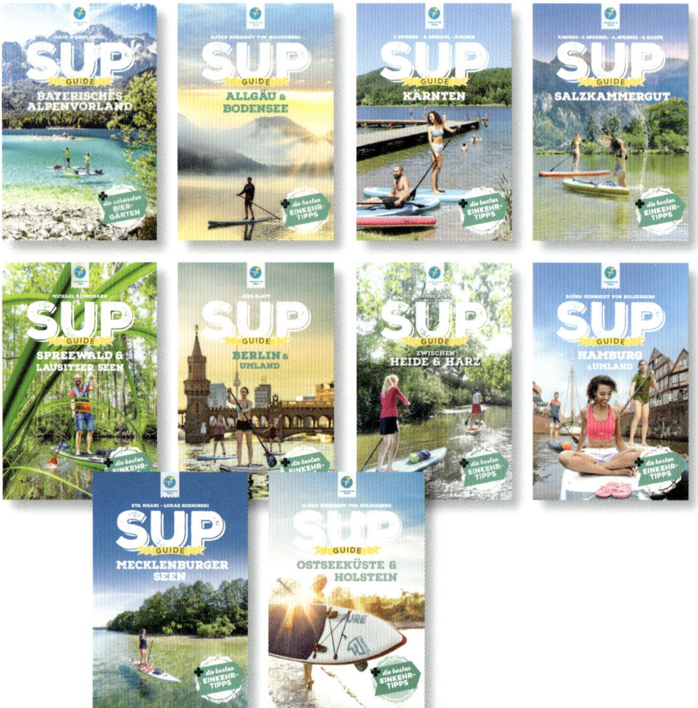